U0114428

進階思維的後裔

彭品心 著

博客思出版社

目錄

前言

　　這是一部通過人性與自然規律相結合而去思考邏輯的書，這也是一部通過虛實與思想相結合而去平衡思維的書；既有傳承上古「老子」道法自然的思想，也不失儒家禮儀風範格局，且賦有佛心大愛的舍我境界。

　　通過思考邏輯及平衡思維來歷練心法，並以簡單而自然的結構來鞭策正向人生，以自然科學觀念來開啟長久歷史貧窮教育的誤區，並使人的靈魂能夠得到健康和諧而陽光的甘露，使人的身心回歸平衡以及寧靜。

　　有些人們都把金錢看成上帝了，有些人們卻不把人與仁德看成上帝，於是這個世界扭曲了，然而人心也在扭曲，且變得醜陋了，獻以此文皆是為了平衡內在精神缺陷，希望幫助需要的人們從而找到生命光亮。

　　許多環境較差的孩子，已是難以跟上這個時代的軌道了，我看到那空洞的眼神，還有無數的迷茫者，正在沒有方向感的領域裡游離他們充滿迷惑的心，也許曾經沒有人告訴他們如何善待自己，如何善待人生。

　　從他們一出生便是為了金錢而生活，為了溫飽而生活，久而久之導致散失了人性，從而漸漸變成金錢的奴隸，於是他們找不到真正屬於自己的生命價值和意義，因為他們早已敗給了貧窮教育，他們早已迷遺忘了正確信仰，甚至為了金錢而去拋棄自己的孩子。

　　書中內容循環提到如何善待精神內在，因而一個懂得善待自己的人，也能善待他人；一個懂得善待生活的人，也能善待環境；喚醒那些迷失已久的靈魂得以正確善待人生，以正心正德去正確面對貧窮教育誤區。

人的生命本就屬於自然且獨立的個體，通過遵循自然而然的成長方式，學習在知足中沉澱，並在知足中試著顛覆平庸，試著戰勝平庸思維綁架，使得靈魂及身、心、靈都能達到完全自信，且自強的模式。

因為，有了足夠自信和信仰，從而學會堅定相信自己，並在風險無常之中堅持鍛鍊獨特生存能力，在無常中正確認知人性與環境，正確認知靈魂與信仰，並在無常的環境中思考如何實現獨特的生命價值及意義。

人生是一場切實的思維邏輯戰爭，更是一個逆向收穫成長的過程，通過思考虛實之間的思維方式，在虛實空間取捨成敗，通過抽象思維方式以解除歷史思維盲點，在解除貧窮與貪婪之心的同時，通過進階思維人生得以平衡內心的波瀾，借以排除人類精神疾病。

通過進階思維指引方向，借以喚醒迷失已久的靈魂，並用她陽光而溫柔的文風，用心去觸動人們靈魂深處對生活的熱愛，以及對信仰的正確認知和追求。

通過陽光而健康的思維方式，借以喚醒人們心中的愛和奉獻，從而找到生命的光亮，找到人生的意義。

擁有進階思維系統，便會擁有自救的能力，有了自救的能力同時也能和諧整個社會大我環境，並減少災難發生的可能性，且隨之增加幸福的可能性。

思考自然規律的存在，皆是一種智慧的提醒，懂得順應自然規律的人，能夠做到不受貧窮教育的左右和框架，且能夠自我高度管控人生。

因而，我們要知道，一切強求而來的得到都不屬於自己，而真正屬於自己的只是一種虛實之間的感知，抓住這種感知，

便會得到靈魂之上的尊嚴和享受。

思考自然大道，以突破人性的盲點，常以客觀的角度看待得失與成敗，且不被虛名和虛利左右幸福的本質，得以正確認知以人為本的教育意義，以及生命價值。

逆向進階思維人生的寓意，則是在黑白之間覺悟人生，在虛實之間顛覆平庸，收穫人生至高的領悟，覺悟無常皆是一種正常，覺悟失去就是一種得到，而得到也是一種失去，學習在進退中取捨自如，但凡是淡泊名利者，無論塵世間諸多紛擾，則無人能及。

《進階思維的後裔》本書還記錄了作者本人在這紅塵路上覺悟 21 年之間所經歷的人性與教育，並記載了她成長路上的真實小故事借以點綴真實生活，以初立首本書籍的赤誠之心來呈現思維與教育之間的細節。

作者以一顆空無的正心在紅塵中孤芳自處，在逆境中鍛鍊考驗自己，在平凡中顛覆人生的誤區，並收穫了篤定而頑強的生命韌性，收穫正確人生信仰，借以自然規律和虛實之間的寓意，從而進階思考人生。

關於貧窮思維教育，關於社會階層各方面不平衡問題，祝福現實中的人們要以人為本，而不是以金錢為主要目標，善意提醒人們，一切以善為前提所佈施的教育和指引，才是真正屬於人類精神靈魂的歸依。

然而，窮人不窮，富人不富；凡是丟失了正確信仰的人，就算擁有再多的金錢，也將不會擁有真正的快樂，從而只有不斷優秀自己的人，才能長遠維護教育水準。《進階思維的後裔》本書借用開啟思維模式，從而在陽光中孕育美德，學會善待學習、善待生活、善待環境、善待弱小、善待自己、善待信仰、收穫美好人生。

第一大章：善待學習

第一節：尊重學習選擇權力 🦋

在夢中，我穿越了那四季分明的江漢平原湖北潛江；在夢中，我來到了這四季如春的桃花寶島台灣台北；這前 24 年，又後 24 年的蛻變轉換，我仿佛穿越了幾個世紀，又回到了屬於自然的懷抱。

台北的初春月，依然如往年是多雨季節，連續數月 20 度到 30 度之間的差異顯然讓人格外捉摸不定，這許就是中東沿海地區的特色風格，借著世界母親節的到來，每一年的五月顯得多一分寧靜和安祥。

喜歡鬧中取靜，喜歡這春雨聲滴答中的寧靜；喜歡萬物更新，喜歡這新生枝葉的純美自然；喜歡百花齊放所綻放出這真善美的曠世奇觀。

嚴冬終究還是抵擋不過春季的更新，這季節只是一種無聲的穿越，而無聲便是有聲，看這般歲月靜好，看這般國泰民安，仿佛一切早已在預先框架。

可知，這歲月片刻的美好，皆來自於我們身後無數的英雄，來自地球守護者，如果沒有眾多的守護者與貢獻者，那麼這個生存環境將不會呈現這般井然有序地運作，於是所有固有的框架，皆來自於強者的佈施。

然而，如今為了我們的孩子及未來；為了能夠安穩的渡過這寧靜而無聲的歲月，於是心中的信仰自然而然，油然而生，於是這起心動念，皆是因了這愛與責任。

多樣化的文明，多樣化的信仰；每一個人的信仰都將獨具

一格，但正確的信仰始終離不開靈魂的善與責任心，丟掉善與責任便不能稱之為正確的信仰。

從無知到淡泊的路上，為了堅持屬於自己的信仰，這經年之後的歲月沉澱，包括了汗水、淚水、歡笑、以及滿載的自信，這已經成為精神之上的滿滿收穫。

我曾處在一個恰好的位置，觀望億萬富翁與平民百姓之間的差異；我曾處在一個恰好的位置，觀望共產主義與民主文明之間的教育差異；我曾處在一個恰好的位置，觀望東方與西方之間的代溝與差異。

無論生命曾經經歷了什麼，又覺悟了什麼，放下了什麼，又佐證了什麼；這一生終將還是離不開責任與使命，離不開屬於正確的信仰，以及期待。

思維與思維之間將產生一場戰爭，思維與環境之間將產生無限智慧，思維與靈魂之間將產生一份信仰，然而只有信仰正確的人才有美好的人生，而錯誤信仰的人，將會生活在被環境而左右的迷茫中，不可自拔。

除了學習，便是成長；除了覺悟，便是追求；我們無時無刻都在成長，但並不會無時無刻都在學習；我們無時無刻都在追求，但並不會無時無刻都在覺悟。

在我們的思維中有一種細微的認知，缺少這種細微的認知，於是會混亂人生價值觀，然而，知識並不完全等於智慧，智慧是一種虛與實之間的覺悟，智慧皆由覺悟而產生，從而智慧也是一種賦有靈性的認知。

解不開智慧的封印，心智則將被環境所左右；解開智慧的封印，我們將會成為環境的主人，便將會成為自己命運的主人，將會擁有絕對的尊嚴與骨氣。

無可厚非，有責任心的家長都會擔心環境多樣化將會影響

孩子的正確判斷力，在這樣一個物質氾濫，且知識繁多的信息時代，不實虛擬世界正根植於人的大腦，且是日積月累並不斷干擾年青人思維上正確的判斷。

智慧的封印將會在不同時期，再次產生新的封印，如果沒有持續不斷更新思維模式，那麼，思維必將會產生新的封印，且會累積成無可救藥的迷茫狀態。

這裡沒有科幻片，這是抽象世界的事實真相，智慧的封印在成長的每一個階段都需要不斷破解，否則思維將無法回歸現實中來，且會在迷茫中虛度大量時光。

許是因了這四季如春的台灣，我們很知足的生活在一個中東民主地區的一個小地方，然而，民主地區的教育，也並非人人都能得到良好的民主教育，觀測細微之處，並不屬於真正的民主體制，更不屬於共產體制，因而，民主體制與共產體制的區別性，皆因人而異。

我出生在共產主義的國家以及教育家庭，但是我對於孩子的選擇表示絕對尊重，我從不強迫孩子一定要按照固有的框架來達成目的，無論是本科，還是藝術，體育各方面的興趣愛好，皆由孩子自己做主選擇。

父母的愛只是一種智慧型提醒，且應該是一種善意提醒，如若刻意剝奪孩子的選擇權，最終也只會成為書呆子，我盡可能讓孩子自己選擇所要的學習環境。

然而，我們不曾問過孩子真正想要的是什麼，所以，不要強逼孩子，去達到父母想要的結果，這樣只會讓孩子成為競爭代價中的一枚棋子，從而孩子將會失去他原本就擁有的天賦，反而成長速度更加緩慢，從而失去他真正想要的東西，失去自主學習的興趣。

是的，我們無時無刻都在防備偏移的思維，將會影響孩子

一生的幸福和學習，比如這樣一個高一的孩子，已經完全進入自主學習階段模式，這個時候的孩子，將不會服從於任何刻意性的教育。

所以，當父母錯過黃金成長期，則無法再次強迫孩子去達到父母想要的結果，所謂自主便是自理，然而悲劇的發生總是來自於壓制過度的父母，也或者是放鬆過度的父母，那麼，如果要愛就應該正確的愛。

我們要知道在長期壓迫教育下的孩子，將會減緩天賦方面的伸長，而完全鬆懈教育下的孩子，將會失去自主學習的興趣，於是二者皆不利於健康成長和學習。

那麼，懂得及時智慧提醒，並不是強迫孩子去做他不想做的事情，而是引導孩子不要去做錯誤的事情，二者的區別在於，一種是通過壓制從而順從父母的方向，另一種則是通過引導而達到正確學習方向。

然而，只要學習方向正確了，無論孩子學什麼都將會是一種快樂，當孩子把學習當成一種自身責任和榮譽，那麼孩子就會自主學習，且能夠自主掌控人生。

隨著年齡的增長，人的興趣也會隨環境而改變，沒有一層不變的興趣，更沒有一層不變的思維，記得兒子在國小期間的興趣是籃球，於是我幫兒子找到知名籃球教練，然而目前高中階段，兒子的興趣轉移到排球。

無論兒子想要學什麼，我都很樂意配合他的需求，哪怕是經濟狀況不允許的情況下，我也努力爭取滿足兒子的要求，因為，孩子所要求的並不多，難得孩子對一件事情會有興趣，不如讓他自己慢慢挖掘自己。

要知道，每一個孩子都很聰明，只有孩子自己清楚知道自己喜歡什麼，只要孩子的個性以及學習方向沒有偏離正軌，也

都還能夠自然而然的健康成長。

很是榮幸，在高一下學期兒子便又選上幹部了，且是學生會副主席，看到兒子開心的樣子，我也頓感驕傲。

這也讓我想起他國小五年級被選上正班長的時候，有一天兒子回家突然說：「媽媽，媽媽我不想做班長可以嗎？但我怕老師生氣，所以，我不敢直接講。」

我回答兒子：「當班長很好啊，可以成為資優生呢，酷帥的喔。」看，孩子就是孩子，如此天真無邪，如果成年人都能這般美好而簡單，這世界應該有多美好。

人的天性本質決定他想要的和需要的，然而，我們喜歡的東西，別人不一定會喜歡；這是事實的依據，所以尊重別人就是尊重自己，包括尊重我們的孩子。

台北的五月裡總有些許特別，因為有這和諧的 24 度，這是初春的難得，我喜歡獨自漫步在天母公園的走道，這裡的和諧度，許是因為鄰近台北體育大學的緣故，即便是在寧靜的夜晚，那天邊的雲朵也顯得如此悠然自在，許是這空間有著其它公園所沒有的雅量。

忙碌於一整天的工作，人們的心情依然這般美好，知足的人們陪著自家的狗兒，歡快奔跑在青草地上，這些狗兒，且時不時與異類狗兒相互喃喃自語，沒人能夠知道狗兒們在說什麼，我們也只是在意會之中。

是的，有時候狗兒比人類更是忠誠，而人心為什麼又變得如此不知來時的模樣，許是因了環境與父母的偏激教育，所以才導致人心失去最初的忠誠和善良。

看看人與狗兒之間尚且能夠這般和諧，為何人與人之間卻不能保持這般和諧，這是因了它的主人所給狗兒的愛足夠純真飽滿且無求，但是狗兒天生便知感恩。

如同我們的孩子天生就愛著自己的父母，因為父母是我們的恩人，而我們並沒有過多的要求父母。

所以請相信我們的孩子，不要刻意壓迫孩子做他不喜歡的事情，因為生命只有一次機會，若是錯過了成長期的正確指引，您的孩子將會變成一個叛逆的孩子，也或是一個沒有能力自主管控人生的孩子。

愛是一種疼痛，無論是面對自己的孩子，還是面對身邊人的孩子，明知教育偏離正軌，明知將產生一種因果，我們卻無能為力去改變，且無能為力去幫助什麼。

推己及人，然而，我們自己本身也是在學習中成長，我們也只是用自己曾經微薄的認知來正確引導孩子，而父母心裡有多少陽光，便能夠給孩子多少陽光。

當父母的自私無知以及黑暗遮住孩子時，則無人預測這些孩子何時才能見到陽光，因為他的父母失去靈魂和陽光，所以孩子也將不會被陽光所照耀。

父母若在，便是一種幸福，父母若不在，人生只有自取陽光；從而懂得知福惜福及感恩的人，靈魂才不忘最初的模樣，才能夠擁有純真的幸福和快樂。

學習是為了更好的成長，而不是為了父母的要求，如同主人沒有過多的要求他的狗兒，於是人與狗兒才能夠和諧相處，如若主人相對自私無理要求狗兒，那麼狗兒就會失去原有的純正和快樂，也包括失去順從。

從而我們的孩子若是被無理的要求，也將會如同狗兒一樣，再也不會對父母產生興趣，再也不會對父母微笑；這將會是一種慘痛的代價，於是柔性而賦有彈性的關愛和指引才是正確的繩索，這一條由愛和尊重而製成的天然繩索，將會是成就孩子唯一的正確橋樑。

許多人見過民間馬戲團的猴子同他的主人，可是猴子的主人相對狗兒的主人而言，則是人與魔的對比，為了達到主人的要求，猴子必須付出慘痛的代價，才能夠吃上一口食物，然而這些的悲劇卻還在現實中頻頻上演，在早期，且是無人能夠救贖的無奈疼痛。

　　相對在文明城市較少有這些現象發生，天道至少也有所回應，無論是人類還是動物皆是有感情的動物，那些都是哺乳動物，又怎會沒有疼痛和眼淚呢？

　　相對狗兒而言，猴兒卻沒有狗兒這般幸運，但至少猴兒也要得到屬於他自己的自由生存權力，因為，利用猴兒賺錢的主人，沒有權力管控猴子的生存自由，那將違背了天道，以及違背了生命的特權本質。

　　要知道，因果將不會放過任何人的自私自利，所以不要去傷害同類，更不要去傷害異類，靠自己的真實能力去生存，用尊重換取尊重，用真愛換取真愛。

　　人人皆有罪，因為人人不小心吃過動物的肉，那麼我們更要學會減輕傷害，減輕不必要的強迫，至少不要過度強迫自己的孩子，也不要過度放鬆自己的孩子，要知道，弱肉強食的環境一直都存在。

　　既生之，則育之；既擇之，則惜之；既來之，則安之。我們付出多少愛，便會收穫多少愛；我們索取多少愛，便將失去多少愛；所以幸福的真相一直都是給予。

　　然而，在現實中還沒有付出就想要得到的人則比比皆是，利用婚姻、利用兒女、利用朋友、借以達到自己想要的利益，還有過河拆橋而不知感恩的人，這些人無處不在，且佈滿這五千年歷史文明。

　　但願人人都能夠學習狗兒的主人，不求回報所給予狗兒以

無求的關愛，於是世間將不再有猴兒的悲劇，相信能夠給予對方多少關愛，我們必會收穫多少幸運。

人心的仁慈，本就是天生便自帶來的福德，失去仁慈之心，則將會處處利用身邊的人，借以達到自己想要的目的，哪怕是自己的孩子，他們也不會放過。

因此，您的孩子有多麼優秀，必定是父母給他灌輸了多少愛而所致，這種愛，且不是強迫的愛，而是自然而然由心而起所給予孩子的仁愛，從而仁愛將導致優秀必定會產生，仁愛也將導致健康必定會產生。

人們都聽說過這樣一句話，成功不是偶然的，成功是必然的結果；因為沒有付出，便不會有成功的可能性，所以過程決定結果，從而起點不會決定結果。

那麼，如果身在一個富貴的家庭，若是得不到陽光而正確的教育，那麼，也必將會失去原本所擁有的天賦，而如果身在一個貧窮的家庭，若是得到陽光而正確的教育，那麼，也必將會得到充實的榮譽感。

所以，關鍵在於成長過程中的學習宗旨，還有學習態度，如果我們很幸運的遇到一對仁愛的父母，那麼，學習掌控權皆會在自己手中，如果我們很不幸遇到自私的父母，那麼，學習掌控權則會在父母手中。

選擇的權力將決定未來學習的方向，從而學習的態度將決定人生未來的高度，於是，通常愛學習的人都是比較幸運的人，而不愛學習的人通常是不幸的人。

當我們擁有握緊人生方向盤的機會，便是幸運的人兒；當我們沒有權力選擇方向的時候，便將是不幸的人兒；所以任何人都不想成為猴子的命運遭受主人所擺佈。

然而無論是學習還是生存的權力，皆應該屬於自主的權力，

如同高一的學生，學習規劃皆由自己自主決定。從而通過自然結果顯示，無論一朵花兒開在哪兒，只要是自然而然的綻放，皆會是芬芳而自然的和諧美。

您試著把植物養育在方形的盒子裡，它的根部將會是方形成長；您試著把植物養育在圓形的盒子裡，它的根部將會是圓形成長；您再試著把植物養育在自然界的土壤裡，它的根部將會是無限延伸成長，且能夠抵擋狂風暴雨來臨，而生命的韌性皆因這自然而產生。

未來的孩子也將如同植物的命運，綁架他的人將會影響他一生的命運，而沒有綁架他的人，只有給予他陽光，水分和空氣的人，才是真正愛他的人。

然而，愛一直等於陽光，水分和空氣，而愛一直是健康而沒有自私的參與，一切不負責任，且又自私的愛，皆不會收穫一個健康而陽光的孩子。

相對一個自主學習的孩子，暴發力將會無限可能，然而一個在壓制下學習的孩子，暴發力將會有所限度，因為絕對衝刺與半衝刺的結果是截然不同的效果。

您可以試著把橡皮筋拉到底部時的反彈力，看看能有多大反彈力，再試著把橡皮筋拉到一半的反彈力，再看看反彈力有多大；毋庸置疑，絕對投入與半投入的自主學習計劃將會是天壤之別的差異，所以正確引導孩子自主學習，而不是強迫孩子去學習。

要知道我們的父母尚且只有如此，那麼我們要學會感恩，然而命運就是遭遇，命運在生命的前期皆是不可違抗的宿命，然而後來的人生，我們便要學會自主管控人生和自主學習計劃，自主掌控命運之盤。

這是一個美好而又殘忍的時代，從而信息越多，所學的知

識就會越多；那麼信息越少，所學的知識就會越少；於是當我們擁有的越多，必定將會付出的越多。

那麼，不要去攀比他人的榮華，不要去算計他人的成果；不卑不亢，寵辱不驚；韜光養晦，厚積薄發；以一顆赤子之心去學習，以一顆仁愛之心去付出；做自己喜歡的事情，只做正確的事情，生命的榮譽與光輝將會屬於每一個仁愛之心，且有責任感的人。

如今不是奴隸社會，人人不必忍受不公的待遇，人人生活在現代文明社會，且是一個有人權的社會，所以人人都是幸福的人，人人都能擁有正確人生價值觀。

那麼，學習的目的皆是為了成長，而不是為了服從而學，學習應該是為了責任而學習，為了心中的信仰而去學習，所以為了榮譽而戰，而不是為了服從而戰。

時刻要相信自己，努力實現生命的價值，一切以善為前提而佈施的學習方向皆會有所成就，然而一切不以善為前提的學習方向及索取，皆會遭受因果的教訓。

除了未成年時期，成年人的自主學習計劃，一直都是一件非常重要的事情，因為學習是終身的責任，而並非只有未成年階段，才需要努力學習。

比如一直都在研究某個學術的教授們，以及畢生都在研究某個科技領域的博士們，或者終身都在研究社會經濟學的專家們，還有專注研究心理學的專家們，還有那些專注研究中西醫學術的專家們。

要知道研究者，也是另一種學習的方式，屬於一種進階式的學習方式，且是賦有了貢獻值的學習方式，所以學習是自己終身的使命，學習是對人生的責任。

社會各個領域都有不同的專才和人才，要知道，天才並非

是天生的完美，天才皆是屬於後天練習而成的天才，所以找到學習的興趣，才會有明確的方向感。

那麼，專注於自己的興趣和目標，這是人生基本的使命責任，然而一個天生就有主見的人，即便是在嚴重且惡劣的環境之下，也能做到無需提醒的自主學習。

第二節：遵循自然學習成長

春秋戰國末期「孔子」先生魯國人（前 722 年到前 481 年），孔子門人及再傳弟子將其學說編輯成《論語》一書，此作為研究孔子儒家思想的主要文獻。

孔子先生是研究儒學的儒家代表級人物，具史書記載先生曾面對世人的稱讚，公然地說：「我並非是天生的天才，我只是在後天喜歡學習和研究而所致。」

孔子先生也曾坦白地說，還有許多領域中的知識深淵，皆不是他一己之力所能夠領會的，因而，孔子先生同時也尊重各個領域的專家，以及文學藝術。

此是一種謙卑的坦然，是一種值得世人學習的儒家思想精神，學習是終身的責任，皆因一個偉大的志向，而這個志向，則是對人類社會有所幫助的志向。

雖然孔子先生一生注重學習和研究儒學，仁、禮、儀、智、信；但是先生卻始終把一個人的仁德放在第一定順位，從而更上一台階，無仁則無德，無德則無道。

孔子先生認為，一個再如何優秀，又再有才華的人，若是未能擁有寬廣的胸懷，又是極其吝嗇之極，像這樣的人也不值得一提，將不值得人們敬仰和尊重。

所以，孔子先生除了推崇儒家思想仁、禮、義、智、信；

更重要是推崇個人道德和仁愛之心，所謂「德者才之主，才者德之奴；」此名句出自《菜根譚·概論》。

解釋就是品德是才幹的主人，而才幹者皆是品德的下位；直到後來戰國時期的鄒國人「孟子」先生，所研究又延伸孔子思想，而後又推崇為「仁政」。

所以，孟子先生，後來發揚和繼承了孔子儒家思想學說，被後人尊稱為亞聖，然而與孔子學說，又被後人稱之為「孔孟」之道，也就是當今中國的主流思想。

越是愛學習的人，將會越學越謙虛，然而，文學可敬可畏，且如海水深不見底，深不可測；能夠喜歡研究某一個領域的人，也是同生在幸福領域中的人。

一個主動學習的人，才會得到真正的快樂，而被動學習的人，皆不能領會學習的快樂，然而，金錢也不能給人帶來實質上的快樂，只有不斷充實內在的人，才能擁有實質上的精神快樂，擁有實質上的思維享受。

要知道，學習從來就沒有區分過年齡與層次，只要是正確的事情都值得我們去研究和延伸，這將是生命的權力和生命的意義，那麼，學習生涯若是失去自由選擇的權力，也將會失去人生的意義。

學習是一種天生的權力，而這個權力，且是自由及自主的選擇權力，將屬於每一個人的自由權力，所以不要壓迫自己的孩子去學習他所不喜歡的領域，應該正確引導孩子去學習，才會有更好的結果。

然而，山外有山，儘管孔子先生如此優秀，卻還有在他境界之上的人，這個人便是老子先生，老子是中國歷史上最重要的哲學家之一，且是哲學流派中道家學派之創始人，並作有道家最基本的經典《道德經》五千餘言，此來自戰國時期的作品，

《道德經》是由老子先生參悟自然大道而所論述的處世哲學觀。

「老子道德經」第三十八章有提到關於，德、仁、義、禮、智、信；所論述處世哲學中的先後處世之道。

「原文」下橫線為轉載史書資料之內容，借此篇章老子先生與孔子先生的一席對話，流傳於中國文化千古智慧，值得我們後人深思而學習。

孔子周遊列國，到處宣揚行仁愛、復周禮、施仁政，但諸侯國群起紛爭，個個都想稱雄稱霸，渴望高人獻計獻策富國強兵，而孔子卻告訴他們不要爭鬥稱霸，而要善待百姓，善待其他諸侯國，施行仁政，這讓野心勃勃的諸侯們很不爽。處處碰壁的孔子曾經多次問禮於老子，老子對孔子一味強調仁愛禮樂不以為然。

一次老子送別孔子，贈言道：「吾聞之，富貴者送人以財，仁義者送人以言。吾不富不貴，無財以送汝；願以數言相送。當今之世，聰明而深察者，其所以遇難而幾至於死，在於好譏人之非也；善辯而通達者，其所以招禍而屢至於身，在於好揚人之惡也。為人之子，勿以己為高；為人之臣，勿以己為上，望汝切記。」

孔子頓首道：「弟子一定謹記在心！」行至黃河之濱，見河水滔滔，濁浪翻滾，孔丘嘆曰：「逝者如斯夫，不舍晝夜！黃河之水奔騰不息，人之年華流逝不止，河水不知何處去，人生不知何處歸？」

老子道：「人生天地之間，乃與天地一體也。天地，自然之物也；人生，亦自然之物；人有幼、少、壯、老之變化，猶如天地有春、夏、秋、冬之交替，有何悲乎？生於自然，死於自然，任其自然，則本性不亂；不任自然，奔忙於仁義之間，則本性羈絆。功名存於心，則焦慮之情生；利慾留於心，則煩惱之情增。」

孔丘解釋道：「吾乃憂大道不行，仁義不施，戰亂不止，國亂不治也，故有人生短暫，不能有功於世、不能有為於民之感嘆矣！」

　　老子道：「天地無人推而自行，日月無人燃而自明，星辰無人列而自序，禽獸無人造而自生，此乃自然為之也，何勞人為乎？人之所以生、所以無、所以榮、所以辱，皆有自然之理、自然之道也。順自然之理而趨，遵自然之道而行，國則自治，人則自正，何須津津於禮樂而倡仁義哉？津津於禮樂而倡仁義，則違人之本性遠矣！猶如人擊鼓尋求逃跑之人，擊之愈響，則人逃跑得愈遠矣！」

　　老子手指浩浩黃河，對孔丘說：「汝何不學水之大德？」

　　孔丘曰：「水有何德？」

　　老子道：「上善若水：水善利萬物而不爭，處眾人之所惡，此乃謙下之德也；故江海所以能為百穀王者，以其善下之，則能為百穀王。天下莫柔弱於水，而攻堅強者莫之能勝，此乃柔德也；故柔之勝剛，弱之勝強堅。因其無有，故能入於無間，由此可知不言之教、無為之益也。」

　　孔丘聞言，恍然大悟道：「先生此言，使我頓開茅塞也：眾人處上，水獨處下；眾人處易，水獨處險；眾人處潔，水獨處穢。所處盡人之所惡，夫誰與之爭乎？此所以為上善也。」

　　老子點頭說：「與世無爭，則天下無人能與之爭，此乃效法水德也。水幾於道：道無所不在，水無所不利，避高趨下，未嘗有所逆，善處地也；空處湛靜，深不可測，善為淵也；損而不竭，施不求報，善為仁也；圓必旋，方必折，塞必止，決必流，善守信也；洗滌群穢，平準高下，善治物也；以載則浮，以鑒則清，以攻則堅強莫能敵，善用能也；不舍晝夜，盈科後進，善待時也。故聖者隨時而行，賢者應事而變；智者無為而治，達者順天而生。」「汝此去後，應去驕氣於言表，除志慾於容貌。否則，人未至而聲已聞，體未至而風已動，張張揚揚，如虎行

於大街，誰敢用你？」

「譯文」：「孔子」為實施仁政而急於為官：為天下之憂而憂，故為好事一件，但在「老子」看來則不以為然。

一次老子送別孔子忠言他：天下有錢人送人以金子，而仁義之人則送人以言，我不富也不貴，沒有金子送你，願以數言相送；當今社會聰明之人大多更容易招惹是非，以至於死於非命，你既為人之子，勿以己大於長者；你既為人之臣子，勿以己大於之上；免得招惹殺身之禍，望你此番前去，切記，謹記於心。

「老子」擔心「孔子」鋒芒畢露而引來殺身之禍患

「孔子」恍然大悟道：弟子一定謹記在心，正好行至於黃河邊，見滔滔河水，孔丘又嘆言道：這生命如江河之水，川流不息，我這年華一天天老去，如這黃河之水滾滾而去消失不見，黃河之水尚且不知其去向何處，如我的人生志向，卻也不知歸處在何方啊。

「老子」道：我們人生來與天地同在，天地乃自然之物，然而我們人也是屬於自然之物，如同幼、少、壯、老之變化，皆如同這四季春，夏，秋，冬之交替，無論生也好，死也罷，這也沒有什麼好悲傷的。

生於自然，死於自然，隨他自然，則本性不亂；你不隨其自然，終日奔波於仁義之間游離，本性早已受到牽制而不能脫身，你功名心太重，則會內心產生焦慮；你欲念心過重，則會心生諸多煩惱。

「孔丘」解釋道：我心乃是擔憂世道太亂，仁義又不能實施，天下又戰亂不止，國亂又無人能治，人的生命有限，若此生不能立功救世，則不能為民平息哀嘆，我這豈不是白活一世也。

「老子」道：天地無人推動而自己運轉，日月無人點燃而自己明亮；星辰無人排列而有序，禽獸無人製造而自生；這些

都是自然而生成，而不是有人故意為之，人之所以生、所以無、所以榮、所以辱，皆有自然之理、自然之道也。

　　順自然之理而產生，遵循自然之道而所行，國將自然治理，人將自然正心，何須強調禮樂，而又倡導仁義道德？一直強調禮樂而倡導仁義道德，則違背，且遠離了人之本性也，好比有人大張旗鼓，尋找逃跑之人，鼓聲敲得越是響亮，則人逃跑得越快。

　　「老子」手指浩浩黃河對孔丘說：你何不學水之大德？

　　「孔丘」曰：水有何德？

　　「老子」道：上善若水：水因為其本性善良，利萬物而不爭，卻身處萬惡之中，此乃大謙卑於天下之大德也；故這江海，為何能匯集百水而成王者呢？

　　因為他善於處人之下，則能成為百水之王；這天下沒有比水更柔軟的東西了，然而在攻堅克強上，卻沒有戰術能勝過柔攻，因為沒有東西可以替代它，而柔攻之道，且能穿透萬物而無阻，由此可知實施不言之教，無為而治的好處也。

　　「孔丘」聞言恍然大悟道：先生此言，使我頓開茅塞也，人往高處走，水往低處流；因為水的天性避高趨下，正好與世人反其道而行，而上善若水，所指最高境界的善行善舉，皆如水的品性一般，潤澤萬物而不求彰顯，所以堪稱為上善王者也。

　　「老子」欣然點頭說：「只要你與世無爭，則天下無人能與你爭，這就是模仿水之品德啊，水的德行，天生就是最接近於道的，而「道」無處不在，所以水無所不利，因為它避高趨下，因此而不會受到任何阻礙，它可以流淌到任何地方滋養萬物，且洗滌污塵，它處於深潭之中，然而表面清澈而平靜，但卻深不可測，它施而不求回報，其善則為仁道也。

　　圓必旋，方必折，塞必止，決必流；為人圓滑且能萬般周旋而無阻，反之則必挫敗；如水若是被塞住就會靜止，若是放開它則必然會奔流，故我們人要像水一樣柔性，且要尊重自然

環境屬性而為之才能通達。

因為水能順應萬物之理，然而我們為人處世要像水一樣至善，且至柔；水性綿綿密密，無所不往，無所不透；而滴水也能穿透石頭，所以我們要善用以柔剋剛，從而我們在面對學習和目標時，更要懂得循序漸進的道理，萬事不能一步登天，所謂欲速而不達。

故聖賢者，隨時而行，賢者應事而變；智者無為而治；達者順天而生；你此次前去，應去除驕氣於言表，去除功名於容貌，否則，你人未到而聲已達，你身未至而風已動；張張揚揚，如虎行於大街，誰人敢用你？」

「譯文完」

老子先生好一番境地，且融入萬事萬物而推理，無論是修身，齊家，治國，平天下，皆因水性之柔性攻略以利萬物而不求回報，所謂利他就是利己，善用水性者則無所不開，無所不生；無所不成，無所不達。

再反觀世人，追名逐利而不知止，為達目的，殘害忠良，實則讓人感嘆寒冷，於小家庭，於大國家社會。

借此，反觀現實中的人物，違背水性大道，為達目的而不擇手段的人，在家庭也比比皆是，終日只要求孩子要學習，而自己卻不學習的家長們無所不在，從而孩子則會因了孝順心，反而不知所云，孩子無力違抗父母，但是孩子也並沒有理解到學習的重要性。

於是，許多孩子，因為孝順從而失去真正的興趣和愛好，轉了一大圈之後，還是回到自己的原點又從新學習，最終浪費無數寶貴的青春，浪費大量的時間代價。

我們都知道孩子只是一張白紙，父母在上面填寫什麼，他必將會呈現什麼樣的色彩，而有兩種極端化的父母，所導致的

教育反差效果，效果也將會截然不同。

　　一種是強迫孩子達到父母想要的目的，另一種則是完全漠不關心孩子學習方向和進度，這兩種極端的教育模式，終將只會害到自己的孩子。

　　再牽扯更多的責任進來，將會演變成另一種對社會上間接性的傷害，從而將會因小失大，得不償失；曾見過目空一切的狂妄之人，也見過毫無慈悲心的勢利父母，這些種種的社會現象，皆來自於歷史長河裡不健康的思想教育所導致。

　　還有猖獗的社會低層，人擠人，人踩人，社會工作圈子，這些不良社會現象，皆來自原始學習方向不正確所導致，從而整體教育品質，則會根深蒂固的影響著社會整體生存環境，無論是城市還是農村，皆是通病。

　　兩千多年前的老子主張無為而治，這樣一個緩慢的無為而治也好，有為而治也好，社會現象依然脫離不了兩千多年前的腐敗人性，也許，正如老子先生所說的，這本就是大道中的自然，且是人性的自然。

　　無論你再如何強調仁義道德，這世間的萬物，皆因自然而生，自然而成長，任由誰也無法改變人性的本質，哪怕強調得再多，改變也是如此緩慢，是的，生態環境是一種緩慢的進行式，從而不可強求。

　　學習的目的無非就是為了充實及提升智慧的目的，而到最後人們還是將所學來的知識，隨著環境的升級而轉變成貪婪和慾望的武器，借以達到其想要得目的，然從上古到今朝，無人能改變這一現象的惡性循環。

　　如今這兩千多年後的 21 世紀，人們只是更換了另一種方式來達到其目的，於是手段更高明了一些，而方法也更科學了一些。

表面上經濟繁榮，但是人心並未真正得到太平，人心內裡的慾望及騷動，才真正讓人嗤之以鼻，難道不是嗎，無論貧富差距如何，無論經濟條件如何提高，人心永遠也無法真正達到和諧共處的氛圍，猶如老子先生所言，不如無為而治，順應自然而生，順應自然而成長，順應自然而因果，此乃自然中的大道。

　　萬事萬物仿佛天生就對立，又天生互補，如同春、夏、秋、冬之交替，輪迴再輪迴且無休無止，則無所謂黑白與否，也無所謂得失與否，忽聞此番見解猶如醍醐灌頂，說破凡塵世俗一切通病，使人得以達觀成敗。

　　理雖如此，這世間的人又有幾人能夠真正領會這般的境界而與世無爭呢，既知是慾望所致，那麼慾望也是天然所致，所以萬般皆如道法，而道法皆自然而生。

　　越是強求，越是無有；越是放手，越是擁有；這便是至高的人生境界，由此推理，凡事欲速則不達，人生若是遭遇阻礙，或者是痛苦，不如反其道而行，方可扭轉乾坤，才得以改變風水命運，從而老子先生總結之言：「故聖賢者，隨時而行；賢者應事而變，智者無為而治，達者順天而生。」

　　好一個無為而治，勝過有為而治；好一個順應自然，勝過強扭而成；這便是大道中的自然道法，因不強求、不做作、反獲其利，反修其德；自然而然以善而自處，淡泊名利，達觀成敗，順應天道自然而生長，且達觀看淡生死，這便是無上的上善若水之大德大道。

　　既是大德，則可無所不往，無所不通；故不為世俗所迷惑，反其道而行，則無堅不摧，無所不能；無懈可擊，無可抵擋；這將是悟道之人，上善之水性。

　　當學習變成一種自然而沒有壓力的快樂，當追求變成一種

自然而沒有強迫的豁達，這世間還能有什麼事情能夠左右人的痛苦呢？痛苦也將會隨之消失不見，這豈不是人間天堂，人人皆會成為有智慧的人呢。

所謂天堂皆是住在人間，所謂地獄也是住在人間；所以，所思，所想，一念成魔，一念成佛；然而這人，神，魔之間，即便相隔兩千年悠久歷史，也將無法真正改變本質上的天性，這便是一種無解的自然現象。

然而道的盡頭是一種科學，而這種科學既是一種智慧的延伸，而參悟的益處則是自身收穫的智慧更多，從而收穫的境界，將會是用金錢所無法購買的價值。

道法的盡頭是自然，自然的盡頭是智慧；於是有天人合一，萬物歸本，而1則生2，2則生4，4則生8，由此延伸致萬事萬物，其理通達而科學賦有邏輯性，猶如水性順應萬物而通透萬物，且成就萬物，然而萬物皆是宇宙之物，將會自然而然歸本自然來去。

從而春，夏，秋，冬，自然而然循環因果定律，則形成了人無完人的多層變異現象，也就是自然大道的互補現象，那麼不如尊重自然成長屬性，順應自然成長規律來去，這只是為人修身及修心的基礎處世哲理。

那麼，懂得尊重自然屬性的人，便也會尊重生命自然成長，隨之也會尊重文明多樣化，隨之還會尊重選擇多樣化，從而達到互敬互愛，互相尊重的和諧氛圍。

有人且會問，那麼，對於那些粗暴而不講理的人，我們應該如何處置才好呢？要知道萬事萬物皆有相生相克的自然現象，因而，金木水火土屬性合理存在，皆是為了平衡這世間的善惡，使之不敢過度胡作非為，大道之中，人人將要為自己的所作所為而付出代價，也只是需要些許時日罷了，持守自然而然，便是很好。

第三節：學習產生正確信仰

　　前有古人，後有來者；有人努力學習，是為了提升自己和解決問題，而有人學習則是為了服從任務，兩種不同的心態，將決定未來的人生走向哪一個階層。

　　生命的到來皆是為了更好的成長，以及更高的信仰而奮鬥，所以不要怨天尤人，更不要處處與人攀比，因為成功的背後，皆會付出常人所不能及的汗水。

　　因此，要時常祝福他人的成果，且要時常感恩於社會，因為此時片刻的安穩，皆來自於偉大的主流思想所控制，而並非一己小我之功勞而達成。

　　義務教育既是為了鋪墊學習根基，除了早期這些義務教育制度做基礎，成年之後的其它自主學習計劃，則是一種對自身的責任，也或是一種對人生追求的目標，而後，才是一種對社會環境的善待。

　　無論是偉大的領袖者，也或是平凡人，其學習的目的皆是為了充實知識，提升格局，以及解決問題，然而所有良性佈施，皆會有益於解決問題。

　　從而學習，將是每個人終生的良性佈施計劃，這個生存空間無時不在前進，然而歷史卻爭分奪秒，且無時無刻不在更新及淘汰不前的人，事，以及物。

　　所以，無論過去還是現在只是屬於歷史的軌跡之中，且無人能夠變更歷史軌跡所給人類帶來的一切遭遇，從而所有的後知後覺，還有傳奇而偉大的人生使命，都將統統被記載在歷史的軌跡裡。

　　我們偉大的領袖「毛澤東」先生，兒時也曾經務農，但他每次下地做事都帶著心愛的書本在田埂認真閱讀，也曾多次被

父親大人責罵，儘管如此艱難的環境，先生依然每天堅持珍惜自己的閱讀時間，這是怎樣的一種自主學習精神，我們深以為然，且為之敬仰。

　　一個高度自律者的自主學習，則是無需提醒的自動化系統，簡而言之，一個有理想和目標的人，自然而然就會產生自主監督系統，所以關鍵字在於自訂的理想和目標上面，因為有理想，自律系統將會自然而產生。

　　所以，學習一直是一種對自身的責任，以及對理想和目標的追求，對於缺少自主學習興趣的人來說，相對距離成功的機率，自然就會是較遙遠的幻想。

　　那麼，到底是失敗的教育產生了貧窮，還是貧窮產生了失敗的教育呢？通過我們偉大的主席毛澤東先生一生中自主學習精神來驗證事實和理論，顯而易見的結果顯示：人的思維模式，最終導致成敗的產生。

　　因為，毛主席出生的年代 1893 年 12 月 26 日出生，而後幾十年之間社會整體環境並不富裕，況且在貧窮的年代，許多父母並不太看好讀書能夠讓孩子的肚子吃飽，也就是在這種艱難的情況下，毛澤東先生通過自己不懈的努力，不但成就了優秀的自己，同時也解救了新中國人民，這便是思維模式所引領的力量，同時也是正確信仰所引領的力量。

　　是貧窮影響了教育，也是教育導致貧窮，因為貧窮教育將會導致貧窮的產生，而貧窮環境也將會導致貧窮教育的產生，然而我們唯一能夠做到的便是在貧窮的環境中改變思維模式，從而設法改變命運。

　　要知道，是先有了生命，而後大腦才產生後天的智慧；所以早期貧窮的上古人類祖先，便能夠通過一生萬物的思維延伸法，由思維引領，從無到有，而演變到當今繁華盛世，也可能

是未來更高的智慧與思維。

那麼，試著逆向思維，人類的思維模式也將會導致精神貧窮的產生，於是我們對待學習的態度，以及對待生活的態度，將直接決定我們是否屬於哪一類人，決定我們屬於快樂的人，還是屬於痛苦的人，也決定我們屬於貧窮的人，還是屬於富足的人。

然而，快樂和幸福，只是一種感知，且是一種虛幻的感知，無論是貧窮還是富裕的人，這種感知皆由思維來決定，那麼，除非是戰亂地區的人類，最終決定我們是否快樂和幸福的根源並不是物資和金錢所決定。

從而在和平地區，無戰亂地區人民的幸福和快樂，最終是由人的思維引領模式所決定，易言之，只要我們不受外界的干擾，幸福和快樂將如同初生的嬰兒般伴隨左右，思維將會無時無刻感到知足，且感恩。

那麼，在和平無戰亂地區，關於貧富感知，其最終結果顯示，皆是由人的思維所產生的奢侈虛幻，從而為什麼人的思維會產生貧窮感知呢，又為什麼，人們不能保持童年如初時期的知足常樂與和諧共處呢？

這一切的貧富幻覺，皆來自於外界的干擾，來自物資氾濫的顯意識干擾，於是便產生了攀比之心，而攀比之心將干擾人的自尊心，將干擾人的大腦思維模式。

從而人的慾望，以及善與惡的念頭，將會隨後而產生，且在現實的環境干擾中不斷惡性循環，從而產生思維上的一種惡性戰爭，這個惡性思維病毒，皆由知足到不知足之間而所產生的因果過程。

於是人們奢望的越多，必將會付出的越多，而付出的越多，負荷和壓力也將會越來越多，從而痛苦也將會隨之越來越多，

痛苦且是一種無中生有的痛苦，於是生活過得還算不錯的人們，也產生了不知足心理。

所以，人們越是生長在物資富足的環境裡，越是會產生思想上的貧窮，因為攀比得越多，就會越覺得貧窮；所以沒有對比就沒有傷害，而沒有傷害，在思維上就不會產生貧窮和虛幻的感知。

試想，南非地區的人民，其思想上會很貧窮嗎？也許未必，相信在他們還沒有知曉外界的富裕環境之前，他們定是更容易得到知足的人群，因為原本就不富裕的環境，所以更容易得到幸福而簡單的快樂感知。

南非地區人民快樂與否，皆出自於他們內心的思維模式而決定，在還沒有攀比之前的情形下，誰能夠保證南非地區的人民就一定不快樂呢？

所以，眼睛所見到的事實，也並非就是正確的邏輯推理，而相對論來說貧窮地區的人民，反而更容易得到簡單知足感，更容易得到簡單快樂和滿足感，然而當人們的內心，時常被簡單和知足所佔據之後，自然而然就不會產生過多，且無中生有的痛苦和煩惱，從而也不必過著庸人自擾的複雜攀比生活。

如果，我們測試把原本就在南非地區生活得很知足的南非人民，安排到美女主播頻道去看看美女們唱歌又跳舞的樣子，再把他們安排到百貨公司上下樓層逛一圈，然後再把他們安排到五星級飯店住上一晚，之後再把他們安排到各大餐廳品嚐各地區不同的美食，最後再將他們送回南非原本生活得很知足的地方去。

再看看測試之後的比較結果，當他們見過了世界的繁華盛世，當他們再次回到南非之後，思想上又將會形成怎樣的新思維模式呢？而他們還會不會再像以往一樣安於眼前平凡，且安

於貧窮的現況生活呢？

　　無可厚非，不會有任何人，再會安於眼前的貧窮生活，所以沒有比較就不會有傷害，而只要人們刻意去做比較，即便是曾經所擁有過的甜蜜幸福，也將會隨之而消失不見，顯而易見，痛苦只是一種虛幻的感知。

　　那麼，讓我們閉上雙眼，仔細聆聽自己的內心，感受童年的美好，感受自然的寧靜，感受陽光的和諧，感受父母的關愛，再試著問問自己，此前，除了外界的干擾，我們曾經擁有許多的幸福和快樂，以及陪伴。

　　那麼，再回歸到現實生活當中，還有許多的興趣值得我們去追求；還有許多的信仰值得我們去實現自我生命價值；那麼試著用智慧去排除由思維所產生的虛幻貧窮所給我們帶來地精神干擾，我們幸運地生活在沒有戰亂的地區，我們一直都很幸福，也很快樂。

　　原來幸福和快樂如此簡單，幸福和快樂一直伴隨我們左右，卻沒有離開過半步，那麼此時此刻，解開由虛擬和迷茫而所產生的思維枷鎖，生命又將會是煥然一新的開始，相信明天的太陽，定會比此前的太陽，更加明媚而璀璨，而明天的你我，也定會比此前的你我，更加知足和感恩。

　　是的，我們要時時感恩和平，失去和平，最終皆是造物弄人，從而環境的好壞，也將決定生活品質的高低，但不完全決定人的內在靈魂是否幸福和快樂，幸福和快樂，始終取決於本心對生活所要求的高與低。

　　既知本心能夠決定靈魂之上真正的幸福和快樂，那麼，我們又為何不在知足的本心之下，幸福而快樂的學習和成長呢？相比起南非的自然環境，還有什麼事是值得人們所計較和仇恨的呢？

因此，知足的本心，自然是能夠妥善地生活在現有的環境之中，那麼，一個良好的和平環境，人們只需要完成他們的責任義務，以及在穩定的現況中求得穩健的發展，所以，除了環境的干擾，真正的幸福和快樂，皆是取決於自我本心的要求，取決於思維模式。

　　如若人人，皆以不知足的本心看待社會的發展及生活，那麼，這個環境將會四處都是怨天尤人的情境，而這種不知足的情境，將會時時干擾著善良而知足的人們，且污染著善良而知足的人們原本健康成長的環境。

　　車來車往的馬路上，人來人往的菜市裡，可曾有人注意到忙碌於生活的人們臉上少了許多和悅之色，暗淡的皮膚，浮腫的身材，還有那連走路都直不起的腰桿，以及灰白的瞳孔，且尚未洞見那眼裡的碧波粼粼。

　　人們疲憊不堪的忙碌著打點日常的工作和生活，卻忘記了好好善待自己的靈魂，在熱鬧的集市裡，知足且感恩的人們尚且能夠看到他們臉上的微笑，以及待人的友好，而不知足，也不感恩的人們則是終日用他們憤怒的目光，以及拉扯著地嗓門與人較量，或者是偽裝友善的笑臉迎合那些對自己生意有所幫助的人們。

　　然而，這樣的生活，日復一日，月復一月，年復一年，且周而復始的循環著，這便是平凡生活的真相，而真相的背後，其實還可以添加許多的詩意和樂趣。

　　只是有人提早意識到了靈魂真正的需求，而有人完全沒有意識到靈魂真實的需求，終日奔波於生計和算計，人人學著別人把自己變得越來越精明且能幹，卻忘記了一件非常重要的事情，那便是人們的本心早已遺失了更多且更寶貴的善意，而這種善意才是人們最需要，且最溫暖人心的靈性價值，以及無形

的財富。

是的，這種無形的財富，皆是來自於友愛和善意，而友愛和善意皆與貧富無關，只要我們臉上洋溢著溫暖的陽光，無論走到哪兒也將會是一片芬芳的春天。

當我們用微笑款待這個世界，這個世界將會用微笑回敬於我們，從而快樂，則是由內心的一種折射，同理，我們用善意款待這個世界，這個世界，也將會用善意來款待於我們，這便是宇宙中的因果定律

然而，為什麼有些人終日與人計較得失，終日與人攀比高下，無論他們再怎麼努力，卻始終也得不到真正的幸福和快樂呢，也得不到善意的回敬呢？反而他們越是富有，越是感到內心極度的貧窮呢？

答案其實很簡單，因為快樂和幸福本就不屬於得失和成敗，快樂和幸福只屬於知足和感恩的心，就算他們爬到最高處從而居高臨下時，也終將不會感到實質的幸福和快樂，因為靈魂早已扭曲，而人在高處不勝寒。

越是高處，越是寒冷；越是山谷，越是溫暖；越在低處，越是寧靜；越在高處，越是慌張；而地低成海，人低成王，也正是這其中的參悟及寓意。

所以，修行既是一種高尚的自處，而參悟則是一種逆向的思維方式，越想擁有，越是痛苦；越是無求，越是富有；既知如此，何不放下執念，豁然開朗呢。

以心中的信仰為信念，以心中的善意為佈施；去追尋心中的詩和遠方，去帶給人間和諧與溫暖；愛得希望將回響在人心，從而人間有愛，則會美好和平。

所以，為信仰而去努力學習，因為，學習能夠擺脫貧窮教育，而死知識不等同於智慧，能夠將知識再結合環境需求而延

伸成解決問題的人，才是有智慧的人。

能擁有智慧，所指得是擁有管控自己的能力，以及管控環境的能力，能擁有智慧還是指一種知識靈活運用，以及一種覺悟，且達觀的境界，而大智慧，則是隨時拿得起，也隨時放得下，更是一種擔當和灑脫的情懷。

智慧無邊無際，智慧是厚德與仁愛，如同我們偉大的領袖毛澤東先生，通過學習而改變自己，通過學習而改變思維，成就獨特的智慧，也只有這種獨特的智慧才能夠改變大環境，才能夠改變大多數人的貧窮，而擁有大智慧者，借以眾人之力，即可改變大我環境。

那麼，貧窮又從何處而來，貧窮皆從本心而產生，而偉大的靈魂不孤單，也不懼怕貧窮；從而信仰將會使人的靈魂變得偉大而高尚，貧窮也將會自然而然消失不見，偉大的信仰，以及偉大的智慧，皆是環境核心力量，使得整個環境跟隨其運轉，且周而復始循環。

所以，偉大的智慧和信仰還是一種引領的力量，而這種引領的力量在形成之前，必定會經過一番周旋和鍛鍊才能夠達成，否則無以帶動諸多的靈魂，所以科學的盡頭皆是智慧，而道的盡頭也是智慧和信仰。

沒有形成智慧的信仰，皆不可到達想要的領域，而形成智慧的信仰，皆是由自然及思維而產生，由學習和知識而產生；尊重這種自然的能力，人人皆不會貧窮。

因而，歸根結底，智慧由學習而產生，由悟性而產生；且由自然而產生；所以結論是通過學習才能夠改變一切的境遇，那麼心中的信仰定是有所回應的，努力將心中的信仰轉換成一種動力，這種動力將會通過學習而形成一種智慧的力量，形成一種正確的信仰。

於是人們擁有心中的信仰，將會是推動前進的必備力量，然而推動的力量既是一種主動的力量，推動的力量並不是服從與順從，推動的力量既是屬於心中的信仰所產生的能量，這種能量既是強大的磁場引力。

所以想要改變一切，定將要與眾不同，定將要超越平凡而平庸的框架，定將要承載常人所不及之負荷，否則無以克制外界無形的干擾，也就是要擁有正確的信仰，擁有磁場的能量，才能夠試著改變命運。

那麼，這種磁場的能量，皆要順應自然的大道之理，否則將與自然大道相違背，則不足以達到引領的力量，所以追求是正確的，但要順應自然規律從而努力才是正確的追求方向，但凡是刻意所為皆不可達成願望。

猶如《孟子》一書曰：「君子有所為，而有所不為；」意思是君子所為，皆不可違背自然之道和天理，而除此之外，這句話的意思還指人要審時度勢而行之，這也就自然而然產生一種大眾隨波逐流的現象。

因此，人人審時，人人度勢，則會產生一種物極必反的效應，比如農民順應自然播種，順應市場需求而養殖，結果到了豐收的季節，則並未賺取應得的金錢，原因在於供大於求，而農民越是豐收，越是廉價；越是稀有，越是昂貴；這也正是應了物極必反的效應。

所以，生存遊戲一直都是逆向的思維邏輯，而一貫地隨波逐流，只會讓自己陷入窘境而無以自拔，從而事無絕對，只有相對而論，然而知識又不代表智慧，若是將知識套用在錯誤的事情上，則是一種愚蠢的行為，而懂得靈活應用的人，才是屬於中庸之道的人。

然而，中庸之道除了講求處世應該以中正態度審視問題，

此外中庸之道還含有另一層更深層的意義,則是在生存之道的理論上,以逆向邏輯而去平衡兩端的變化,既是反其道而行,靜觀其變,從而處事不驚。

如同蹺蹺板的效應,當另一端高高在上時,我們則要將另一端重壓下去,若是將此套用在生存遊戲之上,便是反其道而行的戰術,以及策略了。

所以,中庸之道可以有兩個層面上的意義,一層意義是指為人處世要持中正的態度看待問題,而另一層意義,則是指生存之道的平衡應用,懂得平衡思維和逆向思維的人,才是真正的策略高手。

比如世界股票大王堪稱「股神」沃倫‧巴菲特,巴菲特是波克夏‧哈薩威公司的最大股東、董事長及行政總裁。在 2008 年全球富豪排名第一,2017 年排行第二。

巴菲特先生曾公開對媒體說:「我只是掌握了一些規律,才能夠擁有今天的財富。」我們且聽,這是一種所能被人掌握的規律,到底又是什麼樣的規律呢。

巴菲特先生還坦白對媒體說:「在別人貪婪的時候我們要恐懼,而在別人恐懼的時候我們要貪婪;」然而混亂不堪的股票市場,最容易虧損的莫過於「追高殺低」,也就是「高買低賣」的情形最容易虧損。

所以,當所有人一邊倒的時候,我們則要逆向行駛,而當別人放棄的時候,我們則要觀察時勢,長期以來真正的贏家,從來都不是僅看當下的狀況,反而是早早就站在遠方仔細觀察許久,找到絕佳進場的位置才能屢戰屢勝,這便是反其道而行的逆向平衡模式。

所以,中庸之道的深層智慧,最符合於反其道而行策略,將二者結合應用,中正之道是其一,靜觀其變是其二,逆向平

衡是其三，分散風險是其四，掌握以上規律，如若人人有資本，豈不是人人都是巴菲特了。

當然，這世上沒有這麼容易的事情，且先說人人都是巴菲特則不可能，而人人皆有資本也不可能，所以空談也只是紙上談兵的戰略，借以有助於思考未來，開拓逆向新思維系統，得以進階思維成長。

然而，改變貧窮思維系統皆會離不開逆向平衡思維模式，無論是處世還是理財皆是逆向思維邏輯方能達到其目的，但是不同年齡層次其理解程度也將會不同。

第四節：科學平衡精神內在

因此，物以稀為貴及物極必反的原理，二者皆可以相結合從而應用在策略之上，從而研究和探討只是為了解決問題，知識和智慧並非為了傷害他人而存在。

是的，任何事物都會物極必反，這是一種自然規律的存在現象，無論是我們的身體，還是我們的精神，也或是我們的情感，皆在和諧而恰好的氛圍之內，才能夠保持身，心，靈之上的完整健康。

我們人的健康身體，皆來自於健康的精神，只有在精神飽滿的情況之下，才能保持身，心，靈之上的平衡協調互補，才能給周圍環境帶來和諧輕鬆的心情。

然而，當人身體裡的負荷，沒有完全釋放乾淨的情況下，人的肢體便將會成為人精神上的負擔，所以人的肢體和精神二者相互依賴，又相互影響。

2023 年世界統計太平洋島國諾魯的肥胖率高達 60.7%，奪下世界第一胖；其次是庫客群島 55.3%、帛琉 54.9%、馬紹爾群

島 52.4% 和吐瓦魯 51% 的肥胖率。

　　世界上最肥胖的人超過 727 公斤，美國和英國兩個國家的人口，就有 20% 到 35% 的人被肥胖症所困擾，如此驚人的數字，我們是否嗤之以鼻呢。

　　關於健康的話題，離不開人生審美觀和價值觀，面對這樣一個全球肥胖化的新時代，我們又要如何正確審美人生觀和價值觀呢，這已經成為一門科學性的哲學，已經成為一門藝術性的學科。

　　這樣一個肥胖率過高的數據顯示，是否能夠平衡少數物資主義者不知足的心理呢，擁有健康的身體是否要比擁有更多物資財富，而來得更重要呢。

　　人生是一個無時無刻都需要學習和思考的過程，否則將無法跟上時代的腳步，也將無法用智慧的大腦帶動我們疲憊的軀體，所以學習不同層次的知識面，且是越廣泛越好，如此才能不斷提升人的智慧及認知。

　　嘗試遠離墮落而貪婪的人、事、物、既是一種自帶的福氣，因為喝酒的人，只會找你喝酒；打牌的人，只會找你打牌；然而一個懂得自救的人，才會得到天助。

　　成長是一個明心見性的過程，用睿智和理性排除所有不良嗜好，既是對自己最好的交待，以及最好的善待，而一個能夠高度控制自己的人，才有能力掌控人生。

　　人之所以不能控制自己的原因，皆來自於各種誘惑的干擾，奢侈的新時代裡潛藏著無數奢侈的精神享受和物資享受，然而當物資享受大於精神享受的時候，則人的內在精神疾病，將會隨之產生極度不平衡。

　　因為，過多物資營養索取，將會斷送健康的身體素養，而當身體內在素養無法平衡的時候，身體內在各種細胞就會開始

錯亂，隨之人的精神方面也會開始作怪。

　　於是，當細胞不平衡的時候，當內在精神開始作怪的時候，結果將會不難得知，那將是疾病的產生，那麼如何才能控制這兩種不平衡現象的發生呢。

　　這一切的發生，皆因人的理智達不到自律，所以人的慾望將會無法控制，包括金錢慾望和物資慾望，那麼想要健康體格和健康精神狀態，首要則是懂得理性自控，只有理性才能夠掌控身體及精神上的失衡。

　　這裡便有一個小小答案了，任何人、事、物皆要保持一定的平衡對待或攝取，才不會形成物極必反的局面，那麼，這個範圍就相當的廣泛了。

　　也或是言語，也或是行為，也或是情感方面的失衡，所以任何得失之間的取捨，皆要達觀面對，那麼應該來的，我們表示歡迎；應該走的，我們表示祝福。

　　可曾慶幸，我們還能擁有正常的體重，還能擁有正常的聽力和視力，還能夠健康而快樂地奔跑在運動場上，還能夠順暢地呼吸清新空氣，又興許還能為這個世界，多做一些什麼。

　　那麼，無可厚非，擁有健康的思想就是擁有健康的身體，然而只有健康的思想，才能夠左右我們的行動，那麼如何用理智來控制思想，則取決於個人的健康人生觀、價值觀，以及世界觀。

　　我們對自我的要求，對人生價值的追求，還有我們對世界淺薄的認知，這些因素決定了我們對生活的態度，而如何決定生活品質，將取決於自我要求的高低。

　　試著思考這樣一個問題，為什麼這樣一個物資氾濫的年代，反而人們的慾望卻更加氾濫了呢，而人類並不會因為條件的優越，而更加快樂和知足呢？

關於幸福與快樂的標準，在物資氾濫的年代，反倒更加無法平衡人們的貪婪之心，當精神上的需求與物資上的需求出現明顯不平衡時，隨之而來的精神疾病則會更多樣化，且會更複雜化。

這些精神疾病，將干擾人的大腦和精神，你越是強勢，得病的機率就會越高，強勢是好勝的一種，但好勝的人有兩種，一種是為了證明自己，而另一種則是為了攀比和仇恨，然而後者自然是疾病的源頭。

那麼，這些細節問題所產生的結論，則是讓人嗤之以鼻的驚訝，要知道追求沒有錯，錯在過度好勝，也便是凡事過猶而不及，則隨時將會物極必反。

那麼，要如何才能健康的成長、健康的追求、健康的平衡呢，而人生的三觀，又要如何才能達成平衡，這些健康問題，已是新人類所注重的長遠科學問題。

這些年「新冠肺炎」，也正在四處散播威脅，已經嚴重干擾人類的健康，應該慶幸的是我們還能夠健康的活著、健康的閱讀、健康的創作、以及健康的思考。

宇宙自然大道，早已饋贈給所有生命最美好的精神禮物，那便是健康而平衡的精神，那麼，擁有這些足夠條件之後，算不算是幸福的人呢？答案因環境而定。

然而，關於幸福是什麼，上古至今朝並沒有一個統一的定論，只有一個肯定的答案就是幸福離不開健康的身體和健康的心態，從而幸福皆由自己所創造，幸福不是等待他人來施捨，幸福應該緊緊握在自己手中。

幸福還來自於知足的心理，一個懂得知足的人，總是會感覺到幸福，從而知足的人，也總會給人帶來一種和諧美，那麼，通過成就精神上的和諧美，才能得以身、心、靈之上，以及各

方面的平衡和知足感。

因而，和諧美則是一種大愛的精神，這種大愛的精神既來自於捨得的胸懷，既來自於廣博的認知，既來自於強大的能力，既來自於知性的靈魂。

要知道，人類是理性的動物，也是感性的動物，健康離不開理性，也離不開感性，如果沒有理性便不能控制情感；如果沒有感性便不能傳遞情感；生命即需要情感也受制於情感，從而水能載舟，亦能覆舟。

所有情感上的痛苦，都需要理智來化解，如果理智無法化解情感上的痛苦，將會產生精神上的疾病，從而精神上的疾病將在長期累積之下就會形成身體上的疾病，且會不斷惡性循環，以導致人的身心健康。

所以，精神情感，才是身體健康緊密依賴的重要因素，那麼人類的關愛才是精神情感的歸宿和寄託，關愛也是健康精神和健康身體之間所緊密鏈結的精神橋樑。

這個唯一的橋樑，既是健康的愛與懷抱，然而，健康的愛則密不可分的就是我們的父母，那麼，父母和家庭才是愛的起源地，同時也是愛的埋藏地。

一個充滿愛與和諧的健康家庭，將會饋贈給我們健康的精神生活，饋贈給我們健康的監督系統，因為有愛，所以生命才會遵循愛的指導；因為有愛，所以在愛的監督之下，從而精神上才能得到完整的雙向健康。

一個正確地愛的指導，便能喚回一個健康的寶貝，要知道完整健康寶貝的背後，卻隱藏著巨大的精神橋樑，這個精神橋樑，便是最原始的雙向關愛橋樑。

一個在愛得懷抱中長大的孩子，在精神及身體層面上，相對就會比較健康，反之如果缺少過多原始關愛，則會影響身心，

從而產生精神內在瑕疵，或是缺乏自信等等現象，所以父母完整的關愛才是精神健康的原始配方，從而缺少完整關愛，便將會缺少足夠的自信。

那麼，關愛相對平衡，溫暖相對飽滿，則對精神將起到絕對健康的效果，然而，愛的力量如此強大，那麼，我們為什麼不試著付出多一點愛和包容呢。

試想，如果要用我們自己的自由，去換取孩子長期的安全和教育，那麼，我們會願意嗎，如果您不願意換取，將會得到一個不健全的孩子，或是精神上的不健康，也或是身體上的不健康，從而形成，父母一個自私的決定，將會是孩子一生中慘痛的代價。

要知道人的精神健康，皆來自於良好的學習習慣，以及良好的身體健康做背景，然而身體健康，又來自於良好的生活習慣，以及良好的精神健康背景。

那麼，富養自己，則是投資智慧財產和健康資本，然而關愛則是精神內在需求最原始的來源；而知識則是精神內在需求後天的來源；於是當孩子缺少了關愛，便會缺少對知識及未知的渴求和慾望。

所以，關愛才是最美好的原始精神營養，從而知識則是健康智慧的營養補充，那麼，一對完整，又健康的父母，也定會成就出完整而又健康的孩子。

於是，身體健康所需要的營養，也是最原始的來源，定期免費運動還能夠平衡精神上的明朗，然而凡事過猶不及，精神營養和身體營養如何達成平衡，如今已是一門科學性的研究哲學，那麼想要良好的生活品質，必須遵循健康法則，這些只是人生成長的基礎學科。

大道至簡，繁在人心；精神健康與身體健康至關重要影響

生活質量，健康精神和健康身體將決定個人的磁場，然而人的磁場將決定個人的運勢和風水。

內心越是貧窮的人，慾望越是強烈；內心越是富有的人，越是容易知足；無論內心富有的人，還是內心貧窮的人；皆來自於原始關愛是否健康，然而生命需要關愛就如同嬰兒與母親的臍帶緊密相連而不可分隔。

那麼，傳遞關愛，相信愛的力量可以改變內在貧窮，愛的力量還可以維持身，心，靈的平衡健康，

努力儲備知識財富，藉以提高認知水平，精神內在將會在充實之中感受無限精神富足，感受無限健康快樂；因此，只有精神上的充實，才能夠平衡內在認知缺陷。

那麼，關愛又與個人認知有何關聯呢？自然是有所關聯的，試想一個認知不足的人，自然是沒有大愛的人，然而，一個沒有大愛的人，自然也是缺乏愛心的人，所以，認知既是人的素養，而素養將決定人的格局。

所以，大格局的人，自然是能夠給人帶來愛與和諧的人，且是擁有足夠能力的人，更是能夠保護弱小的人，從而父母的素養和格局，也將決定孩子的素養和格局，父母的認知水準，也相對影響孩子的眼界是否高遠。

這將是一種無形中的智慧感染力，且在日常生活當中潛移默化地感染孩子和家人，那麼用智慧去愛，不要用壓制去愛，讓愛得到相對的平衡和尊重。

要正確愛，既不能過度放縱，又不能過度溺愛；於是尊重才是維持人與人之間最好的橋樑，無論是親人還是朋友，無論是長輩還是晚輩，但凡達不到尊重素養的人，皆無法和諧小我環境，更無法和諧大我環境。

從而以尊重為前提的正確指引，才能夠深入人心，才能夠

平衡內在精神，從而在打太極拳的模式下給予輕重有度，並給以愛的無限想像空間，且給以愛的無限平衡空間，所以，給以孩子最健康的愛既是愛的良藥，那麼，給以孩子錯誤的愛則是愛的毒藥。

有多少人，因為愛得過度，從而傷害了所愛；又有多少人，因為不懂如何愛，從而傷害了所愛；所以，想要健康而又平衡地好好生活在陽光之下，則需要理智與感性共同協調作用，才能將愛的指引發揮到極致。

人們都喜歡優秀的人、事、物，且人人皆是如此，所以，違背良心而說自己不喜歡優秀的人，事，以及物，則是違反了自己的本心，那麼，違反了本心，便是一種虛偽，便將會產生精神上的分裂化，如若經常性的違反本心說話辦事，則將會產生精神分裂症疾病。

當人違背了本心之後，人的內在理性和感性則會產生對抗和反噬，因為理性與感性皆與靈魂同在，然而靈魂只有一個，所以，說了一個謊言的人，一定會再重複去圓說這個謊言，久而久之，便會扭曲靈魂的聖潔。

被扭曲的靈魂，則會表現在面相和氣質磁場方面，那麼不說謊的人，則任何時候都不會有圓謊之心，因為不需要防備，因而一個沒有防備之心的人，自然是會生成面相和藹可親的模樣，如同嬰兒般的純正無邪。

是的，無邪的人，才是真正的內在健康，無邪的人，是不參與任何染色體的池中白蓮，那麼不忘初心，保持最初的善良和諧，才能夠保持最健康的內心世界。

可知道，失去健康的內心世界，則將會失去精神內在的平衡，於是變得外表及表達形態皆會不自然，且會失去和諧的美感，甚至會變成只有目的性的動物，然而只有目的性的動物，

則會缺少人類的溫度和慈愛。

要知道，具備有溫度的慈愛之心，才會具有一定的感染力，沒有感染力，則只是一具現實的工具，因為我們是血肉之軀，而不是無機的物資，所以，離開溫度和慈愛的指引方向，皆會導致疾病產生的可能性。

那麼，慈愛是感性的，但是生存遊戲，又是偏向理性的，然而我們修尚人生，又是為了修得更接近人性，否則我們學習的目的又是為了什麼呢，難道只是為了賺錢而學習嗎？相信這個答案不是我們所要的結果。

只有努力修尚成為完整的人性，才是上層人的標籤，這便是學習的真正目的，也是歷代輪迴的真正價值，若是我們只是為了賺取金錢而來到人世間，那麼人生的意義會不會太俗氣了呢。

我們來到塵世的目的是什麼，所有以上論述觀點，只是為了了解到來的本質意義，相信每個人心裡都清楚自己所要的是什麼，選擇做平庸的人，還是選擇做有正確信仰的高尚人，便只在個人抉擇之間了。

當然，任何人都無法改變他人的選擇權力，而所有追求都將會付出一定的代價，無論追求是否高尚都將會付出代價，那麼靈魂的核心價值，才是最可貴的。

既然所有的追求都定要付出相對的代價，那麼不如讓生命的價值更加偉大，如此既是不辜負來一趟人世間，從而這人世間是一個美夢，這人世間也是一個惡夢。

我們若是用悲觀態度生活在這個人世間，我們的人生便會是一場惡夢，我們若是用樂觀態度生活在這個人世間，我們的人生，便會是一場美夢；可知道，一個正確信仰的人，能把苦難活成幸運；而一個錯誤信仰的人，能把幸運活成苦難；這便

是信仰錯誤的代價，所以，正確的信仰，才是正確的人生觀及價值觀。

第五節：成為優秀的自己 🦋

我生命中有著這樣一位優秀的女人，中國湖北省農業銀行書記：「王功德」女士，她的這一生憑借她自己勤奮的學習及堅強的意志，一步一步往上攀登。

這樣一位二戰之後的女性，同時也是三個女兒的母親，而伯母這一生中最遺憾的事是大女兒在考取大學之前不幸患了胃病，且體重如何吃都很瘦小，從此便孤僻自閉，且至今尚未完全康復。

恰好這個大女兒也特別聰慧，而且學習成績優秀，發生這種情況實在是讓人感到遺憾，這人間從來就沒有完美的事情。

「王功德」女士，她有著一個特別美麗的名字，她既是一位偉大的母親，也是一位好領導，她是我心中敬仰的女士之一，她的一生為官清廉，且博學而多才。

伯母的先生孫伯伯曾任職湖北省紀委，如今已是安享晚年，聽父親說起孫伯伯，時而還會微信分享生活，許是孫伯伯念及親情，又放不下伯母，於是代替伯母延續這段親情吧，總之都是夾帶著幾絲心酸的味道在裡面，總是讓人一聽到消息，便會想到逝去的伯母。

讓人心酸的事是父親和伯母也沒能見上最後一眼，就這樣把兒時的感情和那些書信一同深藏在了父親心裡，許多來不及的遺憾皆是遭遇在作弄，我們深以為然。

記得兒時，伯母經常書信往來父親，伯母的書法可說是龍飛鳳舞，父親說：「伯母憑借自己的不懈努力，才能走到今天

的榮譽職位，這也可謂是名副其實。」

父親是一個重情重義的男子漢，因兒時不幸中的遭遇，使得父親失去了許多本應該屬於他的幸福和快樂，童年的快樂時光對於父親來說，只能是夢裡的故鄉。

因為，父親是三代單傳，所以，父親非常懷念自己的親人，然而我也經常向父親問起關於他和他家族的人和故事，借以緩解父親心中的思念之情。

因為內心思念，父親一直記得同伯母兒時生活的那些年，父親說，只記得伯母當時還小，為了哄父親不許哭鬧，便嚇唬父親說：「狼來了，狼來了。」這也是我兒時經常在父親那裡聽到的童話故事。

雖然不知道「狼」長得是什麼模樣兒，但是關於狼的故事總是讓人聽起來也有幾分害怕，現在的我真的感覺到自己才是一隻孤獨的狼，但是我卻並不可怕。

知道父親同伯母姐弟二人感情濃厚，只是後來因了奶奶的緣故，姐弟二人不得不分散成長，因而，現實是殘酷的，所有遭遇都將要被寫進歷史的心酸。

2006 年，伯母得知我已入居台灣並已為人之妻，她非常擔憂我，並經常手機書信關懷我的處境，從伯母傳給我的書信之中，我看到了她那溫暖的文風，還有穩重的文筆，以及在她筆尖上散發出的博愛與大德。

記得初來台灣，伯母時常手機書信對我說：「要照顧好自己，要相信自己，努力成為更優秀的自己。」

我深深地知道，這是伯母因了父親的關係，才一路追蹤到我的台灣手機，天下父母心，我能夠理解前輩們的心情，但是人生中有太多的不設防還來不及思考，便已經成為一種失去，我對你們的關愛只能說抱歉了，沒能聽取你們的意見而獨自來

到了陌生的中國台灣。

　　我深知一切遭遇，必須由自己去承受，為了不讓伯母擔心，我通常善意的安慰伯母：「我一定會好好照顧自己，伯母您安心養病，我在台灣一切安好。」

　　比起你們曾經奮鬥的貧窮年代，我這點遭遇，又能算得了什麼呢，既然命運開了這麼大一個玩笑來讓我修復，既然生活挖了這麼大一個天坑來讓我填滿，那麼，我也便只好束手就擒，乖乖接招。

　　如今關心我的父親和母親已都年老了，曾經關心我在台灣安危的伯母也去做天使了，聊到這裡，便讓我想起伯母還有一個十分真誠，且又孝順的女婿。

　　湖北省人民政府特聘憲法律師：「楊宏略」律師，他是一個非常善良，且熱心腸的好大哥，他總給人一種強大的安全感，且似有一種一呼百應的能力。

　　2003 年 12 月記得是我正準備結婚之時，若不是楊大哥親自出馬處理，我想我同先生當時在湖北省登記結婚時，還真是找不著東南西北了，更別說在短短兩日之內就辦好結婚證和公證書，且正好是平安夜拿到結婚證，聖誕節拿到公證書，事情辦理的極為順利。

　　再後來，我母親的小妹「十香」阿姨在湖北潛江經過檢查患上大腸癌及肝癌，這一次又是我親自麻煩楊大哥，僅僅一個晚上的時間，大哥用迅雷的速度拖董事長及院長，及時安排好大腸權威醫師準備救人。

　　這歲月雖無情，這人亦然有情，感恩伯母一家人對我如此關愛，感恩楊宏略大哥曾經數以三次肝膽相照，就在 2022 年楊大哥還為我慷慨解囊人民幣 10 萬元，所謂大恩不言謝，那麼，小妹我這就不謝大哥了。

以善為前提而佈施的方向

進階思維延伸教育，十年樹木，百年樹人；人這一生若是丟失了核心教育意義，最多也只能是一個金錢的奴隸，從而不會成為金錢的主人，所以，以人為本的教育方向，才是值得我們傳承的正確教育和信仰。

真正的真善美，則是無須包裝的美麗，蝶谷裡的天籟，皆是由自然而譜寫的旋律，人性的善惡則是由虛實而演繹的美醜，從而虛實之間的利弊體現在人的德行。

因而，人的德行是有層次的，上層人，高要求自己；下層人，高要求他人；要知道，一個高尚的人，不會把自己的快樂建立在他人的痛苦之上，而一個有德行的人，不會把自己的利益建立在他人的損失之上。

大德之人，以虔誠之心待人、以敬畏之心自處；大愛之人，先以天下之憂而憂，後以天下之樂而樂；而大德大愛之人，皆是天生附有責任感和使命感的人。

人的責任感，既是一種使命感，所指天性自帶的秉性，而人的責任感從何而來，所指他當下的身份和立場所產生的責任，然而，廣義的責任是指當被需要的時候。

真正的謀略家和戰略家，皆是以善為前提的佈施方向，而不是以自我中心為方向，以善為前提而佈施則是一種擔當，也是一種骨氣，更是一種無我的境界，因為生命皆為使命及責任而活，生命為靈魂的信仰而活。

我們只敬仰那些勇敢扛起責任的人，我們只欣賞那些懂得知恩圖報的人；然而，人性到底有多麼現實皆不可估測，要知道，卑微和矮小的靈魂人間比比皆是。

金錢和貧窮是萬惡的根源，虛榮心則是人性的通病，只有擺脫精神貧窮教育，人人擁有仁愛之心，才是和諧環境的唯一

方法，這也應該是痴人在說夢話。

金錢只是生活的需要，金錢只是為了交換價值，交換價值只是為了轉換利益價值，而賺取利益皆是為了肩上的責任而去奮鬥，所以一切以善為前提的追求都將得到善果，一切以惡為前提的追求都將得到惡果。

在思考中成就獨特的思維系統，思考既是與恐懼、貧窮、迷茫、以及生存遊戲進行一場思維上的較量，熬得過便是優秀；熬不過便是卑微；從而修心和修尚德行，皆是這一生所要面對的功課，一切皆因人性而周旋於此，然而，名利和貧富在百年之後的塵埃裡，終將只不過是一把風沙，當風一吹來，便將消失不見了。

所以，真善美的信仰，是扛起責任為前提的信仰；真善美的信仰，還是以舍為前提的信仰；真善美的信仰，更是以教育為前瞻的信仰。

那麼，以自己的格局去走自己的路，這一路的成長皆是為了人生的詩和遠方，這一路的成長還是為了愛與責任，這一路的收穫皆與名利無關。

所以，三觀不同，則不必強融，繁華散後，便是各自冷清，然而，我們在山林中修籬種菊，於是聖靈之門為我們開啟，愛與希望的種子，將會散播在凡塵人間。

在思考中學會如何駕馭靈魂，得以消減貪婪之心和膚淺之心，在正確信仰中成就獨特靈魂，得以平衡內在健康精神，得以解救貧窮思想教育下的生命因子。

於是，它來到這個世界，集於萬千寵愛於一身，卻在不知不覺中耗盡；它用它最美麗的雙手，親手燃燒了整片森林；它在叢林中狂歡盛宴，於是地獄之門為它開啟，它被虛擬與無知所佔有。

於是，她來到這個世界，集於萬千仇恨於一身，卻在不知不覺中化解；她用她最粗糙的雙手，親手根植了整片山林；她在山林中修籬種菊，於是聖靈之門為她開啟，她被陽光與富足所佔有。

生活中的早已注定

我的父親：「彭宣凱」：心胸寬廣，謙遜仁愛，一生以慈悲為懷，身材高大霸氣又威武，且是天生賦有責任感及使命感的男人，他是一個大智若愚的智者。

這世上，總有一些人讓我們想起來就會心抽痛，是的，這就是難以割捨的親情，父親在我心裡既是一位好的導師，也是我無話不談的朋友，更是我恩重如山的知遇恩人，他就像一座大山讓我感覺可靠又可信，他還賦有慈母般的柔軟智慧，他是我心中永遠的榮譽感。

父愛如山，他一生熱血都奉獻給了這個家庭，他用生命保護著自己的孩子，他寧可自己吃虧，也要求得一個家合萬事興，然而，他卻不曾搶過半次的功勞。

父親曾說：「富裕在於感悟，而不在於別墅。」然而，這些年，我也有所覺悟，是的，金錢雖然很需要，但是金錢並不是生命中最重要的，只有追求正確人生信仰，以及人生價值，才是人生最重要的意義。

那麼，培養自己，投資自己，實現生命的價值，堅持自己喜歡的事，只做正確的事，並以遵循自然規律為前提地成長方向，順應自然大道，心安理得而活。

我只知道，能接受就能接受，不能接受就是不能接受，天性原則一直是不可更改的逆性，這也使得父母親非常頭痛，從小到大，家裡只有我體弱多病，且又是天生挑剔的一個，父母親總是被我折騰到沒完沒了。

然而後來，我愛好創作，愛好研究；記得父親偶爾會將我寫的小字條珍藏起來，我便知道父親熱愛文學研究，也許是基因遺傳，我自小便熱愛創作生活日記。

　　記得 20 歲在人民保險公司辦公室任職時，那些年生活過得很是清淺，我每天蹲在地上練習書法，我很自然書寫，很自然地記生活日記，生活因有了文字相伴，因而，這平淡如水的日子，也算過得充實許多，因為，心在與靈魂對話，心在與文字在對話，這才是無上的精神依托，且在平淡中孕育著神奇而美好的未來。

　　我喜歡賦有文學性、建設性、創意性、藝術性、挑戰性、神秘性的人、事、物，我喜歡追求和探索未知的領域，我熱愛生活，只做自己認為值得的事情，且尊重生命的本真天性，否則便是愧對自己的靈魂。

　　我許是一個天生倔強的女子，我清楚生活的無奈，那麼，試著去顛覆命運，從而給生命加持，在思考中平衡觀念、理念、得以掙脫平庸思維，得以層次分明。

第二大章：善待生活

第一節：不要隨意選擇工作

　　生活是一種詩意，生活是一種智慧；無須脫離世俗的言論，在這紛紜的百花世界裡盡情暢談生活的真實樣貌，既然無人能夠脫離世俗，那麼，且讓這俗氣的生活演繹一番樂趣，為生活添加一些詩情畫意的顏色。

　　因酷愛寧靜，於是喜歡慢步在夜色初起的林間小道，不知是哪裡的巧心工程師們，他們總是能夠將這平凡的夜晚點綴得燈火通明，步行在風景叢林的小道中央，顯得分外有幾分浪漫的色彩，還多有幾分安全感。

　　是的，這裡便是我生命中需要過渡的天母運動公園，這裡還是我此生遇到最和諧的公園，也許是因為人傑地靈的關係，我所感應的磁場，皆是值得依賴和欣賞的氛圍，又或是天母的風水本就自然而然溫暖人心。

　　偶爾喜歡獨自呆在這不被打擾的時刻，尋一處好地方冥思靜坐，讓自己偶然不去思索那些本就不屬於我們的人，事，以及物，僅此一時而片刻地安寧，才是浮生中不可多得的幸運，此時便是一種無價。

　　人生之路，誰的過往不曾有過萬般的無奈，也正是因了這些萬般的無奈，才讓我們更加珍惜此時的寧靜與和諧，好在此時的風景依然，人也依然。

　　朦朧夜色，每每伴著這半歡的心，感受這由自然的寧靜所帶來的自在呼吸，此時只有心與心相伴，便是一種極好的浪漫，而此時良辰美景，皆是生命的值得。

這半生的因果，於心而言，總算還留有一顆無愧的靈魂來相伴，否則，那些皆是自私的半樣心，又怎能入得了這曾經真誠而又赤熱的情懷呢。

曾有一顆純真的靈魂，陪我穿越了中東的人文風景。曾有一顆簡單的靈魂，陪我讀懂了真實的人性本質。曾有一顆倔強的靈魂，替我縫補了心口的潰爛傷疤。曾有一顆傲骨的靈魂，替我寫意了遠方的生命詩篇。

萬事萬物，皆有靈性和磁場，得到並不一定就是好事，失去也並不一定就是壞事；然而人生沒有必經的孵化歷程，又如何能夠幸運地感受此時的暗香悠然呢。

是的，不幸中皆有著萬幸，皆是那三生有幸中的不幸，才能造就這半歡的空無情懷呢，所以磨難皆有益於生命的成長，然而遭遇則有益於靈魂變得更加強大，從而要知道生命未曾經過雕塑，則無以成器。

曾經所失去的，以及曾經所得到的，皆只是生命中的遭遇，既知只是遭遇，那麼便要懂得釋然，用智慧思考未來人生，然而人生的未來皆是可以選擇的未來。

回首曾經的過往，思考所有的失敗，你會發現失敗只是為了告訴我們人生不能隨意做出決定，然而選擇大於努力，選擇決定未來成長方向是否陽光燦爛，時刻選擇正確的方向，將會達到事半功倍的效果。

窮人不是因為想得太多而導致貧窮，窮人而是因為缺乏智慧和正確認知，缺乏選擇的能力而導致失敗，而關鍵在於，只有提前有所準備的人，才有選擇的權力，因為成功的機會，只會留給有所準備的人。

所以，未來人生不可以隨意做出選擇，要麼就整出漂亮的樣子，要做就做自己喜歡的事情，工作的意義皆是為了更好的

成長，如果這份工作不能讓自己成長，則將不會長久，最多只能算是過度期的淘汰動作。

當我們思量當下的責任，便會做出正確的決定，人生沒有多少後悔的機會，任何時候都是一種無意識的歸期，明白自身當下責任的人皆是上層之人，而不明白自身當下責任的人，皆是悔恨失敗之人。

人生並不是只有愛情，也並不是只有金錢；人生更多是一種責任和信仰，更多地是一種道義和仁德；但凡是拋開責任的追求都將是自私的追求，所以還談不上是信仰，然而拋開道義的選擇，還稱不上是仁德。

那麼，不要用精明算計的公式來框架成功的理論，成功從來就不是依靠精明算計而取得，成功的人而是憑藉責任和信仰，以及仁愛和大德來成就，再如何厲害的算計公式，最多也只能是一種技術，而人人都能夠學習的技術，還不能稱之為成功的總理論。

關於技術和公式則人人都能夠學會，然而仁愛與德行則無法人人都能夠學會，所以成功的理論沒有這麼容易就被任何公式所框架，從而正確的理論，也只能符合特定的環境，以及特定的人來定論。

所以，沒有絕對論，而只有相對論，因為再怎麼深刻的理論，總是抵擋不過環境的現實和捉弄，比如目前正在暢銷的書籍《富爸爸窮爸爸》一書中曾提到；「富人不為金錢而工作，富人只讓金錢為自己而工作。」這句話在某種特定環境中是正確的理論，但是在惡劣的環境中，則並不適合所有的人選擇。

因為，一個有能力的人才有選擇是否工作的權力，而一個沒有能力的人則沒有選擇是否工作的權力，現實環境中並不是每個人都那麼幸運，正是恰好當下的環境正適合他來做最正確

的選擇，比如原生家庭背景，以及間接社會環境都能迫使他為金錢工作的可能性。

即便是他知道理論的正確性，但也不一定會做出正確的選擇，他也許沒有足夠的能力選擇是否為金錢而工作，然而，只有事先有所準備的人，才有資格正確選擇是否要為了金錢而工作。

所以，理論沒有絕對標準正確性，只有相對標準正確性，從而選擇皆會因人而益，皆會因環境而益；選擇還因能力是否適合，選擇還因趨勢是否適合。

人們最多只能了解富人所成功的大概原因，但並不是每一個人都能像他們擁有同樣的背景，因為每一個人都是無可替代的獨立體，且無人能夠效仿全部過程。

諸多人效仿億萬富翁的行為，但諸多人不會成為真正的成功者，要知道成功的定義，並非是用金錢的多少所能夠框架的，成功的定義而是屬於那些懂得付出和奉獻的框架，因為人生的價值更多是指責任和信仰。

有人一生追求金錢，有人一生追求名譽；有人一生追求和平，有人一生追求奉獻；有人一生追求科學，有人一生追求學術及藝術；然而最終成功的定義跟金錢扯不上主要關係，成功皆與奉獻的精神主要有關。

那麼，試問一個極其吝嗇的億萬富翁人們會敬仰他嗎？一個不學無術的億萬富翁人們會敬仰他嗎？一個無德無品的億萬富翁人們會敬仰他嗎？一個不為人民著想的億萬富翁人們會敬仰他嗎？答案皆是否定。

顯而易見，成功與金錢無關，成功與德行卻有關，那麼不是億萬富翁的慈善家也可以是成功者，而不是億萬富翁的奉獻者也可以是成功者。

一個成功的商人，若是不懂得奉獻精神，將不會是一個成功的商人，要知道學習富人選擇及應用的技巧，皆不能代表所有人一定會成功，然而學習富人的靈魂精神，人人才有可能得到成功，我們深以為然。

　　相反，學習窮人的奉獻精神，同樣有可能會成功，比如愛心醫師或教師，還有父母及前輩，他們不太會理財，但是他們一生都奉獻在救人及育人方面，這樣可愛的人難道說不是成功者嗎，他們當然也是成功者。

　　成功只是環境允許，以金錢框架而定論的成功，皆是環境所允許的成功，然而以德行框架而定論的成功才是選擇的成功，相對也是高尚的選擇和成功。

　　不為金錢而工作是一種選擇，也是片面正確理論，但不是全面正確理論，因為造物弄人皆因環境的無奈，那麼不為金錢而工作，要為興趣和信仰而工作，不做金錢的奴隸，要做金錢和信仰的主人，所以都離不開正確的信仰，然而正確的信仰皆是建立在責任之上的信仰，離開當下的責任，皆不能擁有高尚的信仰。

　　不為金錢而工作，只為信仰而工作；不輕易選擇工作，只做值得的事情；遵循獨特的靈魂，遵循獨特的信仰；明白當下的責任，明白靈魂的追求，只做正確的選擇。

　　不隨波逐流，也能遊刃有餘；不貪婪名利，也能光亮價值；不矮小格局，也能照耀他人；尊重責任的偉大，尊重靈魂的信仰，還有什麼好後悔的人生呢？

　　利用有限的時間培養足夠的認知與能力，事先做好一切準備，有能力的人選擇工作和生活，沒有能力的人從而被工作和生活所選擇，這便是現實的殘酷，所以提升認知格局，人人事必躬親，人人皆要可畏。

那麼，曾經的過往，我們真正善待了人生嗎？即便是沒有也沒有關係，因為眼前的失去並不一定就是真的失去，只要還有覺悟的機會，所有的遭遇只是成長；如若沒有覺悟得機會，所有的遭遇皆會是無奈。

為了不要無奈的活著，則應該明智選擇，則應該通達看待得失與成敗，只要生命還在成長，一切皆有可能，然而一個不曾回頭的人定是還在成長，如同孩子的青春期，能夠值得他記憶的人，事，物，已是不多。

跑在前面的人，大多看不見後面的人；跑在後面的人，才會盯著前面的人；這是一種自然現象，所以無需指責他人的成長規律，所有人都是在規律中而成長。

無論我們選擇怎樣的工作，人生皆是因了成長，所以成長還是一個現實的名詞，因為成長而忘記了曾經的天真，因為成長而忘記了曾經的同伴，因為成長而忘記了曾經回家的路。

選擇皆是為了成長，然而成長則因了選擇，所以覺悟的當下，不可再隨意做出任何選擇，因為人生沒有太多的後悔期，更沒有過多的成長期，只有認真對待生活和學習，才是最正確的選擇，而認真便是一種正確。

我們試著回頭，可曾發現許多不經意的事情早已不在記憶裡，還有許多不得已的事情早已遺忘，但那些絕對不是我們的選擇，那些過往只是環境的一種偶然的遭遇，不可違背的自然現象，所以無須過度譴責。

如果生命是一首詩，那麼遭遇便是一首歌謠；如果青春是一隻筆，那麼成長便是一幅山水；無論我們停留在春，夏，秋，冬的哪一個位置，皆是在路上的遠方。

成長還是一種沒有選擇的選擇，因為春、夏、秋、冬從來就不會等待任何人的遲來，春、夏、秋、冬，只有輪迴，再輪迴，

而地球自轉和公轉也是從來不等人，因為地球上有你我的存在，或者沒有你我的存在，地球始終都在自轉和公轉，因為它沒有選擇的權力。

那麼，人類為什麼會有選擇的權力呢，因為人類有思想，人類的行動受制於思維的左右，因而人類比地球還要幸運無數倍，因為地球沒有思想，地球只能跟著不能預知的力量而轉動，而人類的思想，則有事先預知的智慧，所以人類，且能夠去往其它星球探險資源。

所以，思考一切皆有可能，只要我們願意與自己對話，只要我們願意思考人類以外的事物，那麼思考及科學將會解救人類的痛苦，用科學的角度去思考問題，問題將不再那麼複雜，然而真正複雜的是人性的自私。

人性的自私皆來自攀比，然而沒有攀比就不會有傷害，那麼努力工作賺錢會不會也成為一種攀比呢，答案皆是有的，因為他不一定喜歡這一份工作，他可能是為了競爭及地位而來，也可能是為了金錢而來工作。

那麼，為了競爭和金錢而來工作的人，呆在這個位置會不會有所新地建樹呢，答案皆是否定，但如果他是為了責任和信仰而來，那麼這個位置將會發光發亮，且能夠將平凡變成一種非凡，這便是責任與信仰的力量，這便是尊重靈魂的最佳結果。

所以，擁有獨立思考的能力之後，不要輕易出賣自己的靈魂，因為善待靈魂才是成就自我唯一的通道，若是虧欠了靈魂，人生將會一路行走在彎路中而不堪回首往事，也將會徘徊在人生的十字路口而迷失自我。

在平凡中練就一顆超凡的心，才是人生最美的四季。在平庸中創造脫俗優雅的詞，才是超越原來的自己。在平淡中成就一份偉大的事，才是遇見最美的自己。

人生的選擇是神聖的，當下所在的位置也是神聖的；那麼首先懂得尊重自己，而後才能得到他人的尊重，篤定站好屬於自己的位置，修一份泰然自若的情懷。

　　為人生的責任撐起雨傘，為心中的信仰點燃希望；善待這個環境，也是善待自己；善待人生的選擇，也是善待靈魂；然而只有認清了環境，才能夠認清自己。

　　環境既是人性、環境既是需求、環境既是風險、環境既是自然；學習將改變認知、認知將改變格局、格局將改變眼界、眼界將決定成敗；所以心若是大了，事情也就小了；心態若是正了，事情也就順利了；然而所有成功的格言，皆是許多成功人士所領悟的常理。

　　為何既知是常理，反而最難做到的皆是常理呢，越是簡單的常理，越是容易被忽略，越是複雜的公式，越是有人愛探索，這些皆是人類的好奇心所致。

　　所以，大多數的人失敗，皆是不按照常規和常理來辦事，這便有了答案，因為超出常理之外的選擇和決定，皆不在規律軌道之上，從而更容易失敗，那麼依循自然規律來辦事，才是成功秘訣裡的常規和常理。

　　從而得知生命成長的規律是有所軌道遵循的，而事物發展的規律也是有所軌道依循的，只是這個軌道是一個無形的軌道，只能夠感知它的存在，而不可觸摸它的存在，然而春、夏、秋、冬輪迴則是一種必然性。

　　既知輪迴是一種必然性，那麼通過輪迴將產生一種累積，有形的累積及無形的累積，而這種累積既是一種得到，也是一種失去，所以得到也皆是一種失去。

　　而後的演變，又有人通過四季的輪迴而發明了時間，通過地球的公轉顯示來定論虛無的時間軌道，並以此依據，從而依

托成為了人類的生存之道，於是有了代代相傳的虛擬歷史，更有了萬年農民歷的推理，而後思想又產生了科學和哲學的推理，以及結合。

虛無時間及四季輪迴的存在所產生了實體的東西，而這些東西正是人類所需要的食物，而這些食物皆是由虛擬和實體共同所打造而產生的食物，然而人類吃下這些食物，於是人類的思想便也隨之產生了虛擬的思想，然而，人類的思想，且是切實而虛空的存在著。

時間和四季輪迴皆是虛擬存在，然而人類思想也是虛擬存在，時間與四季結合陽光，空氣和水分能夠產生實質物資與食物，而人的思想也將會結合萬物來產生實質物資，從而這些精神物資將供應給人類需求。

所以，思想才是最偉大，且如同時間一樣虛空而偉大，儘管最終都是失去，但中途能夠創作無限的可能，這種可能並能夠一直傳承下去，那便是虛擬思想所產生的智慧結晶而留在了人間，可代代相傳，福祉代代。

無論我們選擇什麼位置皆是為了成長，而思想的深遠將是主導一個生命載體是否能在這個位置發光發亮的可能性，所以因了四季輪迴與時間交替，每一個生命載體都具其獨特的亮點，那麼沒有最好的位置，只有最合適的位置，選擇最適合的位置才是有智慧的人。

適合自己的人、事、物，皆有著同樣的意義，於是環境及需求決定了合適與否，所以合適自己的人、事、物，才是最好的選擇，且是自動化的靠近，如同時間的交替、恰好的相逢、恰好的默契、恰好的數字。

人與人之間的個性區別天生就存在，如同時間的交接點，135 點線需經過 24，才能連接成 12345 的順序，所以不同軌道的

人，事，物就讓他隨風而去，讓他隨緣而聚散，豈不顯得豁達而大氣呢，那麼把餘下不多的時間，用在提升自己某方面，才是有意義的事情。

想成為怎樣的人，必將會變成怎樣的人，因為人類有了思想，而思想創作了執行力，於是一切皆有可能，只要我們願意勤勞思考，勤勞行動；於是在虛與實的思想結合之下，將會發生無限的可能性。

人人皆可成為思想家，因為人人皆有思想，只要是一個正常的人，都會具有獨特的思維能力，且無人能夠複製這種獨特的思維能力，那麼，遇到挫折不要輕易放棄自己和生活，要堅定相信自己是獨一無二的載體，相信思想能夠創作一切，並能夠改變一切。

生活理當全力以赴，竭盡全力去譜寫生命的歌謠，我們所想要的美好皆在思想的構思裡，然而思想創作力的神奇力量將會帶領所有人脫離困惑，且解決當下的問題，於是虛擬的時間則會幫助我們成長，雖然成長也是一種失去，但是不想成長的人，才是時間裡的廢墟，為了不成為時間裡的廢墟，我們應該盡其可能的自由成長，自然伸展，且具有無限延伸的可能性。

無限延伸，多麼好的寓意，充滿了浪漫的想像力，且賦有了智慧的延伸性，更加開拓了未知的可能性，那麼擁有無限思維想像空間，人間也將成為一種值得。

試問，我們真正想要什麼呢，想要愛情還是金錢？想要名氣還是地位？想要自由還是獨特？我們會發現想要的東西皆是虛無幻想，而需要的東西皆是少之又少，於是痛苦也只是一種虛無的痛苦，而幸福也是觸手可得的幸福，然而災難皆是外來的力量因素所導致。

然而，只要減少人為外來因素的干擾，人人皆會幸福的生

活在屬於自己的世界裡，外來的干擾皆是因為人與人之間缺少互利，皆是因為狂妄自大而引起，歷史的沙河裡本身就存在著自然淘汰現象，何須多此一舉人為傷害呢，自生自滅的物種比比皆是，不如一切自然。

　　自然的生、自然的死、自然的成長、自然的選擇、一切都應該是自然而然的淘汰及更新，才不算違背天道之情理，既然成為了人，自然會產生感情，有了感情人類自然就要遵循情理，然而物資之外皆屬於情理，有多少人在貧窮面前沒有遵循情理，又有多少人在選擇面前沒有好好善待情理。

第二節：為責任和榮譽而戰

　　那麼，依循情理，力求以人為本的追求才值得被信仰，醜陋既是把金錢看得比人還重要，這便是沒有進化成功的人性彰顯，然而人類為什麼尚未進化成為完整人性呢，兩千年之後的今天獸性卻依然還未削減完全。

　　然而，兩千年前和兩千年後的佛心也依然同在，這又是怎樣的原始基因呢，也許佛心，人心，獸心，一直都分布存在，且不會因為時間的推移而改變，就好比春、夏、秋、冬，永遠的輪迴，且永遠不變的本質？

　　若是如此，那麼人類豈不是天生就對立，且永遠不變質量的對立？不是這樣的，關於獸性一定會慢慢被虛擬時間軸所淘汰，因為人類最終只會留下所需要的東西，而不會留下人類不需要的東西。

　　因此，獸性終將會被人心與佛心所慢慢消磁不見，所以不要做醜陋的獸性人，也不做金錢的奴隸，為了靈魂的信仰而努力奮鬥，找一個適合的位置，將自己好好安置，既然心中有大

廈，那麼又何須高樓呢？

　　然而，在靈魂上的追求將永遠高於金錢，靈魂所追求的是一種領域和境界，且是一種思維的領域，還是一種捨得奉獻的境界；所以真正成功的人所成功的原因在於凡人所不能及的一種境界，真正的成功人士，並非依靠精明算計而達到成功的境界。

　　曾經有這樣一個短視頻理財頻道這樣提到：了解人性的弱點並能抓住人性的弱點，從而利用人性的弱點來達到合作不虧損，他的邏輯認知是因為人的貪婪之心，在讓出股份給合作人的時候，必須要讓合作人投入自己的資金才能入股，否則開拓方贈送給合作人股份皆會導致虧損，這是他認為取得利潤的人性算計。

　　其實不然，真正使得合作人努力奮鬥的理由，絕非是股份資金是自己所投入的才會贏利，然而真正使得合作人全力以赴的原因是一種被重視的合作關係，這讓合作人有足夠的理由全心投入，並為合作帶來贏利。

　　要知道，用自己的資金投入股份則是一種平等股份制度關係，不是資金起到了作用，也不是人性的貪婪和弱點起到了作用，而是人的責任心和榮譽感起到了作用，因為平等股份制度是屬於共同的事業，既然是屬於自己的事業，那麼就形成了一種責任感，於是合作人定會竭盡全力，全力以赴的對待事業。

　　其核心價值與邏輯，並非是視頻樓主所言而利用了人性的弱點，然而恰恰相反，合作股份制度取得贏利的關鍵實則是因開拓者懂得尊重人性，因開拓者真心替合作方設想，讓合作方享受知遇之恩的存在感。

　　從而使得合作的壓力，便將立刻轉換成為了一種合作方的責任及動力，於是合作的項目，將所要贏利的機率，就會相對

高於勞工合作關係的機率。

因為，勞工合作關係決定權和榮譽感不在員工身上，而是在開拓者身上，然而沒有前景和希望的合作關係自然是等於永遠替別人做嫁衣，因沒有屬於自己的存在感和立場，其合作關係也自然不會長久延續下去，哪怕有些項目眼前贏利，也只是短暫贏利的局面。

所以，能夠留住人心的關鍵點，不在於金錢投入多少，而是在於合作人是否被重視，更重要的是合作人擁有榮譽感，因努力工作是為了榮譽而戰，而不是為了服從而戰，成功的機率相對會較高，從而體現了利他就是利己，從而證明捨得的人皆是能夠成就大事的人。

人們能夠學習精明的算計公式，但是始終學不會大德的胸懷，然而成功之道並非只有算計人性的公式，成功的人大多是以大胸懷而取勝，這也便正是應了，君子以厚德載物的千古哲理，而無胸懷則無以成大器。

這個時代真有那麼複雜，且難以算計的公式嗎，我想並非如此，真正能夠成就成功的條件實則是人心，要知道金錢只是一個利用轉換的工具，而人心才是主導者，且只有用對了人，才能夠解決所有問題。

要知道金錢是人類解決問題的工具，車子和房子也是解決問題的工具，既然金錢是為了解決問題而存在的價值，那麼又有什麼好炫耀的呢，然而真正的高人，大多不喜歡炫耀自己，他們只是默默的付出和奉獻。

那麼，人們將是為了金錢而工作還是為了榮譽和責任而工作呢，二者不同的心態所產生的效率將會差距極大，於是便會有所答案了，我們不是為了金錢而工作，我們是為了榮譽而戰，為了責任而戰，為了信仰而奮鬥，為了實現自我價值而工作。

所以，不是為了金錢而工作，更不要成為金錢的奴隸，為了心中的榮譽感而奮鬥，無論是成功還是失敗，又有何妨呢？只要過程是充實而飽滿的，結果如何就交給天道來定奪，然而人生並非只有金錢，人生還有更重要的是責任和使命，更重要的是榮譽和信仰。

　　地球是圓形的，宇宙是無邊的，無論我們處在任何一個合適的位置，只要心中是為了榮譽而戰，則將會成為一道不可思議的光芒，總有一刻會屬於我們自己的榮譽，總有一刻會實現自我人生價值和意義，而認真對待了生活和工作，便是一種現有的榮譽感。

　　只要堅持心中的夢想，日復一日，年復一年，時光軸將會累積智慧的結晶，同時也會削除天真可愛的一面，這是自然規律，且是非常現實而殘忍的規律，有所得到必將會有所失去，然而生命除了成長，便是失去。

　　那麼，失去也是一種無形的收穫，這種收穫由個人去領會，我們所擁有的並非是金錢和物資，我們所擁有的是一種精神，且是一種充滿頑強韌性的不屈精神。

　　《富爸爸窮爸爸》中所提到的免費工作，既是所指學習的精神，而羅伯特清楚地知道來到這裡的目的是什麼，首先要明白學習經驗的重要性，得到的經驗永遠高於眼下所得的金錢，除非你不是為了學習而來。

　　相對而比較，如果你是為了學習其它知識，反而要自己掏出金錢做為代價，才能夠學到想要的知識和技術，所以為了什麼而工作是一種代價的轉換，懂得轉換這個代價的人，皆會知道自己想要的是什麼。

　　無論我們選擇任何有興趣的工作，都應該是為了學習而來的目的才是正確的選擇，如若不是為了學習和興趣而來的目的，

那麼將只是一種人生的過渡期。

《富爸爸窮爸爸》中還有提到富人不為金錢而工作，富人只讓金錢為自己而工作，這也只是一種轉換的代價，因為眼界高遠的人，大多是成功的管理者，一個管理者的格局自然是擁有整合能力的人，而充滿野心的長遠謀略者的特徵，自然也是富人的野心特徵。

如同「西點軍校」中提到的關鍵一點，「不想當將軍的士兵不是好的士兵」，這句話也正好驗證了富人的野心思維，從而是否擁有野心，也將會決定他們是否成為金錢的主人，或者是成為金錢的奴隸。

一個想要當將軍的士兵自然會為了榮譽而戰，因為他的目標是為了將來的榮譽，而不是為了眼前的利益而付出，如果我們工作的目標皆是為了將來的榮譽，而不是為了眼前的工資，那麼長遠設想必將成就一種野心，於是工作的性質，也決非只是為了金錢而已。

而一個有長遠目標及野心的人，自然而然將會成為金錢的主人，因眼界高遠的人已經賦有富人的特徵，最終成就富人的決非是金錢本身，而是富人身上所擁有的特徵，那便是智慧、胸懷、遠見、以及野心。

當他身上的特徵所產生一種無可替代的價值之後，他的所思所想，皆會成為一種精確的價值，而這種精確的價值將會為他帶來財富，然而他並非真正想要的是財富，富人心裡最初想要的只是證明自己和完善自己，如同「想要當上將軍的士兵」皆是為了榮譽而戰。

所以，心態決定一切，我們如何對待生活，生活就會如何對待我們，相對工作也是如此，相對理想和目標也是如此，然而最初為了什麼而戰的心態將決定結果與成敗，如果最初為了

金錢而戰，結果將會是慘敗。

如果人人最初是為了金錢而戰，即便是暫時擁有少有的金錢，將來也不會持久保持，如果工作是為了金錢而戰已經敗在了認知，因為金錢只是為了犒賞你付出的對等價值，但是金錢並非是你真實的價值。

這種認知皆在不設防的其中，許多人認為，我若是有了許多金錢我就是大爺了，殊不知這只是平庸之輩的看法，因為一個真正有價值的人是所被需要的人。

那麼，金錢能夠為生命價值而帶來什麼，金錢能夠為我們解決眼前的問題，解決收支不平衡的問題，解決疾病與災難的問題，解決窮人與弱者的問題，而這些都是當下需要解決的問題，所以金錢則是為了服務於人的價值，既然金錢是服務於人類的價值，那麼金錢的價值與生命的價值則是同等的現有價值。

失去這種現有的價值，金錢也將沒有意義，生命也將沒有意義，那麼強者與弱者之間在選擇的同時，其差異就會反向行駛，正是因為這種反向思維而成就了富人思維，窮人為了金錢而工作，富人不為金錢而工作。

窮人為富人而工作，窮人為金錢而工作，這也就形成了永無休止的貧富之分，窮人把錢存在銀行裡，富人再把金錢從銀行借出來投資使用，從而用窮人的金錢再來聘用窮人工作，從而實現自己的價值。

是窮人成就了富人，也是富人成全了窮人；窮人的存在是為了教會富人我不要為了金錢而工作，富人的存在是為了教會窮人我不要為了風險而生活。

所以，魚幫水，水幫魚；那麼窮人如果不工作，富人思維將無法成就富人；而富人如果不投資，窮人思維也將無法穩定生活；如果窮人只是為了金錢而工作，那麼必將成就富人，從

而無法成就自己的價值，除非這個工作是窮人的興趣和理想，才會有所價值。

　　所以，萬物相生相剋，且相互存在，無論窮人還是富人，無論工作還是投資，皆是為了生命的價值及興趣理想，於是我們為了理想和榮譽而戰，無論將自己安置在哪一個合適的位置都將是值得的選擇。

　　一個不適合自己的人將不會長久；一個不適合自己的位置也將不會長久；簡單思考；簡單生活；真正複雜的人是那些內心複雜的人，如果一定要將人類歸納成為分類，那麼不如直接歸納成為人道，神道，以及魔道，因為這個世上不僅僅只有窮人和富人之分。

　　我心中所敬仰的女士「宋慶齡」先生，之所以稱她為先生原因在於她擁有一顆比男人還要仁愛寬廣的心靈，她將她的一生都奉獻給了黨和中國人民，同時也將她寶貴的一生獻給了她心中的高尚信仰。

　　宋慶齡女士一生中的工作既是救苦救難的偉大事業，她為心中的信仰而工作，她不為金錢而工作，在人民和黨最需要她的時候，她曾將「孫中山」先生留給她的遺產都用在了革命事業，以及解救國家事業方面。

　　還有那些四處流浪的孤兒也都是她曾經的兒女，她的一生沒有生育兒女，但是她是所有中國人民心中偉大且慈愛的母親，然而人的慈愛之心皆是無價，將永遠超越金錢有限的價值，相信這是許多人心中的共鳴。

　　只要認為是正確的事情，哪怕需要犧牲小我價值也是值得去完成的使命，這便是金錢所不能代替的價值，這是一種無私奉獻的價值，又豈是凡夫子所能夠效仿的德行，這世上只有偉大的精神才值得我們去歌頌。

靈魂將為了我們心中值得的價值而存在，而不是為了有限的金錢價值而存在，區分生命存在的意義，才會明白工作與生活的方向，無論身處何處，只要是有意義而被需要的存在皆是生命的值得，然而，職業沒有高低，榮譽不分貧富，價值不分大小。

　　即便是處在平庸之中，也能綻放出生命的價值，如果不是金錢的傀儡，那麼便是金錢的主人，同樣也將會是環境的主人，然而被環境所迷惑的人們，終將找不到生命的價值在哪裡，越是優越的環境越是能將人心錯亂，越是亂世越能體現人性高尚的一面。

　　所以，逆境反而會成就偉大的格局，逆境反而會呈現人性的真實，一個身處逆境而決不退縮膽怯的人，必將不是池中之物，因為一個擁有強大生命韌性的人不會輕易妥協任何困難，包括人為災難及自然災難。

　　每一個時代都將會有不同的風險趁人不設防時來襲擊，而平凡人有平凡的人的風險，富人也有富人的風險，只要是活著這個環境當中便是一種無常的風險，而在無常的風險之中善於解脫的人，才是最有智慧的人。

　　工作是為了生活，生活是為了成長，成長是為了強大，強大是為了榮譽，榮譽是為了價值，價值是為了信仰，所以無形之中還是有所依據可遵循的細微邏輯，而邏輯若是正確，腳下的方向也將會是正確的方向。

　　那麼，如何善待人生，還需要樹立正確思維邏輯才能走正確的方向，試問我們真正善待過自己和這個世界嗎，答案皆是否定，在某個片面之上的善待，並非是真正善待了自己和這個世界。

　　要知道，沒有人會同情一個放棄自己的流浪漢，更沒有人

會同情一個金錢高於人情的奴隸，然而貧富則是一種境界，因為一個放棄自己的人，已經失去了尊嚴和骨氣，而人若是失去尊嚴和骨氣便將失去一切。

所以，在人生的十字路口不要怨天尤人，這個世上沒有人有義務一定要喜歡自己，哪怕是父母也無法做到，只有一種可能，便是我們要足夠優秀才會受重視。

不要因為他人的善良而一再索取他人，應該試著保護這些善良的人，明辨善惡才能夠做到有所原則，而原則不是事事都偏激，原則是柔性而寬廣的胸懷，且賦有博愛的慈悲之心，更是嫉惡如仇的膽識和正義。

不要把小事故意放大，懂得大事化小，小事化無以顯睿智，一個在原則上收放自如的人，才是真正的高人，而原則是體現境界高低的天秤，更能體現人的認知深淺，原則還能體現人的三觀是否偏激無度。

所有的無度都將毀滅人的本性，時間會證明一切因無度所造成的傷害，歲月的時光軸裡滿滿都是原則無度的傷害，無論是政治和人權，還是金錢與感情。

看人看德行，不看背景和財力，依靠自己努力而得到的人才值得被學習，把責任放在第一位而奮鬥的人才值得被人尊重，懂得保護弱小和善良的人應該是人性的天性，然而一個沒有慈愛之心的人，還無法稱之為人性，這也便是貪婪無度之人。

凡事不可毫無原則，也不可過度原則，因為宇宙因果中，事無絕對，而人無定論，既要明智豁達，又要原則有度，因為貧窮是一種選擇，而富足是一種境界。

然而，貧窮與金錢無關，人心之所以貧窮是因為沒有骨氣，一個有絕對骨氣的人才會擁有尊嚴，從而一個有自尊心的人則不需要任何人的同情，且能夠自主學習及自律，所以人的骨氣

才是人的尊嚴。

於是，知足者富足，自愛者骨氣，那麼這世上除了無望之災，哪裡還有真正的貧窮可言呢？所以貧窮只是一種選擇，而富足則是一種境界。

每一個人都是獨特的獨立體，決定成為金錢的主人，還是成為金錢的奴隸，皆在自我膽識和認知中，主次的差別在於，有人為責任而工作，而有人則為金錢而工作，然而人性與獸性的區別在於，有人為金錢而放棄了責任，而有人卻為責任而放棄了金錢。

於是，最終金錢所能體現出人性與獸性，金錢還能夠體現出貧窮與富足之間的虛實，然而人與動物之間的差別則區別在於責任心，差別還在於榮辱心，因此貧窮的內心最終輸在了人格基礎問題上。

周而復始的生活，工作，學習和成長的過程皆是為了責任和榮譽，至於真正的貧富之分則是沒有一定的定論，能夠定論的只有人性人，神性人，以及獸性人。

人的天性天生就賦有理性，感性；然而有一種知性人則是值得信賴的人，知性人懂得替他人著想，且是懂得為他人付出的人，與知性人為伍，無論是伴侶還是合作關係，總是能讓人如沐春風，知性人且給人一種無形的責任感和信賴感。

那麼，人生最高尚的境界，皆是屬於捨得的胸懷，於是便有了明朗的光亮替我們照耀驚險的前方，於是便有了答案，生活既是為了正確的信仰而活。

所以，無論將來做出任何選擇都不要忘記，我們是為了責任感及榮譽感而戰，無論將來處在任何位置，也都不要忘了充實和提升自己，在變化多端的風險之中篤志人生正確的方向，力求做自己的主人，只為責任和榮譽而工作，而不是為了成為

金錢的奴隸而工作。

如果我們心中信仰的人是自己，那麼最信任的人定會是自己，且會認真演繹好自己的角色，且不會隨意對待生活中的任何人，事，以及物，並做到在其位而思其職的責任之心，便將成為一個值得人們信賴的人。

如果我們心中信仰的是金錢，那麼最崇拜的定會是金錢，且會事事周旋於金錢有關的左右，而不是事事以人為主，而不以人為本的態度來對待生活中的人，事，以及物，並無有慈悲之心，且缺乏責任感和使命感。

有人活得怨天尤人，有人活得沉默寡言；有人活得四面楚歌，有人活得如魚得水；這些反差的現象皆來自於悲觀及樂觀的心態，皆來自於軟弱與骨氣之間的區別，區別只在於人心是否擁有責任感和榮譽感。

然而，成敗也在於是否擁有責任感和使命感，缺少這些基礎素養皆不可自然而然健康成長，然而窮人真正失敗的原因在於過度重視金錢，卻忽視了對人才的培養，從而一切不以為人本的教育和追求，皆不得成為真正成功的人，因為真正的成功不是以金錢所能夠代替的份量，然而真正的富足，皆來自於思維上的感悟。

第三節：以一種使命感工作生活

富裕在於感悟，而不在於別墅；我們深以為然，我們為之信仰，信仰自己的靈魂，信仰遠方的責任和使命，思維將因為這種責任感和使命感而改變思維模式，改變對生活的態度。

是的，生活是一種使命感，更是一種儀式感，還是一種責任感，更是一種榮譽感，所以努力將是值得的，於是環境將為

我們帶來選擇，從而這個選擇將會決定我們成為環境的主人，還是成為環境的奴隸。

一個選擇將決定一個結果，一個轉折將改變一個結果；被困在籠中還是自由翱翔在天空只在一個選擇，這個選擇將建立在責任感和使命感之上，這是一種現實且殘酷的淘汰方式，這將是一場無意識的淘汰。

但凡是能夠讓我們成長的人、事、物，皆是來渡化我們的條件，從而這個條件必將會成就你我，無論是好與壞的渡化，皆是為了讓生命蛻化得更完整，皆是為了讓人性蛻化得更加和諧環境。

如若不能夠和諧環境，將會被歷史而無意識淘汰在歲月的軸心裡，從此消失不見，如若不想被歲月無情的淘汰，那麼便要以一顆慈悲的心來對待這個環境中的人，事，物，且要用一種崇高的責任感和使命感來保護這個環境中的一切美好人、事、以及物。

傳承，仁愛，慈悲，以及祝福，皆是一種美好的鋪墊，傳承，文化，教育，以及文明，皆是一種擔當與責任；傳承，和平，友愛，以及和諧，皆是一種美好的使命。

是的，一切美好的未來皆來自於美好的鋪墊，來自於崇高的責任感和使命感，然而我們生活，工作，及學習皆離不開良性鋪墊的前提，皆離不開責任感和使命感的前提，於是在選擇面前，便不會失去了方向。

人人以一種責任感和使命感來對待工作，學習，以及生活，這個世界哪裡還會有戰爭和貧窮呢，所以真誠的祝福及呼喚一切美好的到來，然而努力提升自己不是為了傷害他人，努力提升自己而是為了幫助他人。

少一點傷害，多一點仁愛；少一點攀比，多一點和諧；少

一點勢利之心，多一點慈悲之心，少一點狂妄之心，多一點虔誠之心；當東方在太陽徐徐升起，則將代表著所有希望的開始，代表著一切黑暗即將銷聲匿跡。

我們深知造物弄人，也深知命運尚可顛覆，只是人類的本性從未改變過本質，因為人性與獸性一直都存在，獸性皆是人性的原始基因，而獸性將會進化到哪一種腐朽，決不是憑借一己之力所能夠左右的規律。

這便是佛教中所提到的業障和因果，有因必有果，五千年歷史演變，因果循序漸進皆是自然環境與人而產生了一切，也可以是因自然環境與人而毀滅了一切人性，然而苦難和傷害一直都存在，且無法更改。

獸類尚且知道孩子比食物更重要，人類卻把食物看得比孩子更為重要，這又是何等失敗的悲哀之極，修尚德行是為了減少災難的發生，呼喚文明則是為了減輕痛苦的可能，而提升責任感和使命感，皆是為了保護弱小和未來，無關貧富，人人皆應具備這種基礎素養，而未來和遠方將是草原坡上的天空和白雲。

人心本無染，如嬰兒幫純潔；人心本無惡，如死去般善良；這是真善美的吶喊，這是大愛和期盼，如若人人皆會渴望友愛與和平；那麼人人將會擁有成功的素養條件，因為正義是平衡環境的素養條件，從而能夠平衡環境的人，才是環境的主人。

那麼，我們希望成為環境的主人，還是環境的奴隸呢，答案皆是希望成為環境的主人，那麼從現在開始便要學習愛惜這個環境，學習尊重這個環境，這個環境才會如約而至的善待我們每一個人，儘管我們這般的不完美，但是這個環境也一直都在默默地善待著我們每一個人，要知道生活中的小幸運則是處處皆在。

你看那春暖花開的喜悅，看那炎炎盛夏的激情；你看那秋

實碩果的希望，看那濛濛冬雪的浪漫；這些歲月靜好的無聲守候，無時不在無聲陪伴著我們每一個孤獨的靈魂，這樣一個環境難道不是最大的包容及和諧嗎，在這和諧中，且默默地允許所有人的妥協與重生。

如同四季輪迴，根植，成長，豐收，貢獻，這難道不是生命的真諦嗎，幸福和快樂如此簡單而飽滿，生命為何怨天尤人，為何要讓本就擁有的幸福而悄然從身邊溜走呢，應該緊緊的抓住每一次的幸福而不辜負。

是的，不辜負才是最好的珍惜，不辜負是赤誠的付出；不辜負是一種責任感和使命感，且自帶光芒地照耀著每一顆孤獨而又無助的靈魂，而不舍傷害任何人。

董明珠女士說：「把小事都做好了，哪裡還會有大事呢。」這是一句切實真言，只要人人認真對待所有的人和事，不愧對所有，這個社會哪裡還會有大是大非呢？於是世界呈現一片安泰的景象，任誰都會欣然接受。

一個處處為他人著想的人，不想成功都難，如同父母為孩子處處著想，孩子想不愛父母都難；同理，一個處處為難他人的人，想要成功都難；然而同樣的道理使用在他人身上為何又不再靈應了呢，然而在這個物資氾濫的時代，最終人心還是缺少了捨得的胸懷及慈悲的大愛，人心並不是缺少金錢及物資。

在不同時代則用不同標準來衡量，如早期的工資同現在的工資相比較差距天壤之別，而過去和現在的消費享受也無法相提並論，既然時代給我們帶來這麼優越的物資條件，那麼為何人的本性卻越發散失了呢。

我們用早期的人性和現在的人性相比較其差距卻無有區別，這樣的比率又怎能相對平衡人心呢，人類物資表面顯示在進步，而實質上人心內裡卻隱藏著退步。

天神問一個六道輪迴回來的人：「三生之前你因吃不飽肚子而哭泣，然而三生之後，你吃飽喝好又沒有戰亂，你又為何還在哭泣呢？」

這個六道輪迴的人說：「三生之前的環境吃不飽且有戰亂，所以我能吃飽且平安健康就很知足了，然而三生之後的環境四處都是誘惑，就算我吃飽了卻還是有人看不起我，甚至是欺負我。」

天神再問六道輪迴回來的人：「那我要如何做才能夠好好愛你，讓你既能夠吃飽又能快樂呢？」天神很疼惜的看著這個六道輪迴回來的人。

那個六道輪迴的人說：「不是天神你不愛我，而是世人不愛世人，天神要把世人的心都換成愛心才不會再有傷害，可是這世人皆是人類，然而天神你是神，這些世人又怎會變成神的愛心呢？」

話剛落，那個六道輪迴的人則連聲嘆息，一幅很無奈的樣子，他心想我已經六道輪迴了，這回可以不用再去人間歷劫了，這人間也沒什麼好讓人牽掛留念了。

天神知道六道輪迴回來的人並未打算再去輪迴第三生，然而天神的三生輪迴也只是投胎三次而已，這個六道輪迴回來的人也才兩次輪迴，然而每個人的責任需要輪迴三次才能完成使命，才能夠獲得真正的愛心。

於是天神坦然自若地說：「你且先放下過去的不快樂，還有第三次重要的輪迴需要你去完成九道輪迴，共有九道輪迴完成三生才能夠給人間帶去真正的愛心。」

這個六道輪迴的人說：「為什麼是九道輪迴後才有三生呢？」

天神則不慌不忙對他說：「因為人的一生有三次輪迴蛻化，兒時到青年的遭遇是為了蛻化父母所帶給你的一切，青年到中年的遭遇是為了蛻化自己所帶給你的一切，中年到晚年的遭遇

是為了蛻化環境所帶給你的一切，在這三次輪迴蛻化當中你將得到「理智，定慧，行證，」佛教＜華嚴三聖＞的真經才能找到愛心之國，從而回到我這裡，每一個回到我這裡的人都完成了人生九道輪迴，也就是三生轉世的責任和使命，從此不再受苦受難，且隨時隨地皆可下到凡塵普渡世人。」

六道輪迴回來的人聽完天神的話語猶如醍醐灌頂，如沐智慧的甘露，細細思量這兩生的六道輪迴蛻化過程和情境，於是瞬間感覺豁然開朗，且不再怨天尤人。

天神見此人明顯已開悟，便欣然微笑著說：「你乃非池中之物，這一世你再去輪迴將會與前兩次截然不同，你將帶著我的責任和使命去救贖世人的心，你且要背負常人所不能及的責任感和使命感認真完成任務，且不得中途退縮，你可有怨言否？」

這個六道輪迴回來的人如受軍令地說：「不，我絕無怨言，還望能夠順利完成任務，解救人間苦難。」因為他知道人們的心實在是太黑，太苦，太累了。

天神聽完十分欣慰，並請如來喚來左使「文殊菩薩」將「智，慧，證，」三字寫在他的左手上，再請如來右使「普賢菩薩」將「理，定，行，」三字寫在他的右手上，而這六字將在他此生的輪迴中分三次組合成為三句六字真言，分別為「理智」、「定慧」、「行證」、完成這三句六字真言的責任和使命之後便是「三生九道輪迴」，將會回到天神的愛心天國裡再度重新受命。

六道輪迴回來的人受命之後說：「謝過天神恩賜靈符，此番前去必將為此責任及使命效勞，只是這人間還尚且存在魔道和獸性人，我要如何應對才好？」

天神聽完不以為然地說：「你且放心前去，人間魔道和獸性人尚且只有輪迴一世，其法力大大不如輪迴二生以上的人，你此去只需完成如來左右使菩薩「六字真言」的責任和使命，

其它因果皆會自然而解。」

　　聞天神此番話，六道輪迴回來的受命人說：「難道人類的一切痛苦都將因為「六字真言」而不解自破？」

　　天神聽著連連點頭說：「嗯，你果然是悟性非凡，看破所有痛苦和九道輪迴的意義，你切記，此番前去若是遭遇各種殘害，要堅定相信天神和如來佛主會暗中保佑你，你且放心，天命定會護你完成責任和使命。」

　　話語剛落，六道輪迴的受命人感覺眼睛似一道光芒折射出來，原來方才左使「文殊菩薩」，右使「普賢菩薩」所留下得六字真言深入到了他的眼睛，於是手上的字跡不見了，通過血液和體溫傳送到他的眼睛從而深不見底，他的眼睛這時候鋒芒犀利，且充滿著慈愛。

　　天神又一次完成了一個「不食人間煙火的九道輪迴人」，於是在他身上的「六字封印」將在人間發揮作用，他不再害怕貧窮，他把金錢看得沒什麼了不起，他眼裡只有不可思議的美好使命，他總是相信自己一定能夠完成想要做到的事情，他從不在意世人的眼光和言語，他的靈魂屬於「六字封印」的責任感和使命感。

　　是的，他是一個人，是一個有智慧的人，他知道世人秉性有三界之分，他堅定自己能夠修尚成為一個有智慧的人，不再承受人間的無奈和痛苦，且能完成自己想要的樣子，他還知道這樣一個非人的空間，想要修煉真經則需要時間來完成，且沒有後悔的可能性。

　　來到凡塵之後，封印使得他忘了天神，忘了如來佛主，時而有一種幾度空間提醒著他什麼，從而他的行為始終不能以人的意志為轉移而成為一般的世人，無形的力量使得他無法決定留在哪一個環境，曾有幾度他想擺脫環境圈子及殘害他的人，卻終將未能成功，因為他身上的責任感和使命感無時無刻都在提醒他不可以妥協，不可以辜負，不可以離開，不可以放棄。

無人能夠控制他的行為，但他也無法轉移自己的意志，冥冥之中他能夠感覺到一種無形的力量一直牽制著他的行為和自由，冥冥之中他能夠透過冥想而隱約看到身上的封印變成模糊的數字或文字，但是他始終找不到這些奇異現象的來源是從何而來。

　　這種感知在現實的平凡中，他總是認為自己想得太多了，雖然他能夠通過對方的言語得知對方是否說了謊言，雖然他還能夠通過對方的眼神和行動而得知對方是否善與惡，雖然他還能知道哪些惡人的結局將會是如何，但是他還是無能為力去改變結局。

　　他是一個特別的人，也可以說他不是一個凡人，在這個環境中總有許多這樣與眾不同的人默默守候而保護著這個環境，且不知不覺無人知曉他們身上的獨特是從何而來，可曾發現有些人天生就賦有神性及佛性。

　　是的，正是這樣的神性人及佛性人在幾千年以來長期維持這個環境，且環境無論發生多大的災難，他們都有一道無形的真言護身，且能平安渡過每一次的大災大難，他們的幸運是自帶的秉性，這種秉性則是他們的格局和心胸，使得他們能夠德行天下，可保平安。

　　人的德行是天生而自帶的秉性，也可以是不食人間煙火的神性，然而神性則是賦有大愛的奉獻精神者，可曾發現有些人總是處處為他人著想，寧可自己吃虧也要幫助他人呢？

　　是的，這種神性人確實存在人間，且將會越來越多，無論時代科技如何變化，又如何強大，人們可以過著奢華無度的生活，人們還可以效仿一切的幸福和快樂，但這世上只有一種東西是不能抄襲和模仿的，那便是人的心胸和德行。

　　人們習慣了在模仿中學習，卻忘了在思考中獨特，而習慣獨立思考皆是一種境界，人的境界屬於環境和智慧的產物，皆因環境的遭遇而成就了人的境界高低。

境界既是人的心胸和德行，境界取之於環境和人，境界也將用之於環境和人，天生萬物，其理彌盛，相互互補，擁有高尚境界皆是己身之福，更是人類之福。

　　那麼，承載著獨特而高尚境界的人，皆是偉大的使命者，皆是環境和智慧所孕育出來的主人，而活著則是一種使命感，更是一種責任感，缺乏這種秉性的人，將會失去基本的骨氣與信任，試著用智慧去感受這種責任感與使命感，它將會給我們帶來無限的榮譽感。

　　那麼，當我們的思維變得通透，當我們的心胸變得豁達；一切生命中的過往都會顯得那麼的自然而然，此時的心境無論身處山水裡外，無論身處南北東西，世界還是世界，你我還是你我；此時的眼界便會看山便是山，看水便是水，而覺悟皆是一種境界的昇華，覺悟還是參透人生，覺悟還是看透環境。

　　當哭和笑演變成一種坦然的波瀾，當成與敗演變成一種談笑的風聲，這凡塵，皆是無喜也無悲，皆是無怨也無悔，於是一顆透明的心無論擺放至哪裡，也將不會覺得孤單，因為孤獨者並不寂寞。

　　這是一個虛幻的現實世界，孤獨者並不孤單，而得到也是一種失去，失去也是一種得到，因為我們所付出的精神及時間，將永遠大於所得到的有限價值，所以得失皆在思維平衡裡，然而世界也皆在自我平衡裡。

　　這還是一個抽象的邏輯空間，只有思維空間能夠使人顛覆從而改變，於是抽象的存在、抽象的創意、抽象的表達、抽象的指引、再由抽象思維而產生實體，所以抽象思維空間還是一種進階的智慧，然而人與環境能夠和諧共處，皆是在抽象思考中才得以平衡。

逆向思考抽象邏輯，於是錯誤的存在皆是為了正確指引，於是在錯誤中學會了成長，於是在成長中學會了約束，於是在約束中更加優秀而莊嚴，然而真正的自由，皆是在約束前提之下的自由，才是安全的自由。

所以，錯誤的存在還是為了擁有高度自我管控的能力，具備自我責任感及自我榮辱感，且以己身做責，去維護整體大我環境能夠井然有序地進行，那麼在風險還沒有到來之前，抽象的警覺應該長久對於風險保持一種敬畏之心，且能擁有避開風險的能力。

那麼，當一切顯得順風且順水之時，皆要加以防備警覺，因為沒有波瀾的背後，皆會隱藏著無限危機，相反在危機的背後，也皆會隱藏著無限生機。

所以，在抽象的現實中，無論發生了任何不可預知地錯誤和災難都不要去以卵擊石，致力於以柔克剛，力求攻克內在的得失之心，確保坦然而虔誠的態度來面對風險，相信心態對了，一切問題都會順利解決。

善於應用客觀而抽象的思維方式來看待問題，解析一句話的黑白，一種口氣的善惡，一個動作的輕重，因而，無論我們是在學習，工作，還是生活中，都能夠做到遊刃有餘，且能夠彈性解決複雜的問題。

抽象的邏輯，也完整解釋了世間種種問題的相對論，賦有彈性的哲理，才是所被接受的相對論，一切死原則皆不利於發展方向，因為事無絕對，而人無定論。

抽象的智慧將無窮無盡，成長在錯誤中改進，在不完美中享受成長過程，然而成長本身就是一種不完美中的提升過程，於是死規則都將會因為一次破壞而更加完善，從而所有破壞將形成一種修復和完善，那麼何時將會產生破壞，皆因環境變化

而變化。

　　生命在成長中進步，當我們從一個故事討論到另一個故事，從一個邏輯討論到另一個邏輯，從一個抽象空間討論而連接虛擬與現實，這些皆是思維在成長，然而人的思維無時不在依賴這種抽象能力，才能賴以生存，從而認真生活，也是一種虛擬的態度，

　　生活本就是一個抽象而虛擬的存在，看看這些從虛擬到實體之間的物體，皆是因為抽象思維而形成，然而那些能夠控制幻覺及環境干擾的人，且能夠不被虛幻所牽制，才是能力強大的人。

　　有能力而強大的人，賦有責任感和榮辱感，他們不被虛幻感知所左右，且能夠感應正負能量的干擾，然而這種強大的能力，彰顯在人類的直覺及第六感之中。

　　總有一些無法解釋清楚而又特別的人默默存在這個環境空間，如同這個環境中總是有許多的小主人在支撐整體核心運轉，且是那麼井然有序而又穩定性。

　　比如幾十年如一日的研發生產廠商，有一種商品則需要製作幾十年之後才能成功出爐，還有一些藥物生產線也同樣需要經久的時間才能製造而成，然而這背後所操控管理的人，才是值得我們深度深思的靈魂精神，深度深思這些由神秘力量組合而延伸的智慧傳承。

第四節：認真思考生活的本質 🦋

　　那麼，呈上所訴，這個時代的主人和環境的主人，皆是有智慧的精神主義者，然而，所有物資的來源都來自於精神主義者的抽象虛擬構思。

更讓我們驚訝的是這些精神主義者，他們所付出得永遠不只是體力和腦力，他們所付出更多是抽象虛擬精神，付出更多是責任和使命感，否則將無以成就這麼多非凡的產品和作品，且是幾十年如一日的守候。

這些精神主義者後天的創作，在精神層面上皆會高於財富本身有限的價值，於是越好的東西就會越來越昂貴，昂貴在精神層面皆無價，所以，還是無價的精神層面更值得分享，然而金錢的價值，只是為了體現精神的價值，相對抽象邏輯而論，人類的生活及生存遊戲也皆是一種精神層面的分享。

從而人與自然環境之間則會產生一種抽象的依賴，因人類無時無刻不在需要這種抽象的依賴，如同人們對陽光，空氣，以及水分的需求無法間斷，又如同植物對四季春，夏，秋，冬的需求無法間斷。

我們深知是環境造就了植物和生物，從而植物和生物又離不開環境的供養，所以人類想要改變遭遇及命運就必須在後天讀懂自然規律及環境特性，想要成為環境的主人還是被環境所左右，只有自己心裡清楚想要的是什麼，命運將由抽象智慧而解開迷惑。

你看那山河的低處總會有水和魚兒的依附，再看那山頂的高處總會有森林和鳥兒在依附；海裡的魚兒不知道山頂的鳥兒有多少種類，而山頂的鳥兒不知海裡的魚兒有多少種類；人類的思維也皆是如此。

當人類的思維差距越來越大，則是代表人類的教育差距越來越大；當人類的貧富差距越來越大；則是代表人類的環境差距越來越大；那麼解決教育環境的問題，便有解決所有不平衡的可能性。

人性既是一個達到極限之後便會反噬的物種，歧視不會帶

來更高的素養和未來，歧視只會帶來無盡的仇恨，而在這個環境中比病毒更可怕的東西，那便是仇恨和歧視，所以，人類最大的敵人還是自己。

於小而言，自我本身就是自己的敵人；於大而言，人類本身就是人類的敵人；那麼，人們為何不以此為戒，從而減輕彼此之間的傷害和歧視呢。

財商之道尚且教育人要懂得利他就是利己，既知如此才能達到互利互惠的效果，那麼，為何人人卻說到而不能做到呢，這又是怎樣的一種因果規律呢，而我們只能用客觀的角度去看待人類無法改變自私的問題。

自私與文化素養沒有絕對關係，因為高學歷的人同樣不具備仁愛之心，自私與遺傳基因沒有絕對關係，因為一對夫婦所生的小孩則會具備不同天性。

自私與貧富差距沒有絕對關係，因為有些窮人比富人更加具備慈悲之心，自私與環境好壞沒有絕對關係，因為好的環境越是容易出現自私的可能性。

那麼，由此可見人的天性是與生俱來的本性，用科學的角度則無法解釋明白，也只能以客觀的角度來推理，然而五行八掛講究的是萬事萬物之間存在著相生相剋的規律邏輯，也既是玄理的一種，但是玄理也無一確定性，玄理只能論人，事，物之間的相對論。

所以，科學以外的玄理適用於理人的哲學．，而理人也是理心理，理人也是理人性的一種，理人還是讀心術的一種，然而事無絕對，人無定論，這一說法又一次說明了客觀玄理的可能性和客觀性。

客觀邏輯則無一定性，因為，邏輯正確性皆因環境的變化而變化，因此客觀邏輯，也只是當下的種種相對性而言，經過

環境變遷之後將會產生新的客觀邏輯。

那麼，由此可以推理是環境的變遷所決定了新的痛苦而產生，但是，人的自私本質卻是與生俱來的秉性，因而環境的存在，皆是公然而公道的存在，歸根結底是人與自然之間形成一種不協調，也是人與人之間形成一種不和諧，所引起各式的問題存在。

可以試想，如果沒有戰爭干擾，那麼，人與人之間的差距還會不會如此之大，以相對論而言應該會平衡許多，然而戰爭時代也從未停止過，不是東方戰爭便是西方戰爭，不是內部戰爭就是外部戰爭，不是家族戰爭便是行業戰爭，也或是人與人之間的個人戰爭。

從而人類一直都是一個生物鏈系統，人類還是一個食物鏈系統，儘管人們忙得喘不過氣來，也將不會停止前進的可能性，因為這是一個弱肉強食的生物系統，你若是不努力前進，它便會在某個時間自然消化你。

因而戰爭與貧窮，皆是因為環境失衡與惡劣人性所導致，失衡已久的惡劣環境將會達到一種極限，但凡是環境達到一種極限之後便會產生戰爭，便會產生天災或者人禍，所以人類淘汰規律，皆是必然的自然結果。

那麼，越是惡劣的環境將被淘汰的可能性就會越高，從而人類危機將會無處不在，因為沙漠不會變成森林，而海洋也不會變成陸地，所以，人類能夠自由行走的地方將會隨著淘汰規律而越來越少，外在阻力與人為阻力在虛擬時間的推移下足以限制人類更多的自由。

從而強者將會越來越強，弱者將會越來越弱，即便是弱者跟上強者的部分節奏，也無法改變全局命運受控制的可能，因為人為的干擾大於環境的干擾，即便是強者不侵略弱者，弱者

也將會受到環境的干擾而緩慢不前，最終發生內部的問題而漸漸自我淘汰。

所以，團結是維護內在環境的基礎要素，一個國家及一個種族，也或是一個團體，若失去團結的內在美精神，其後果將會走向極端而無法自控，從而內耗將是自我毀滅的前兆，長期內耗則是走向淘汰的關鍵。

民間曾有一句俗語，「外行人看熱鬧，內行人看門道，」當一個部落或團體產生內耗的時候，則會立刻被同類貼上否定標籤，而不久的將來這個標籤將會發生效應，這個內耗效應，將會使你失去一切的可能性。

這便是內部不團結的結論，無論是一個家族還是一個種族皆會是同樣的結果，所以，在外在環境還沒有達到極限毀滅之前，團結既是維護整體內在環境的基礎戰略及策略，團結還是平衡內在美的首要根基素養。

既知團結是一種內在美的體現，無論在團體還是個體，皆是為了起到內在平衡的效果，那麼便有了答案，只有長期維護內在平衡，才有對抗外在環境阻力的可能性，然而真正的善待環境，其首要條件做到內在團結。

恰恰相反，人類的天性卻無法做到這一點，幾千年的戰爭只是為了達成一個共同共識，這將是一個不切實際的幻想構思，因為人心很難達成真正的大我共識，如果人心能夠達到大我共識，那麼，人類早已經不會這般貧窮了，這只是事實依據顯示。

因為，人心缺少真正的內在美，然而沒有內在美做基礎，人性終將還是醜陋的獸性人較多，少有的慈悲之人也無法平衡整體內在美，這也正是應靈了佛家所倡導的包容乃大，人類除了包容乃大，永遠包容乃大。

如何愛護環境，如何平衡內在美，皆是未來的大我利益，

而並非小我眼前利益，然而，西方戰爭的濃烈硝煙卻從未停止，這說明越是落後的環境，越是容易引起戰爭，從而戰爭只會給人類帶來毀滅的可能性。

因為，人心從未停止過內耗，然而內耗則是自我毀滅的開端，即便是戰爭還沒有到來之前，便已經患上了癌瘤，這些人心的內耗，且是人為環境因素所致，且是人為內在環境所致，也便是說無論春、夏，秋、冬，如何交替都無法阻止這種人為的內在內耗發生。

越是貧窮越會產生內耗，而窮人最大的優點就是自我內耗，且會產生一種悲觀心態，從而導致放棄自我發展，於小個人，於大國家，試想一個不想發展的個人或者是國家將會是一個怎樣的結局，然而這一切皆是因為虛擬而抽象的內耗所致。

所以，內耗則是一種不利於健康的疾病，且是一種不利於團結的虛擬幻覺，更是一種不利於發展的抽象因素，解決這種不正常的抽象內耗便是解決了部分疾病與貧窮的可能性，從而使得不被淘汰的可能性。

那麼，內耗由何因素而產生：

1. 內耗因貧窮因素而產生。

2. 內耗因仇恨因素而產生。

3. 內耗因教育因素而產生。

4. 內耗因素養因素而產生。

5. 內耗因人為因素而產生。

所以，解決以上諸多因素便會解決內耗的可能性，從而人類便會遠離疾病，即將走向幸福的健康大道而不再迷茫和恐懼，然而解決以上因素皆非戰爭才能夠解決，因為戰爭只會增加仇恨與貧窮的產生。

解決以上種種內耗因素，則需要共同的仁義及愛心來完成，

這又是一個不現實的抽象幻想，因為人們總是想要佔有更多的財富，人們總是想要優越於他人，因為只有這樣才擁有生存的先決條件。

於是人類互相傷害，便成了一種無奈的選擇，且是由自然而然的規律在發生，由人為環境因素而發生，所以，最終還是形成了人類自我內耗的發生，永無休止的循環，再生內耗，這便成為一種無法解決的問題。

於是人類最大的敵人始終是自己，然而有沒有一種可能解決人心的內耗呢，又有沒有一種可能解決環境的平衡呢，而人的內心便是一個小我環境，能夠平衡小我環境的人，同樣也能夠平衡外在大我環境，且不會產生內耗的可能性，這類人皆是陽光而樂觀的人。

這便有了一個小小的答案，充滿陽光而樂觀的人，皆不被內耗因素而所牽制，而且可能人人成為環境的小主人，因為，能夠平衡自己的人，同樣也能夠平衡環境，於是開朗和樂觀，則是一種天然的生存能力。

有了這種能力的人，便能帶領千軍萬馬走向健康而陽光的生活環境，所以，擇人，育人，皆是以人的德行為主要方向，從而有才能的人，是生存必備優勢條件，但最後的贏家卻是德才兼備之人，從上古幾千年的歷史故事演變至今皆是如此，二者缺一不可達成偉業。

那麼，文明社會皆是以德才兼備為先決優勢，因為有才無德是一種人性的自私，而有德無才也是一種人性的不完美，會而當代文明社會需要停止自我內耗才能夠平衡人心和環境，才能夠阻止被自然淘汰的可能。

是的，生存遊戲是一場淘汰賽，生存法則將會教會我們，努力是必須的，孤獨是自然的；災難是無常的，因果是必然的，

那麼，何不竭盡全力，全力以赴。

人類文明正隨時代的變遷而變遷，跟得上節奏的人說變遷的太慢，跟不上節奏的人說變遷的太快，而決定節奏的快與慢，皆是在人的思維模式而不同所致。

不良文化將因變遷而漸漸被取而代之；不良基因也將因變遷而漸漸會消失匿跡；終日思考和周旋的意義，皆是為了減少災難的發生，減少被淘汰的可能性。

文化將被新文明淘汰，這是一種思維進步；基因將被新思維淘汰，這是一種生命退步；如果有一天生命消失在地球，生命將會被強者而漸漸淘汰，這樣一個事實，如若提早擺在眼前，還會不會終日將生命頹廢。

貧窮國家因思維落後，從而導致基因不良以及能力不足，這些都將是被淘汰的因素，因環境的惡劣而導致文化跟著落後，隨之文化將被取代；因思維落後而導致基因能力減弱，隨之基因將被取代。

所以，無知者無畏，如果他知道這是一個錯誤，他便不會犯這個錯誤；如果他知道這是一種傷害，他便不會去傷害；傷害他人的人都是可憐的人，如果他不可憐，他便不會去傷害他人；如果他不去傷害他人，則不會產生惡性因果循環，於是，無知者則無畏。

茶道如同人道，品茶猶如品味人生，然而覺悟的盡頭皆是醉意，當我們明白一切仇恨，皆因人的自私和傷害而產生，那麼就要阻止自私和傷害的產生。

歷史所有淘汰因素，也皆因了無知以及膚淺而產生；要知道，德行不夠的人，自然是不重視未來的人，從而不重視未來的人，自然將被歷史文明所逐漸淘汰。

有時候，明知結果將會發生，卻無力去改變什麼，這才是

人生中最無奈的事情，所以，正確的教育將成就一切的美好，會而錯誤的教育，則將產生一切的災難。

若是丟失了文明，人人皆會面目可憎，人人皆會有所危機，所以尊重文明就是傳承美德，從而一個尊重文明的人，自然是不容易被環境所淘汰的人。

所以，尊重文明教育傳承，如若丟失文明傳承，將會沒有靈魂地活著這個世上，那麼生命將很快消失在歷史的長河裡，則永遠沒有超生之日，所以文化傳承是血脈延續的另一種方式，為了延續美好教育和基因，必須言傳和身教，才得以生命的綿延不絕。

那麼，言傳身教，則是教育的長久計劃，二者缺一不可，且要以善為前提的指引，更要軟硬兼施並行，才能達到既不傷害，又能達到目的的效果。

無論文攻，還是強調，皆是了為了傳承文化，而傳承文化則是為了減少災難的發生，更是為了延續強大而優質的基因，這將是一個現實的驗證，從而我們一定要足夠優秀，才不被環境的變化而所排擠，所淘汰。

諸多的言論，皆是為了提升生存能力，以及生活品質，更是為了傳承美好思維，然而美好的思維皆是因了良好的教育和環境而產生，從而一個家庭，一個社會存在著諸多教育問題，這將直接影響人的素養，然而這種不良的素養，又將直接影響世代兒孫的生活品質。

明知四處都是貧窮思維，我們仍然願意顛覆，皆是為了傳承文明思想的綿延不絕，從而命運淘汰比賽則在人的無意識中進行，從我們出生就必定要面對這一場競爭，無論是逆境還是順境，皆在共享的環境中進行。

那麼，正確思維邏輯，則是為了改變終點的模樣，為了改

變終點的模樣，人們費心了心思，心態好的人進行良性競爭，心態不好的人則進行惡性競爭；兩者之間的區別，只在因果和結局有所不同。

積善因，得善果；積惡因，得惡果；所以無論何時，宇宙風水都將記錄前因後果，然而關於因果，我們表示敬畏；關於自然淘汰，我們將嗤之以鼻，且慎重。

所以，人的風水，既是好的為人，無論窮人還是富人，風水的好壞將決定未來是否被淘汰，然而成長既是一場淘汰比賽，我們不會輸在起跑點，但會輸在過程之中，因為風險平等，從而未來皆由自己所創造。

自然環境中的淘汰比賽，將會隨著日新月異循環而進行，人的直覺和潛意識，將會在冥冥之中告訴我們正確答案，想要成功顛覆平庸，則需要日積月累的實力。

那麼，如何定位自己則是首要認知，一棵好的棋子如若放錯了地方，即將會成為一棵無用的沙子，然而一顆無用的棋子，必將會被先期捨棄並淘汰，所以，學習的目的正是為了顛覆平庸，所以提高認知，平衡精神內在素養，將會是我們畢生的任務，倘若無力顛覆則要墨守成規，然而，既然參與淘汰比賽則要時時懷有敬畏之心。

自然淘汰皆是無奈的現實，倘若生命能夠遵循宇宙自然規律而成長，將是一種進階的明智，如若不能遵守宇宙自然規律而成長，生命將會成為歷史淘汰的殘渣，所以懂得順應天意，也是一種生存之道和生存戰術。

我們知道生命蛻變，如同蝴蝶的傳說，所以必須學會隱忍，且必須接受遊戲潛規則，並遵守遊戲潛規則，然而成長和蛻變，則是不可違抗的自然定律，所以遵行自然規律而成長的生命，賦有融入環境的能力。

從而擁有融入環境的能力，便是懂得認清生命的本質的人，所以，如大道之意，不刻意去強求，不刻意去傷害，不刻意去做任何與自己不想匹配的事情。

　　只有順應內心的人，才能做到尊重成長的規律，而越是強求的人，越是丟失生命本質的特性，從而無法正常發揮屬於自己的能力，也相對容易被淘汰出局。

　　所以，這一輪淘汰賽，從我們出生就注定要參與這一場淘汰賽，如若不能適應自然規律而成長，那麼，將會在無意識情形之下被淘汰，且自然銷聲匿跡。

　　這還是一場不公平的淘汰賽，因為沿途會遭遇無數意外發生，然而，風險意外則是自然固有規律，只要參與比賽皆是一種無奈，要知道所有風險，也皆是共享，所以淘汰規則，皆與人的風水以及自然風水有關。

　　表面上看起來風平浪靜的日子，在平淡無奇中卻蘊藏著處處玄機，處處皆是高深莫測的學問，如若在哪一代丟失了健康良好的教育，則將無法繼續傳承美好。

　　真正的美德，則是以善為前提做基礎，是以大愛為前瞻的佈施，那些堆積如山的金錢財寶固然很好使用，但若是丟失了良好的美德，那麼也只能享受眼前。

　　因為，骨子裡的基因正在發生變化，沒有文明奠定基礎的財富皆不會持久，一切不合情理的得到終將無法長久延續，然而一個人所擁有的財富將與他的能力相匹配，所以良好美德，才是長久延續的根基。

　　這也正是說明了德才兼備的重要性，從而德才兼備的人皆是擁有智慧的人，若是想要培養德才兼備的品質，則需要付出努力持續提升學習的代價，那麼，腦力工作者將有主導未來的可能性。

一個有危機意識的人總是會思考長遠利益，然而被環境淘汰的大部分因素，皆來自於缺少危機意識的人。

第五節：三人行，必有我師 🦋

　　《論語》子曰：「三人行，必有我師焉」；無論是學習、工作、生活中總有一種人是值得我們學習的，總有一種人是值得我們欣賞和敬佩的。

　　這世上沒有完美的人，人生也沒有重來的機會，人生沒有最好，人生只有更好，努力超越原來的自己才是最終的目的，因為在此之前，還有更多優秀的人們跑在前面，所以無須過於自責。

　　烏龜從未停止過前行，兔子從未停止過張望；有所目的性的緩慢前行皆是一種進步，而漫無目的性的四處張望則是一種退步；所有，我們且行且珍惜。

　　人生是一個自然而然的成長過程，然而，成長的速度則是有人天生就快，有人天生就慢；所以對手並不可怕，可怕的是放棄自我成長的機會。

　　人生是虛與實的較量，所以成長中時而迷醉，又時而清醒，人生就是一場與自己進行的一場馬拉松長跑比賽，只有戰勝自己的人，才有能力掌控人生全局。

　　那麼，清楚目標方向和目標意義，沒有目標的人生將會是一盤散沙，成長將會渾渾噩噩渡過此生，然而制訂目標的意義，則是在自我競爭中健康成長。

　　我們的時間浪費太多在無意義的事情上，來不及的人生比比皆是，為了更好的善待自己，從現在開始為自己佈施一場良性，且長遠的競爭計劃。

羅馬肯定不是一天就能造成的，首先設定一個眼前小目標，再設定一個長遠大目標，從而堅持將這些小目標一一實現，從而大目標也會自然而然一一實現。

　　當人生一無所有，當生命一無是處，要懂得及時止損，把寶貴的時間制訂在新的學習及新的目標之上，才是最明智的做法，也是必須的選擇。

　　佈施長遠目標，應該如同「狼」的魄力，堅定毅力及野心，從而精確鎖定目標，只要目標與方向正確了，未來將會是一片明朗的晴空，只是這過程需要些許時間來達成，因這些自然成長規律，則無人能夠違抗。

　　那麼，試著讓自己靜下來，心無寧靜則無以致遠，時常思考人與自然，思維在人與自然環境之間周旋，且力求在善變的環境中做到進退自如。

　　年輕人只知進取，不知進退，我們深以為然，要如何才算做到進退自如，這是一門人生哲學與哲理，而人生著實是一個在進退中取捨的成長過程，凡事不可過度強求，關於得失心，則是過猶不及。

　　然而，無可厚非的是，每一個人都無法避免只知進取而不知進退的糊塗過程，因為在此之前沒有人告訴我們，如何才算是進退有度。

　　所謂進退有度，也是一種能力，也是一種成熟的心態，關於成敗與得失，能夠做到取捨自如，也是一種成熟而達觀的進退有度。

　　從而良性競爭的人，心胸顯宏偉而博大，切記不可為達目的而不擇手段，也不可扭曲共同榮辱，共同進取的意義，更不可矮小每一個生命成長的價值及意義。

　　每一個人都將會有屬於自己的生命價值與意義，一切以善

為前提，所佈施的未雨綢繆及居安思危，都將是良性，且長遠的美好傳承。

為得到利益而居高臨下的人們，也只是膚淺的靈魂彰顯，因而過度重於利益的人，可謂華而不實的驗證，而過度惡性競爭的人，終會是德不配位的代言者。

那麼，我們要如何看待成功呢，成功的定義是一個廣義的詮釋，真正的成功是德才兼備的品格，真正的成功還是胸懷寬廣的海洋，生命因愛而生，因愛而成長，也將因愛而學會了奉獻。

強者的存在是為了教會弱者，如何堅強地活下去；弱者的存在是為了提醒強者，如何能活得更有尊嚴；是弱者成就了強者，也是強者成全了弱者，願世人皆能成為真正的善者，力求打造成為自己的光亮，去照耀黑暗中無限的美好，去譜寫未來無限的希望。

時刻思考目標，打造更優秀的自己，成就優秀的自己則是阻止惡性因果發生的良好開端，人人皆可憑藉自己的真實樣貌走出一條屬於自己的陽光之路。

學會欣賞，懂得祝福；懷抱一顆赤子之心，懷抱一份慈愛之心，健康而陽光的屹立於平凡的人群之中，相信凡走過必留下痕跡，相信凡努力過必創作奇蹟。

命運並不可怕，最可怕的事是生命不再有創作的可能性，更可怕的事是生命不再擁有成長的條件；而生活是一首詩；生活也是一盞茶；生活還是一頁香；生活是菩提樹下的春、夏、秋、冬，無限延伸的無限智慧。

思考如何讓自己生活在陽光之下，無論此時我們正在哪一個位置實現自己的生命價值，相信一切都將會是值得，因為天佑善人，因為人愛良人。

生活中的無常風險

　　1997 年我當年剛從公關學院畢業，僅僅才 20 歲，好不容易擁有一份工作，記得當時業務部成員爭取 20 人，主任 1 人，這 20 位業務員，則是從原本應聘 40 位精英中挑選出來的人，可謂是精英中的精英。

　　找工作難，工作業務更是難上加難，當下的中國經濟並不富裕，談到保險這事兒，有些人還以為是江湖騙子來騙人了，其次，人民的教育素養和認知並不高，然而普級人群對於保險這個行業也非常陌生。

　　我很幸運的走進了保險公司辦公室工作，雖然工作的內容確實讓人覺得空洞，但那也總算是部分年青人所羨慕的工作，至少還有 300 元人民幣底薪工資。

　　平淡中總是孕育著風險，不料天有不測風雲，中國「下崗」政策延續至 2000 年持續實施，當時中國經濟蕭條，前任中華人民共和國國務院總理「朱榮基」先生為延續「鄧公」的對外改革開放政策，也正在火熱實施中，同時也正在火熱實施下崗政策，然而我離開人民保險公司辦公室的緣起，則是因為下崗政策引起，1997 年在辦公室工作時，月工資僅 300 元人民幣，而我是從人事部調整下來的下崗業務員，很榮幸，我成為「下崗」政策中的小牛試刀新青年。

　　先不說工作對於普通人是一種極大的競爭，且來之不易，失去工作卻是一轉眼瞬間的功夫，好在我當時只有 23 歲的年紀，我認為下崗是一件好事，因為人生還是要靠自己走出去才算不負青春，難道不是嗎。

　　然而，我並沒有嫌棄業務員的工作，反而我在 20 人當中脫穎而出，半年之內累積業務總量在全公司業務總部排列第一名，公司開表彰大會對我表揚了一番，但是我並未感覺良好，半年獎勵 2000 元薪水，那可是我半年的無底薪提成，很是辛酸啊。

　　於是 24 歲我主動「下崗」辭掉工作前往深圳；2002 年我

25 歲，父親突然來電傳喚我去湖北省某國營單位做文科筆試，筆試若是通過將會有很好的工作安排，任何人聽到這個好消息都會高興一試，可這一聲軍令直達，我卻左右為難，因為已經離開湖北，便再也不會相信有多好的工作，自 20 歲獨自工作，之後漂泊自立，這其中的酸甜苦辣，已是難以用文字來表述清楚了。

我很佩服我的祖先們是如何活下來的，這是我經常思考的問題，為什麼那麼惡劣的環境，他們還能夠如此鎮定的不失體統，這也許就是身為中國龍而天生就自帶的人格魅力，這也興許就是我們東方人的氣質美。

在思考中成就智慧

圓形的地球很可愛，總是值得人們去熱愛她，要知道熱愛這一片土地，便是熱愛著生活，而歷練風雨則是人生必經的過程，唯有通過不斷學習以豐富內在思維，借以打造睿智的智慧，才能一路歌唱到底。

我們的生命如此渺小，又是如此偉大；當生命被需要的時候，便是如此偉大；當生命被唾棄的時候，便是如此渺小；那麼生氣不如爭氣，我們總是浪費太多時間在沒有意義的人和事情上，卻忘了好好善待自己的內在，那麼從現在開始學會善待自己的內心，專注於自己的喜愛，在自然而然中成長。

要知道，失敗並不可怕，可怕的是放棄成功和成長；跌倒也並不可怕，可怕的是放棄爬起來；然而人的認知和格局將決定了人生未來的方向。

思考將充實思想，通過不斷學習，富養自己以充實自己，靈魂將不再恐懼；不再自負；通過不斷更新，善待自己以相信自己，靈魂得以戰勝貧窮，戰勝浮夸。

人生滋味各自品味，要知道人生是自己的，要不斷充實精神世界，生命需要靠近陽光，空氣和水分，於是懷善而居，相信自然因果不會拋棄任何人的努力。

　　在這個大我環境中，我們是如此多餘，又是如此重要，然而，當我們沒有利用價值的時候便是如此多餘，當我們充滿可用價值的時候，則是如此重要。

　　於是，當生命被需要時才會產生生命的價值，由此肯定，生命的價值則是被需要的意義，那麼為了這個意義而去努力奮鬥從而才不失方向，我們且行且珍惜。

　　那麼跌倒了不要害怕，多從自身尋找原因勝過終日怨天尤人，因為謙虛使人進步，驕傲使人退步，這是千古不變的人生哲理，道理很簡單，只是要做到卻很難。

　　古今人生哲學，萬變不離其宗，能夠反覆溫故而知新將會是最好的思維歷練，吸取日月精華，孵化成智慧的精華，思維才得以成長，才得以蛻變智慧的精華。

　　能夠想到便能夠做到，能夠行動並能夠不斷創新思維格局，才得以完整歷練成長，於是，能夠把一件小事做成一道風景的人，成為了專才，而一個能夠把無味人生過成詩和遠方的人，成為了奇人。

　　因而，強大自己是為了造就他人，能夠把他人打造成一道風景的人皆是強者，而強者是沙裡的金子，強者存在的意義是為了成全弱者，所以真正的強者，才是人間所值得被敬仰的光亮。

　　因為因果無法更改，所以從現在開始佈施善，以更正未來的果，前方將會是豐盛的秋實，然而生命不曾歷經春夏秋冬，喜怒哀樂，又怎會進入下一個輪迴。

　　春、夏、秋、冬，則是永久定律，因為無論人心如何變化，

宇宙還是宇宙，四季還是四季，所以，不必為了人為主觀思維差異而去傷害自己和他人。

這一路，值得我們留念的只有成長的過程，這個漫長地人生歷練過程，又如是在沙河裡掏金，五千年智慧文化，生命在歷史的沙河裡持續探索，持續循環，持續更新智慧，就如同金子埋沒在萬惡的沙子裡，歷經大浪淘沙，才能品嚐足夠這酸甜苦辣的滋味。

大浪淘沙，因果輪迴，將是顛覆一切善惡的天秤，於是因果的存在，也是為了成就以及破壞而來，從而人人皆要敬畏因果，從而人人皆要佈施善因子。

於是，我們思考什麼，宇宙便會傳遞什麼；那麼我們儘管思考善意，思考正向邏輯，從而宇宙自然也將會傳遞善意，以及正向的陽光於我們。

當我們思考恨，世界便會處處都是恨；當我們思考愛，世界便會處處都是愛；所以人性一面是佛，一面是魔；貪婪和貧窮乃萬惡之源，捨得和仁愛乃萬善之源。

既然只是為了成長，那麼生命應該無時不在吸取正向陽光，才能感受無上的精神自在，然而無上的精神境界將會是無上的精神財富，以及無上的健康資本。

無論曾經；無論現在；無論將來；只要還有一口呼吸，只要還能夠於世界對話，只要還能夠見到今天的太陽，只要還能夠聽到美妙的天籟，那麼明天便會有希望。

於是，在總結中進步，在思考中創新；所以生氣不如爭氣，感恩環境還能允許你我的存在，相信存在必定會有它的道理，所以感恩那些曾經傷害我們的人，因為傷害必定也會有它的寓意。

要知道，我們只是感謝它的存在和傷害，我們並沒有要去

模仿它，更不會去敬仰它，要懂得反利用它的傷害，使之傷害的寓意成為我們更加堅強的墊腳石。

是的，反利用是一種逆向的進階智慧，不懂轉換的人，則只能生活在怨天尤人的空間裡從而無法伸長，一個善於反利用的人將會是一個無比強大的人，能夠將痛苦轉化為力量的人，定會是一個脫俗而有格局的人。

所以，欲成大事者必先磨難；三國「楚王韓信」正是善用了反利用，他善用如水的柔軟戰術從而最終達到自己的目的，既然韓信有所求，那麼他必定就要有所付出，若是韓信無所求，那麼他也不必忍辱負重。

關鍵在於自我本身對未來是否有所期待，有所奢望；許多人只求眼前利益，許多人展望長遠利益，二者是相互對立的一個思維系統模式。

因而，眼前利益者大多務實居多，而長遠利益者大多仁者居多，歷史既是人性的寫真，上下五千年歷史，人性且是換湯不換藥在重複演繹，人人將成為歷史，只是有人被寫進了歷史，有人無聲無息消失不見。

被寫進歷史的人也好，沒有寫進歷史的人也好，他們之間的區別只在於一種將是正面的教材，而另一種將會是負面的教材，然而，陽光與和諧才是生命的源泉。

然而歷史只有演繹兩種邊緣人，一種是有仁愛心的人，一種是膚淺心的人；一種是眼前利益者，一種是長遠利益者；一種是以財為主的人，一種是以人為本的人。

所以，無論是上古還是今朝，歷史從來都只有黑與白，美與醜，虛與實，善與惡在演繹，這也正是完整表述了大自然中的規律運轉角度，永無休止的邊緣對立。

那麼，我們將會是什麼樣的人而不是由他人說了算，成為

怎樣的人則是由自己而決定，既知歷史是一種正反及邊緣的演繹，那麼，所有的當下皆是歷史演繹。

所以，眼前的得到並非真正的得到，眼前的失去也並非真正的失去；因為歷史從未記載活在物資之下的靈魂會成為正面教材，更何況歷史只會記載精神之上的靈魂將會成為正面教材，那麼答案便可一目了然了。

天生萬物自有理，是什麼樣的人便將歸納在怎樣的題材，這便如同十二顏色的特性了，人與人之間的染色體便是能夠互通的特性了，那麼思維也皆是如此，你我各自不同領域，但總會有所共鳴之處，難道不是嗎。

十二色之間所混合出來的顏色，其表象差距則頗為讓人驚訝，比如紅色和藍色混在一起的中間色調會呈現紫色，而紅色和綠色混在一起的中間色調則是呈現黃色；由此可見，萬物皆有所不同，又有所相融之處。

那麼，當有人與我們顏色反差過大的時候，定會出現一個新的顏色，從而這個新的變異顏色若是能夠連接二者，那麼便可將這種新的顏色，好好應用在平衡二者之間了，又好比一種人，且能夠符合兩種對立的人。

所以，當我們極為矛盾的時候，試著思考顏色之間的混合作用，因為不同，所以需要變異成相同之處，於是這個相同之處才會有所作用，如若二者完全相同，那麼便會是一種重複的多餘了，這便有所答案了。

如果你我的個性完全相同，那麼我們在一起將不會產生新的效應，如果沒有產生新的效應，則不會成為環境被需要的因子，那麼便會是一種多餘的組合了。

又好比愛情，正是因為兩個完全不同的人才會產生火花，如果是兩個完全個性相同的人相遇，則不會產生火花，那麼也

便不會產生愛情了。

　　然而，兩種顏色混合在一起，也正是因反差對立而產生了效應，當紅色和藍色混在一起便產生了紫色中間色調，從而這個紫色中間色調將會是支撐紅色和藍色的永久色調，於是紫色便成為了彼此之間的愛情。

　　只要愛情向著紫色這一個方向去思考問題，去理解對方，那麼，他們便不會過多的要求對方與自己相同了，因為紅色和藍色的屬性表達各異，又要如何相同呢。

　　這也便有了答案，既便是很有默契的一對夫妻，雙方也只是獨立個體，然而雙方從未真正屬於過對方，也從未相同於對方，只是因為他們之間有共同的目標方向，才能夠支撐到永久，這個維持永久的可能性，則是彼此間包容和付出，所以包容乃大，付出乃大。

　　因為，他們認可並維護著彼此之間的紫色，而沒有思考維護自己的立場，所以他們之間才會產生永久的愛情關係，才會產生永久的合作關係，以及平衡關係。

　　又好比朋友之間也是如此，即便你們再怎麼有共同的目標，但彼此都要懂得付出才能夠有所共通點，讓這個共通點一直延續發光才能夠持久合作，如果只是為了自私而湊合在一起，那麼，早晚都會不歡而散。

　　所以，無論彼此是什麼顏色都好，在彼此之間都會出現一個新的顏色，從而這個新的顏色將會是成就彼此目標的唯一通道，那麼這個唯一的通道將需要彼此共同的維護和善待，才得以持久而延續伸長。

　　那麼，除了包容與付出效應能夠理解，平衡環境也是同樣的效應，對於畫家而言，只有 12 色是永遠不夠的，這 12 色分別是：紅、橙紅、橙、橙黃、黃、黃綠、綠、藍綠、藍、藍紫、

紫、紫紅。

　　當畫家在表述意境的時候，他所需要的中間色調連他自己也無法確定，也只有畫家才明白框架好的顏色那不叫藝術，然而真正的藝術，能夠平衡內心的波瀾。

第三大章：善待環境

第一節：大我環境成就小我環境

太陽一直就在那裡，只是偶爾被烏雲給遮住了。

幸福一直就在那裡，只是偶爾不小心給弄丟了。

夢想一直就在那裡，只是偶爾被人們給忽略了。

財富一直就在那裡，只是偶爾被貪婪給淹沒了。

每個人出生的環境不同，在成長過程中所經受的考驗及遭遇也將有所不同，從而教育層次也更是不同，所以起點不能決定終點，終點決定於過程中是否努力。

起點並不能成為失敗的藉口，成年之後的每個人都將會擁有獨立的思維系統，然而我們必須學會獨立思考，必須學會獨自去面對挫折及考驗。

環境很公正，世界也很公平；所有的逆境，皆是共享的；所有的順境，也是共享的；所謂天堂都是住在人間；所謂地獄也是住在人間；你若起心善念人間就是天堂；你若起心惡念人間就是地獄。

要知道，再清貧的日子，也可以生活得傲骨；再惡劣的環境，也能夠生活得乾淨；再艱難的日子，也可以生活得充實；再劣勢的圈子，也能夠生活得品質。

那麼，無論是順境還是逆境，生存的主導權都在我們自己手上，每一天過著空洞的日子還是充實的日子，皆由我們自己來決定。

決定學什麼知識，決定交什麼朋友；決定心裡住著什麼人，決定追逐怎樣的夢想；皆由自己來決定，所以，我們要信仰的

人是自己，這只是一個基礎認知。

　　要知道，富人的原創是窮人；天才的原創是凡人；美麗的原創是善良；醜陋的原創是邪惡；所以，沒有天生的富人，只有不斷努力的自己；沒有天生的天才，只有不斷學習的自己；沒有天生的美貌，只有不斷養成的氣質。

　　歷練是一個人成長的資本，因資本複利從而成為豐厚的資產，然而人生沒有運氣，人生只有努力之後才能夠享受豐碩果實，從而成功是必然的結果，成功絕對不是偶然的結果。

　　成功的人皆是智者，智者懂得在隱忍中不斷研究，不斷創意新概念，有智慧的人，還懂得在失敗中尋找自身的問題，通過不斷改變自身的缺陷從而提升自己。

　　更重要的是認清自身與社會環境之間的關係，時常問自己，我能為別人帶來什麼，我能為社會帶來什麼，要知道只有提升認知能力，才能提升自身的素養。

　　那麼，認知自己，認知環境；我們追求什麼，未來便會呈現什麼，要知道歲月的因果轉盤裡，一直都在周而復始的循環，循環每一個人的所作所為。

　　我們決定生活成怎樣的心境，就一定會有怎樣的心境；我們決定生活成怎樣的模樣，就一定會有怎樣的模樣；無論我們的模樣是美麗的、善良的、平凡的、虛偽的、邪惡的、現實的、這些皆是自造的因果，然而，最大的心魔，皆在於自我本身能否攻克環境的誘惑。

　　要知道，每一個人都將會用自己的方式去完成人生的使命，從而人生的遭遇將填充及互補在歷史的時空中，一輪一輪地淨化，通過淨化從而蛻變成智慧的海洋。

　　人生皆有所意義，窮則獨善其身，達則兼濟天下；然而，人生的意義也可以是傳承的意義，傳承文化、傳承精神、傳承

美德，傳承技術，以及傳承教育。

如果生命努力，只是為了彰顯能力及財力，那麼，將會遭到鄙視和唾棄；如果生命努力，皆是為了延續傳承及美好，那麼，將會受到崇高的敬仰。

於是，成為金錢的奴隸，還是成為金錢的主人；皆在虛實抉擇之間；成為優秀的榜樣，還是成為負面的榜樣，皆在黑白選擇之間；打算去往天堂，還是打算去往地獄，皆在善惡一念之間。

所以，天下沒有不用奉獻，就能得到的尊榮；天下沒有不用付出，就能享受的幸福；無論是家庭，還是社會，人人皆會得到公正的因果。

那麼，一個再有能力的人，不想對社會有所奉獻，也將會得不到人們的擁護；那麼，一個再會賺錢的人，失去正確的教育方式，終將會得不到永久財富。

顯然，如若財富的價值失去了教育的意義，那麼也只能是短暫的利益，因為財富和生命的意義，將如同教育的意義而不可分割，所以，認清環境，認知生命的價值，通往天堂的列車將會承載著聖潔的靈魂，而通往地獄的列車，將會承載著狹窄的靈魂；

天使與魔鬼的差別，只在於最終通往的目標方向不同，無論是窮人還是富人，靈魂是否高尚將決定修行最終的方向，而言傳的、身教的、追名的、逐利的、我們屬於哪一類的人，只有自己心裡最明白，而高尚者的標準定義所指奉獻者的美德，我們便為之敬仰。

那麼，無求的奉獻者，皆是值得萬眾敬仰的靈魂，因為人性太過於油膩，從而油膩之中又顯乏味及膚淺，然而時空則是承載命運的渡輪，渡輪上除了成功便是平庸，能夠留下足跡的

全然尚未被歷史所淘汰。

而此時，思考是形而上的，還是形而下的；思考是形而左的，還是形而左的；皆在自我修為之中，從而修身及修心皆是為了擁有圓潤而通達的睿智，而只有思維境界，才是感知裡最真實的精神依托。

而人生的追求品味清歡淡雅，追求自然而然，人生這口茶，茶不醉人，人自醉，然而，人生猶如這片刻的茶香，哪怕是一壺清茶也自醉。

要知道，人的這一生都在取捨中不斷轉動命運之盤，無論是金錢，還是感情，還是去留，皆是難以平衡的心魔，佛說放下很容易，世人做到著實很難。

我們生活得如此清淺，也只是在取捨之中尋求一份心如明鏡，意如菩提的心境，這種境界則是用金錢所買不到的意境，然而，人生何為富者，何為貧者，也只不過是紅塵之中一番利弊的權衡。

要知道，無形的環境在冥冥之中早已定奪，能夠修得幾分便能夠得到幾分，命運看似在開玩笑，只是命運這個玩笑開得還挺認真，既然來到了這個環境，那麼就勇敢接受命運的挑戰，接受大我環境的挑戰。

大我環境就是小我環境

至西元 2019 年 10 月，人類嚴重特殊傳染性肺炎 COVID-19 猶如惡魔入侵啃噬人類身心靈。

新冠病毒四處漫延，起初的攻擊詆毀十面埋伏，當災難初來臨時，人們不是先思考如何解決問題，而是思考如何加罪於他人，思考如何推卸風險和推脫責任。

這便是矮小格局的彰顯，可謂人云亦云，媒體言論謠言混亂將近數年，然而我在這期間所看到一個無可厚非的事實，人類最終需要對抗外來自然災害風險，而不是自我詆毀、殘殺、攻擊、以及抹黑。

如果人人都能充滿愛心的祈禱；如果人人都能成為和諧的使者；如果人人喜歡熱愛和奉獻；如果人人喜歡和諧的美好；那麼這個世界將會變得越來越美好。

如果祈禱有一天將會成為真實的美好，那麼我們願意時時為美好的未來而祈禱，如果全人類的祈禱，能夠換來未來的和諧美好，那麼應該有多美好。

COVID-19 可曾提醒我們什麼，面對生存遊戲，最可怕的不止是病毒風險，面對生存遊戲，更可怕的是人們內心早已習慣於自相殘殺及自相詆毀的惡性因果。

如果將生物分類，那麼人類與病毒將會形成一種自然對立；如果將所有人類分類，那麼人類和人類也將會形成一種自然對立。

宇宙世界生物鏈，則是一個殘忍的弱肉強食食物鏈，食物鏈則是從生命出生到死去的每一個階段都將有不同的生存任務需要完成，所以，勤於思考得以避開風險，這些只是生存的基礎法則。

要知道，這片土地能夠帶來多少美好，也必將能夠帶來多少災難，然而鍛鍊思維也只是修心的基礎，試著修復精神內在的不平衡，使之形成一種智慧，而擁有智慧則是為了抵抗自然風險、以及人為風險。

水能載舟，也能覆舟；生命享受得越多，定會付出得越多；而得到越多，失去的也將會越多；所以命運是一個逆向互補規律，且是自然而然不間斷的互補。

要知道，人類貪生，皆是因為貪婪美好與享受；人類怕死，皆是因為害怕風險和恐懼；明白人性的貪生怕死，才能夠明白推己及人的道理。

人生來就是黑與白的結合，人生來就是天使與魔鬼的結合；勤於思考者安靜，勤於行動者強勁；如若思考和諧有度，且平衡有度，亦然是一種安全及一種安穩。

因而，風險的存在，皆是為了學會避免風險；災難的存在，皆是為了學會解決災難；所以無論任何時候，投資自己和佈施善行，皆是前瞻未來的遠見。

人類之所以渺小，皆是因為小小的病毒無法抵抗卻能夠殘害同類，而人類之所以有智慧，皆是因為無形的思想能夠把虛擬的想法創造成有形的物體。

人類無時無刻都在研究未來和生存，當大腦思考時，當生命呼吸時，皆是生命正在與自然世界傳遞和溝通思想，這將漸漸形成一種無形的智慧和財富。

未來是神秘的未來，未來也是風險中的未來，我們人的思維一直都在神秘中探索著未來，從而生命到來的崇高使命，皆是為了創造生存的有利條件。

自從生命來到，無論人為風險還是自然風險，人們將不得以不接受；無論神秘世界還是恐怖未來，人們也將照單全收；要知道，人的生命如此渺小，又是如此強大，我們所慶幸的是明天還能與陽光同在。

天生萬物，其理彌盛；思考將從一元復始，然而萬物歸本，我們的思維在虛擬世界裡轉了一圈又回來現實，於是，當思維在虛實之間遨遊，智慧則在虛實之間收穫成長，從而我們在虛實之間感受大自然的神秘。

書山有路，學海無邊；習慣性思考人性、自然、以及宇宙；

思考人類與自然，思考人類與宇宙；思考人類與潛在未知風險，這皆是思維在無形中成長。

為了更好地成長而充實知識以豐富思想，前瞻未來以規避風險，從而學習將會是思想的搖籃，然而探索將會是生命的使命，且是美好的使命。

那麼，研究與創作也是畢生的學習任務，我們喜歡什麼，或是好奇什麼，便會去研究什麼，生命因學習和研究從而更加充實，生命因創新及創作從而更快樂。

所以提高自身素養，則是提高精神品質的必備條件；所以提高知識認知，則是抵抗未知風險的必備條件；那麼提高理性控制，則是規避人性貪婪的必備條件；那麼提高自我警覺，則是抵抗人為災難的必備條件。

因此，停止學習，停止思考的人們，將會在歲月緩慢前進模式下被歲月無情地淘汰在時間軸的沙河裡，且永久不得超生。

要知道，思考是一盞明燈，智慧思考將會照亮前方，而理智思考能夠規避風險，然而善於正向思考，還能夠平衡內在和諧，且能夠美好身心。

那麼，試著正向而理智的思考，放開格局，敞開心胸；用最赤誠的姿態去解讀命運，並去改寫命運，既然明知人為風險及自然風險的存在，也要與其周旋到底，這是對自己的責任，也對大我環境的義務。

要知道思考的重要性，人類所需要的物資，皆會在思考中而產生，然而，人性的萬惡，也皆會在思考中而產生，從而人性一直都是天使與魔鬼的結合。

那麼，理智思考人性，則是為了平衡天使與魔鬼之間的和諧，使之身心得到健康平衡，然而，善用科學邏輯思考自然環境，則將在虛實空間開啟一道智慧的大門，得以朝向正向而陽

光的未來。

既知人性是天使與魔鬼的結合，於是我們便要懂得以其人之道，還治其人之身，然而在學會保護自己的同時，也必須要學會理解和包容他人。

要知道，事無絕對，而人無定論，在大環境中的每一個靈魂都承載著不可違抗的宿命和使命，這用科學也無法解釋，正所謂老子先生的「道可道，非常道。」

生活中的小思考

「聯合國難民署 2021 年度全球趨勢報告關鍵數據，截至 2022 年 5 月，全球有超過一億人因遭受迫害、衝突、暴力、人權侵犯或其他嚴重影響公共安全的事件而被迫流離失所，截至 2021 年底，以上數字為 8,930 萬人，包括 2,710 萬名難民 5,300 萬名境內流離失所者。」

這樣一個全球公開數據，我們是否感到唏噓呢，可知人的天性一直是天使與魔鬼的結合，然而人性一面是佛，一面則是魔鬼，災難總是在正確的時間裡而有人做了錯誤的事情，所以無法挽回，且無法彌補。

因為貧窮教育、仇恨、以及利益，從而導致戰爭的發生，所以，災難從錯誤思維中而來，災難從錯誤教育中而來，災難從缺少大愛的人格中而來，那麼，現實的真相，則是人類最大的敵人還是人類自己。

進階思維系統模式，成就健康的思維，成就大愛的胸懷，得以和諧環境的健康，那麼，真正的遠見是以善為前提的佈施，於小個人，於大國家；而健康思維系統將伴隨我們遠離痛苦的深淵，將帶領我們邁向陽光的未來，讓思維得以平衡有度，讓人心得以和諧有度。

在惡劣環境中成就高尚的靈魂

在思考中健康陽光成長，而成長，便是在提醒我們要時刻思考陽光而正向的人生，生命在思考中成長，生命也在成長中思考；那麼，少一點傷害，多一點關愛；少一點自私，多一點包容。

要知道，生命不是為了搏鬥而來，生命是為了關愛而來；因為每一個生命都來自於愛的結晶，因為愛，所以懂得付出；因為愛，所以學會包容。

與其說是思考，不如說是思維邏輯戰爭，只要是活著，便是一場與自我思維所進行的一場邏輯戰爭，思維邏輯若是沒有打開，再多的具體方法也是無用的，思維邏輯若是開明了，具體方法也隨之簡單起來。

而具體方法則是因人，因環境而異，不同環境產生不同因果，包括自然因果與人為因果，那麼通過思考所得來的知識，皆是虛擬的數字和文字所框架的理論和數據，然而這種理論和數據也確實虛擬的存在。

所以，通常賦有靈性的知識和道理，將會產生人與人之間的和諧與共鳴，然而善於把知識和死道理活用的人，皆是環境中有智慧的人。

但凡是被認可的思想共鳴，在思維中產生回應，觸動諸多身、心、靈，也或是喚醒諸多不完整的心智，並以一種神話般的速度，使人迅速在精神領域裡產生回響，並獲得重生，這便是宇宙中賦有靈性的智慧。

從而在思維中形成一種巨大的感應力量，並以一股溫暖的光亮而照耀人心，這便是宇宙自然世界賜予生命最好的禮物，於是我們在自然的規律中而自然成長、自然呼吸、自然思考，自然傳承美好和未來。

這便是無形的智慧資產，所以思維則是大自然環境的產物，我們的一切皆來大自然的恩賜，既然我們的一切屬於大自然環境，那麼世界便是命運共同體了，既知世界是命運共同體，又何來的貧窮和富貴呢？

所謂生存遊戲就是終日都在對抗內在人為因素而引起的精神禍患，人們浪費過多的時間在沒有意義的內耗精神之上，卻忘記了提升內在美的精神素養。

歸根結底，想要戰勝自然災害及人為災害，必先要強大自己，然而強大自己必先要佈施善的知識，因為生命無時無刻都需要善知識補充，才會健康而陽光的呼吸，然而，外在美及內在美的相結合，才是真正高尚的靈魂，因為擁有知識並不代表擁有德行，只有德才兼備者，才是真正高尚的靈魂。

那麼，一切善的因，都將是生命最好的禮物；一切惡的因，都將被生命無由的排擠；所以善待自己的同時，也要善待他人，才得以靈魂之上的健康和寧靜。

如果想要好看的臉頰，那麼就要累積許多的善良，充滿善意地對待這個世界，充滿仁愛地對待這個環境，於是高貴的美麗並將會隨之自然而生。

所以，欲行善事者，大可不必等待，生命將會隨時隨地地傳遞溫暖，我們每一個真誠的微笑都可能會產生善意的效應，所以不要吝嗇真誠的微笑，因為金錢買不到人們內心真正的快樂。

那麼，如果真心想要幫助他人，則無需等到有足夠的金錢才要幫助他人，我們將隨時隨地盡自己一份小小心意，因為溫暖人心的事情並一定需要太多的金錢。

如果想要高貴的氣質，那麼就要累積許多的知識，因為，腹有詩書氣自華，然而，人到無求品自高，要知道高貴而高雅的氣質，皆是日積月累的形成。

那麼，在學習中提升素養，擁有豐富的知識及智慧，自然而然就會散發出獨特氣質，不再事事存有功利之心，且會擁有品味高雅而高尚的人格魅力。

　　所謂高貴，既是不染世俗的白蓮，清雅而淡然地立於紅塵世俗之中，且除平庸而不染。

　　如果想要優秀的成績，那麼要累積許多的勤勞，相信勤能補拙，相信精誠所至而金石為開，所以，書山是一座智慧的寶塔，可謂經綸天下之宏偉，然而豐富的知識海洋若是沒有延伸，將不會有江山錦繡萬里。

　　所以，熱愛這座智慧的寶塔，努力攀登向上爬，向上望，且不敢有一絲怠慢，因為我們的時間總是不夠用，我們無論如何努力向上，終將抵擋不過歲月的快艇，那麼，只好不斷更新，溫故而知新，並全力以赴。

　　輝煌是因勤勞而累積的結果，書山則是一座承上啟下的寶塔，然而努力學習，則是為了銜接上文明的軌道。

　　如果想要崇高的敬仰，那麼就要累積許多的貢獻，因為強者存在的意義，皆是為了幫助弱小，然而，生命存在的價值皆是被人們所需要的價值。

　　如果想要健康的生活，那麼就必須珍愛生命、愛護環境、尊重文化、傳承美好；我們所希望的一切美好將需要長久累積，因為靈魂需要持續保持高尚和聖潔。

生活環境中的小思考

　　《馬背上的 GODIVA 夫人》葛黛瓦夫人為了給當地居民減輕經濟負擔從而斗膽要求伯爵減稅，然而伯爵則為了懲罰她的婦人之仁將會干擾到政權問題，並威脅葛黛瓦夫人，且要求她做到赤身裸體遊街才同意減稅。

於是葛黛瓦夫人冒著女人最大的忌諱，她為了人民信守承諾並赤身裸體坐在馬背上遊街，就在當日，當地所有居民百姓早早已關門關窗，以表示對葛黛瓦夫人的尊重和敬愛，因為她的靈魂是這樣的高尚而偉大。

所以，善待大我環境，便是善待小我環境，不要吝嗇對大我環境的仁愛之心，不要模仿失去內在美的人，要知道是大環境造就了人性，也是人性毀滅了大環境，紅塵修心既是在惡劣的環境中成就高尚的靈魂。

我們在虛實中定位自己，在得失中權衡利弊，我們看似抓住了什麼，又看似得到了什麼，其實我們並未擁有過什麼，也並未失去過什麼。

所欲皆是虛幻，所求皆是需要；人的靈魂價值，以及生命意義，這種虛幻感知，又是如此真實而扣人心弦，且又是如此的被人們所需要。

第二節：思考成為環境的主人 🦋

勤於思考將使人成為環境的主人，所以不驕不躁，穩紮穩打，排除萬難；做最真實的自己，是環境給了我們萬般幸運，那麼，便要珍惜這一切的福分，然而福禍相依，但所有福禍，將會使我們增長無限智慧。

人生路，便是一邊走一邊漸行漸遠，無論是人、事、物，皆是如此，既知成長是一種失去，那麼便要坦然接受所有遭遇的好壞，而智慧將在好與壞之間滋生。

人生中的喜怒哀樂，猶如春夏秋冬之交替，然而人性最可怕的不是貧窮而是膚淺，窮得高雅而自信才是人生最大收穫，富得失去自我才是人生最慘的得到。

選擇如何善待環境，環境便會如何善待我們，心中無惡則

無須刻意表現，心中有善無所作為也自心安；如何善待環境也就是如何善待生活，生活中有實質的金、木、水、火、土，生活中還有虛擬的金、木、水、火、土，生活中的點滴及細節，皆在自然五行之中。

　　一個物件的擺放，一次善意的微笑，一句真誠的讚美，一份用愛心準備的早，午，晚餐，皆是一種善待生活的細節，當我們認真善待了生活的細節，也同時在享受環境和生活所帶給我們的人生樂趣，這種人生的樂趣，便是一種真誠的融入，便是一種真誠的接受。

　　完整的善待人生皆是指熱愛生活，以不傷害他人為前提，且珍惜當下所擁有的每一口呼吸，正所謂不求名利，只爭朝夕，能夠走進內心的人皆是好的緣分，能夠走進心裡的文字也皆是善的緣分。

　　許多事不求真相，只求懂得，只求相知相惜，要知道凡事過猶不及，人與人之間的差距，差之毫釐，則失之千里；如同人與動物之間的距離，不必過多的強求和期望，不如多一點生活環境的儀式和打點。

　　然而，有智慧的人皆不會期望他人更多，因為他人的能力不代表品德，他人的財富不代表胸懷；所以不要過多去期望他人，也包括自己的父母。

　　是的，包括自己的父母，也不要過多的期望和依賴，因人由環境而改變，然而父母則是過去環境中的因子，然而我們則是現在環境中的因子，所以，每一個獨立的人都是由大自然環境而產生。

　　知悉環境的多變性及循環性，在萬變中求得不變的純正本心，當你能夠拒絕環境的誘惑之時，便已成為環境的主人，從而相對看懂環境，也能讀懂規律，一個能夠做到善待人生的人，

也定是懂得善待環境的人。

當世界，境由心轉之時，我們便是環境裡真正的主人，當時間和計劃都在控制之中時，則是有所覺悟之時，然而，世界的所有皆是屬於環境的產物，只有理解了環境中的規律，才能握住時間，從而以一種不卑不亢的精神來面對環境，面對現實的生活。

要知道，每一個人的人生都充滿了艱辛，原生家庭所帶來的因果業障，人人必須遵守完成，所謂天命既是原生家庭的天命，既是不可違抗的天命。

遇到好的家庭是幸運，遇到好的書籍是幸福；遇到好的導師是幸運，遇到好的朋友是幸福，遇到更好的自己才是人生中無形的財富。

人的天生五行決定天性，從而自然互補將會形成對立的天性，自然互補也將同時平衡環境需求，如果沒有對立的天性互補，將不會平衡生存環境需求，從而以高標準看待人生，以高境界看待得失。

那麼，珍惜環境與命運的款待，好的父母如同好的導師，好的導師如同好的父母，然而生命中的貴人，除了父母和老師，人生中最大的貴人其實是我們自己。

努力成為自己的貴人，努力成為他人的貴人，才是高尚的人生標準，而成功不是為了比較他人，成功皆是為了用善意去照耀他人，所以，良好的心態成就良好的氣質，而良好的氣質成就良好的人緣，良好的人緣成就良好的風水，而良好的風水成就良好的人生。

那麼，活著要懂得安分，既然選擇了就不要後悔，為自己的言行負責，為自己的責任而負責，不要去羨慕高官厚祿，要知道他們背後所付出的代價，永遠超出常人的想像，能夠做到

安分，便是一種沉穩。

　　所以，選擇安逸就不要責怪收入不高，選擇漂泊就不要害怕被人誤會；選擇順境就不要責怪平淡無奇，選擇逆境就不要害怕狂風巨浪。

　　要知道堅強的背後，既是無法推脫的責任與重擔，而得到並不一定就是好事，失去也並不一定就是壞事；然而成長的路上無論是失去與得到，皆是一種收穫。

　　試著進階思維人生，世間沒有絕對的得到與失去，得到安穩的人，得不到境界；得到境界的人，將得不到安穩；因為天生五行風水，皆是自然所互補的命運。

　　所謂幸福是指知足的心態，然而知足者富足，懂得平衡良好心態的人，才能擁有美好的人生，從而無關貧與富，因為真正富有的人，皆是富有在精神層面。

　　要知道，健康人生皆由自己去精心設計，健康未來皆由自己去思維憧憬，健康身體皆由自己去平衡控制，健康知識則由自己去收集找尋。

　　顯然，這世上沒有安逸的人生，活著必須披荊斬棘，且全力以赴，試著顛覆不可能的未來才是勇敢的智者，才不辜負命運的恩賜，這恩賜中皆是智慧的寶藏。

　　但表面上貧窮的人，並非真正貧窮，因為窮人的靈魂簡單而自在，從而窮人的人生無所謂得與失，即便是生長在貧窮環境，他們也能將人生一路歡唱到底。

　　我們幸運的生長在這樣一個變化莫測的時代，良好的心態決定良好的身心健康，健康的思想將決定美好的未來，健康的思想還將決定格局的高低。

　　這四季的變化一直在循環中再循環，你看自然變化在冥冥之中告訴我們有所不可違抗的風水因果，那麼我們便要學會適

應環境而生存，適應人性而周旋。

　　冥冥之中的風水細微到讓人失去警覺，想要改變命理和定數則需要漫長的過程，於是每個人對於定數的認知有所不同，對於定數的改寫自然也不同。

　　人們所得到和失去的東西都將會成為正比，從而表面人生觀，也只是淺薄的認知，然而，真正的健康和財富皆來自於精神層面，而真正的貧窮，也來自於精神內在貧窮，所以在這繁華盛世也好，虛榮心不可過重，是自己的就是自己的，不是自己的就不是自己的。

　　人生成長，既是一場與思維共同的旅行，在每一個成長階段勤於修善德行，力求以善為前提而出發，力求以虔誠之心處世而待人，健康的未來將觸手可及。

　　所以，和諧內心，美好未來，這需要不斷思考健康而陽光的未來，那麼，不要用淺薄的認知去看待世間的苦難人，因為命運在後天皆可以更改。

　　相信因果，天道自有定數，天性自有定數；所以不強求也不自卑，用最虔誠的心，坦然走完這一生的天命風水；用最善良的心，陽光走完這一世的命理定數。

　　那麼，人性本善，還是人性本惡，應該給個正確說法了，善良的人，因貪婪而變得惡劣；惡劣的人，因修尚而變得善良；從而人性只有相對論，沒有絕對論。

　　然而，舍得舍得，有舍才有得，所以，人人皆可修尚內在美，藉以改變人格風水，那麼，我們且行且珍惜。

生於憂患，而死於安樂

　　我們都生活在這樣一個瞬息萬變的時代，懂得居安思危，

思考未雨綢繆，以不求安穩為宏觀標準，力求在善變的風險變化之中，以求得生存的條件。

要知道，人生從來就只有獨自奮鬥的孤單背影，人生從來就沒有真正的從容和安穩，然而未來，皆是風險中的未來，未來無人能保證絕對無風險。

眼前利益者，以求短暫安穩，而遠見者，以求長遠安穩，即便是眼前有短暫的規律可遵循，那麼，也必須是在持續學習之中，才能握住暫時的眼前安穩。

從而以正確邏輯看待安穩，不必刻意去尋求安穩，因為時代從未停止過進步，思維邏輯若是跟不上時代變化節奏，未來將會是變化中的無限風險，因為安穩的背後孕育著無數的不思進取，這便是人性的弱點。

那麼，以正確邏輯看待冒險，不要刻意去冒險，因為冒險不利於未來平衡發展，如果刻意追求冒險的人，則必須擁有常人所不能及之能力。

世事無絕對好壞，思考穩中求勝，力求遠見卓識，適應環境變化而變化，在變化中以求得穩健才是明智之舉，所以能夠適應環境的人，才是未來環境的主人。

而人只要活著將永遠圍繞風險轉圓圈，既然存在環境變化當中，就必須接受無限風險變化，所以，學無止境只是基礎生存措施，學無止境也是必須的遠見。

要知道，真正的安穩，從來都是經年累積的長遠財富所成就地片刻安穩；真正的安穩還是萬全具備之下的片刻茶香；然而，真正的從容也從來都是歷經風雨過後的片刻彩虹，從容不迫地一展她那剎那的驚鴻。

我們都知道生命是無常的宿命，然而人無遠慮，則必有近憂，生命無常且從未擁有過安穩，從而生存遊戲，便是在無常

的風險之中，以尋得片刻的安穩。

這樣一趟人生坎坷之路，如山河崎嶇不平，這一路上時而天災，又時而人禍；而面對環境我們只能逆來順受，選擇逆來順受並不是妥協命運，選擇逆來順受則是懂得在環境中隱忍，則是懂得在低調中謙遜。

人生中所有考驗，皆是一種無常，生離死別是一種常態；潮起潮落是一種常態；花開花落是一種常態；聚散離合是一種常態；世事無常，而所有的無常都是一種正常，無常還是宇宙自然所賜給生命的禮物。

要知道無常的存在，皆是為了成就頑強而又偉大的生命；無常的存在，還是為了教會我們看清自然與人、事、物之間的因果關係。

當我們明白所有失去只是一種無常，於是便不再害怕，不再輕易妥協放棄生命，不再放棄一切活下去的機會，從而命運的無常是為了成就生命的優秀而來；從而環境的無常是為了教會我們要如何生存；而人為災害從未停止，無論時代如何進步，人性風險一直存在，然而疾病也一直存在，這便是人性環境自帶風險。

既然有自然風險，那麼就會有人為風險，有些風險是為了教會我們如何放下，而有些風險，則是為了教會我們如何強大。

於是生存就是在浪尖上起舞，將會隨時隨地被淹沒，活著就是在逆境中周旋，否則輕而易舉被淘汰，能夠好好活下去已是不易，要如何活得有尊嚴才是重點。

只有遭受過眾叛親離的人，才知道尊嚴是什麼；只有經歷過大風大浪的人，才懂得成敗是什麼。

只有真正苦過的人，才知道幸福滋味叫一種知足；只有遭遇挫折的人，才懂得風平浪靜叫一種能力。

所以，努力學習是畢生成己的志業；強大自己是避開風險的法寶；完善自己則是解決風險的利劍；那麼，現實與人性的善惡早已擺在眼前，只有學會保護自己，強大自己才能夠避開人性風險。

　　於是智者無敵，勇者無懼；只有使自己變得強大了才有資本去保護他人，要知道那知識的海洋裡裝滿著智慧，但是智慧只能向內索取，勇敢也只能向內索求。

　　一個能夠靜下來思考的人，必會是一個內心強大的人；一個能夠孤獨自處的人，也必將會是一個有能力的人；然而，還有一種擁有銳利警覺的人，通常是在狂風暴雨之後才會成就，因為，安穩的環境無法成就警覺性。

　　所謂牛羊成群，猛獸獨行，所以，孤獨也是一種能力，孤獨還是一種大浪淘沙過後的從容不迫。

　　那麼，一個安靜，且孤獨的人，必定是一個強大而有能力的人，因為，安靜的時候是一種安穩；而孤獨的時候，則是一種片刻的從容。

　　要知道，一個強大而有能力的人，才能做到片刻安穩及片刻從容，這片刻的安穩及片刻的從容，也只是生命中片刻的一盞茶香，也只是一種片刻的安寧。

　　所以，生於憂患，死於安樂；人生從來就沒有一帆風順的從容和安穩，那麼時刻思考未雨綢繆，懂得居安思危才是明智的選擇，於是，越是害怕什麼，越是發生什麼，越是勇敢面對，問題將會隨之消失不見。

　　那麼，活著除了自然環境災難的威脅，再就是人為環境災難的威脅，命運無時不在與自然和人類進行抵抗，從而人為風險所帶來的傷害卻是難以解決的問題。

　　了解人為風險，要知道貧窮思維教育下的成長，是一種長

期畸形的心理疾病，這是一種精神上的心理疾病，如同被花盆框架在內的盆栽，植物根部將無法得到正常伸長，從而枝葉，也將會受之局限和影響。

這樣一個不以人為本的貧窮思維環境，生命應該受到更好的保護，生命應該在健康平衡而和諧的環境下生長，健康的成長不應該受到貧窮教育所影響。

要知道，我們活著是為了共同對抗外在惡劣因素，而不是為了終日對抗人性的自私所造成的人為災害，那麼，接受命運的挑戰，調整好心態才能在環境中不被狂風巨浪所擊倒，然而，人生必須歷經風雨才見彩虹，所以，一切安排都是最好的彩禮。

生活中的環境考驗

落地生根台灣，這樣一個陌生的城市，還有兩個未成年的孩子，以及一位八九旬的老人，當年面對陌生環境所帶來的諸多困難，我並沒有選擇放棄孩子和家庭，我毅然決然地選擇面對這所有的不適應。

如果當初沒有留下來，我將無法保護自己的孩子，也無法解決各種問題，我深切地知道孩子是我嘔心瀝血的責任和驕傲，我身上的責任感和使命感曾告訴我，無論生死，我必須扛起對自己孩子所有的責任。

面對陌生環境我無力掙扎，我選擇獨自充實自己，而我深知，中國台灣是我生命中的一場嚴峻考驗，一個初來乍到的女子面對現實的擠壓，面對貧窮教育環境的影響，我又要如何做才能夠保護自己和孩子，這個問題成為我寢食難安的惡夢，不過最終我還是戰勝了一切的不樂觀，從而堅強地活到了現在。

顯然，如今看到我的「瑜兒」寶貝如此勤學努力，且陽光而自信，我更加肯定相信風險和苦難的存在，只是為了成就我頑強的意志而來，所以，相信你有多大的能力，便能夠承受多

大壓力及多大風險。

　　然而，人生若不歷經風雨，又怎會遇見更好的自己呢，又怎能感受這風雨之後的彩虹到底有多麼美麗呢，這也驗證了，強者不是沒有恐懼，強者只是戰勝了恐懼；而弱者不是沒有能力，弱者只是放棄了自己。

　　要知道，這命運如同四季沒有永遠的冷和熱，然而人生也不可能永遠是風雨，所以，堅定相信自己一定可以解決所有問題，從而解決問題應該成為一種習慣。

　　那麼，在勇於擔當的肩上，應該有著強大的自信，且有著頑強的生命韌性，這便是人的尊嚴，是的，生活可以是一種至高無上的尊嚴選擇權，也只有看得起自己的人，才能夠掌控任何環境中的風險。

　　因而，風險並不可怕，可怕的是放棄解決問題的機會，既然自然環境決定讓我們更換另一種身份，那麼，我們就要對這個新的身份負起責任，難道不是嗎？

　　如果當年我選擇逃避，狠心丟下孩子而獨自去往另一個環境逍遙快活，那麼，我的孩子如今還會不會這般的優秀、這般的健康、這般的陽光、這般的快樂？

　　我曾在絕望中學會修復自己的傷痛，我也曾在絕望中學會戰勝心中的恐懼，我曾在絕望中品嚐欲加之罪的苦味，我也曾在絕望之中用堅定換來孩子的光明，我還在絕望之中創造蟬聯冠軍的神話，我還在絕望之中堅持了屬於自己的靈魂信仰。

　　我明白，身為一位母親的人生，不是只有金錢；我明白，身為一位太太的身份，不是只有愛情；要知道，人生之路，隨時在進行身份轉換，我們謹言慎行。

　　要知道，一個熱愛生活的人，生活也將會愛你。
　　要知道，一個吝嗇慈悲的人，仁愛也會拋棄你。
　　要知道，一個尊重環境的人，環境也將愛惜你。
　　要知道，一個敢於擔當的人，尊嚴也會屬於你。

我們人，這一生都要面對無數次環境更換，既然入局環境的變遷，便是一場與命運的長期抗爭，熬得過便是優秀，熬不過便是平庸，這便是人性的考驗。

　　顯然，人的後半生所要經歷最多的環境，則是人生中最複雜的環境，當我們走進另一個環境之後曾經的美好也將隨之會消失，知道真相嗎，婚姻確實是一場災難，但婚姻的存在則是為了教會我們如何戰勝貧窮、戰勝平庸、戰勝生活、戰勝環境、且成為環境的主人。

　　那麼，既擇之，則惜之；既生之，則育之；從而愛情的偉大在於，在彼此傷害之後還能夠彼此包容；從而父母的偉大在於，在貧窮壓迫之下還能扛起責任。

第三節：順應自然而生長 🦋

　　宇宙中總有一股強大的力量在促使我們前進，無形地主載被動的引力，推動著整體運轉的速度，然而整體運轉的速度又是如此有規律，且是一種不間斷而輪迴式的固有規律，聽說那遙遠的天邊有一個銀河系。

　　而我們的生命，所成長的速度快與慢，也是一種無形的規律所導致，生命成長的週期到底是由什麼因素而影響和控制，我們也無從知曉。

　　不言而喻的自然現象，要知道我們的生命在宇宙中不過是微乎其微的小小因子，然而生命在成長的路途中，將會遭遇一些什麼，皆不可預先估測。

　　要知道，人的思維各異，如同四季引起的差異，人的成長速度也各異，如同地球運轉的快與慢，那麼到底是什麼因素所決定生物生死的週期。

　　夏季的水果若想在冬季結果，就必須持有夏季相對等的條

件，但表象終將只是表象的顯示結果，其質量並非能夠完全相同，因為當季的水果總是比次季的水果更加甘甜，由此可見，人的成長速度是不可違背的自然規律，所以，要尊重自然成長的規律。

如若窮人想要變成富人，其結果顯示，窮人可以成為有錢人，但不能成為品味高尚的富人，因為這將違背了自然生長規律，其質量的反差將會較大，所以人的層次與品味，皆不是用金錢所代言就可以用敷衍而包裝的質量。

所以，生命應該自然而然地生長，如同地球只能以較慢的速度跟著太陽運轉，而太陽，則將以較快的速度圍繞銀河中心行駛在太陽系的軌道而運轉。

唯一不變的，則是地球和太陽運轉得方向且一致，要知道只有相似能量的載體，才可能帶動相似屬性的物體，從而運轉的方向將猶如吸鐵石的力量被吸納。

環境中的生物所生長的速度各有差異不同，如同太陽和地球所運轉的速度也有所不同，雖然太陽和地球的質量和速度有所明顯不同，然而卻又似有微小因子相同，才會導致太陽和地球所運轉的方向完全相同。

那麼，人的素養和質量各異，所以，無須刻意強求生命成長的高、低、快、慢，因為，總有一股微小而精緻的神秘力量，決定著生命成長的速度和週期。

地球和太陽，以及銀河系所運轉的方向，皆是一種神秘力量在牽引，然而生命成長的速度，也自然而然會順應天意，且要順應天性，才可各自安身立命。

從而事無絕對，人也無絕對定論，於是順應天道以和為貴，以天道為公理，以人道為自理；無論是公轉還是自轉，成長皆不可違背自然的速度與方向，因為人的天性五行，皆是與生俱

來的秉性。

漫漫長路，慢慢走；明知金、木、水、火、土，各異奇觀，人們大可不必自尋煩惱，因為人各有命，各自屬性不同，且在各自軌道運轉從而互不干擾。

違背天道，自有天道處罰；違背人道，自有人道處罰；所以無須庸人自擾，要知道因果定律一直存在，因為太陽與地球所運轉的方向一致，自然界中有一種無形的力量決定了自然中的因果，由於銀河中心的引力，皆是有規律在運轉，所以是規律產生了因果。

要清醒地知道，人類有被淘汰的可能性，也有再生的可能性，歷史的長河裡所被淘汰在塵埃裡的思維不言而喻，且顯而易見，所以，人類逃不開規律的拋棄，從而鍛鍊進階思維，得以傳承長遠而優質的血脈。

於是，能被強大力量所能喚醒的人，才可能被牽引前進，然而不能被強大力量所喚醒的人，終將會靜靜等待被歲月淘汰，也或是等待消失在現實的沙河裡。

這也正是驗證了那句「未雨綢繆，居安思危。」所以順應自然規律而成長，且是陽光而正向的成長方向，才能讓生命得以和諧而完整的綻放。

如果在成長中感知負荷過重，思維將勢必會產生一種淘汰動作，然而人的身體，只是承載這些思維的容器，如果是累了，人的思維也將會捨棄部分負擔和干擾。

從而，環境周圍一直存在著一種無形的能量，這種無形的能量則是因人而起，因一種思維而起，從而借用這種思維帶動無數思維朝向陽光的方向前進。

因而，思考也是一種無形的力量，是一種神秘智慧力量，思考的力量可以驅使智慧更新而再生，如同銀河中心的力量，

可以驅使所有銀河星體的運轉，且通過運轉的方向和速度來更新春、夏、秋、冬四季。

那麼，銀河運轉是有方向的正向運轉，而不是雜亂無章的混合運轉，銀河系正向運轉的方向，且是順應銀河系的自然規律方向而運轉。

從而人類思維運轉方式，也是跟隨一種方向運轉，還是跟隨時代尖峰引領而運轉，人類的思維運轉，也是不違背自然環境規律而在運轉。

於是我們尚且知道正被一股強大的力量所牽引而前進，那麼距離核心越近，運轉地速度就會越快，但我們的思維速度卻是相當緩慢，如若是靠近銀河中心的速度來思考，那麼我們思維的速度將會快到驚人，這也非常人所能夠接受的速度，於是思考一切皆有可能。

那麼，智慧成長的速度，只能夠借由思考的速度來決定，因而智慧成長的速度，則不會超過思考的速度，於是人的智慧，也將會有深淺和高低。

也許有人正開著奔馳，正思考著如何算計他人，但他卻渾然不知，引領人類前進的思維，從來都不是精明和算計，於是他所思考的內容並非是能量和智慧。

引領的力量，如同銀河中心神秘力量強大；引領的力量，還如同大腦思維力量強大；而銀河中心的引領力量，則牽引著整個銀河系運轉，且是有所規律和方向在前行，這是一股無形而又強大的神秘力量在牽引。

環境中有一股無形的力量，無時無刻都在牽引人的大腦思維在前進、蛻變、昇華、更新、以及重生，並持續不斷的更新、再生，這便是無形的思維力量。

然而，思考的終其意義皆是求知和探索，無形的思考，有

形的創作，皆是強大而神秘的力量牽引所致，然而大腦思維則無休無止的運作，且孜孜不倦的更新。

從而人的思維產生一種求知慾，這是思維中的另一種神秘力量，這種神秘力量將帶動我們想要遠行的慾望，也將會帶動潮流前進的步伐，於是未來是豐富的未來，還是空洞的未來，皆在思維探索中運作，並達成目的。

那麼，以最神秘的思維引領前進，從而思維創新將會收穫一些成果證據，有了這些成果證據，這個世界將會變得不再枯燥無味，且充滿了新奇無比的夢幻。

那麼，銀河中心神秘力量能夠推動整個星系運轉前進，從而人類獨立思維系統，也將能夠推動整個思維運轉前進，於是，在思考中將有創作一切的可能性。

銀河星體整體運作形式，如同微風吹起的微小力量就能夠讓紙風車馬上運轉，然而紙風車內圍中心所運轉的速度則較快，而紙風車外圍所運轉的速度則較慢。

紙風車的中心點，只需要一個小小的支撐點便可運轉，只需要一股小小的力量，且是小小的無形力量推動著它，便能夠順利而有規律地運轉，這是一種抽象指引。

生命在遙遠的地球上，只不過是一個微小的因子，中心強大的牽引力量距離地球很是遙遠，既知是無形的引力所導致整體運轉的規律，那麼便能知道無形的思維，只需要一個小小的決定，便可能推動巨大的災難而發生，也或者是推動一個巨大的成就而產生。

勤能補拙，勤於思考；改變宇宙世界觀，人生觀，以及價值觀，思想得以健康而超然的境界，將遠離痛苦的深淵，遠離平庸的束縛；所以，大腦思維必須學會自救，才能夠在自然環境中獲得重生的機會。

如果，關愛是人類世界無形的中心力量，那麼，我們何不奉獻多一點關愛呢，因為關愛能使人心溫暖而陽光，且能夠使人和諧共處。

然而，愛是生命的起源地，弄丟了愛的生命，靈魂將失去中心引力的引導，若沒有核心主導力量來帶動，人們將不會和諧有度而共處，更無法平衡大我整體環境，所以，生命因愛而生，因自然而生，因自然規律而成長，生命在無聲中成長，並在成長中變得安寧。

那麼，必須解救疲憊的思維，試著放空、放開、放眼自然大世界，看這生命如此短暫，我們又何須自尋煩惱，且達觀看待得失與名利，以一顆仁愛之心處世，以一顆豁達之心生活，以一顆赤子之心去探索。

慢開的花期上百年

虛懷若谷，大智若愚，勢君子以厚德載物，書中自有聖賢人，書中自有黃金屋；三日不讀書，便會覺面目可憎，明末畫家董其昌《畫禪室隨筆》：「讀萬卷書，行萬里路；胸中脫去塵濁，自然丘壑內營。」

如若把人生成長分為四等分：學歷 25 分；德行 25 分；事業 25 分；貢獻 25 分；這個比例更容易讓我們認清現在的自己及目前所在的位置。

清楚認知成長中的重點才能塑造美好未來，成敗的不同之處在於，有人敗在文憑學歷；有人敗在德行修養；有人敗在事業成就；而有人敗在社會貢獻；無論上下高低，人生四步記得抓住的越多，人生才有優越性。

要知道沒有基礎文憑學歷，後續的學習路程將會比較辛苦；

如果缺少德行修養，就算再有能力也不會被人認可；如果沒有事業成就，自然也無法攀登人生新的高度；而沒有社會貢獻自然也等於人間白走了一趟。

生命成長過程是一個階梯模式，正如春、夏、秋、冬，一年四季分為四等分，所以，生命成長既是有節奏的樂譜，樂譜將會由著虛擬時間而產生自然的旋律。

論及春夏秋冬，值得驚奇的是四季中至少有四季可以根植播種，從而種子在這四季當中則盡顯各自豐盈特色，然而種子沒有先來後到，它們只有豐收的喜悅。

如若把人生分為春夏秋冬四等分，我們很慶幸人生將不會輸在起跑點，因為有些植物天生就不適應在其它季節裡種植，因而植物的喜好特性取決於植物的本質，取決於植物本身與宇宙自然之間的因果關係。

這是不可違背的自然現象，生命是什麼樣的本質，皆取決於宇宙自然，因為生命本就屬於宇宙所創作的作品，所以，生命本就應該和諧綻放，從而宇宙孕育生命怎樣的本質，生命必定將會完成怎樣的使命，那麼未達使命者，必將會還在周旋之中。

所以，不必在意眼前的得失，命運早已安排妥當，因為花期的早與晚並不會影響花兒開放的美麗，生命順應自然而成長，只有篤定未來和夢想才有高飛的可能，相信伏久飛必高，相信竹子定律是不爭的事實。

生命的過程，皆是不可違抗的天性使命過程，有人說人生三十而立，四十不惑，五十知天命，以上說法皆沒有科學依據可言，而所指一個成長過程，所以儘管聽從生命自然成長規律的安排，便能夠健康而陽光。

良好的教育成就良好的發育，有人早熟；有人晚熟；無論

是早與晚都將歸結於自然因果，因為有了因果屬性，生命不得不默默承受命運的安排，然而生命的屬性既是生命特性和本質，生命特性又將會表達各異。

優越的環境成就優越的生命特性，而惡劣的環境則會成就惡劣的生命特性；所以無論幸與不幸，生命都將只是環境的作品，而人人都將會為自然因果而買單。

既知因果的存在，不如安之若素，且坦然自若而自處，所以，不必譏笑他人的速度快與慢，等到合適的季節，它自然會綻放出前所未有的豐盈和美麗。

於是我們追求和諧的美麗，自然而為之，自然而成長；誰的人生不是連滾帶爬的摸索著成長，我們儘管做好自己的本分便好，無須刻意盯著他人的成績盲目跟從，因為，每一個人都有屬於自己的獨特生命特性。

無論順境還是逆境，無需指著他人的成敗而指手畫腳，因生命的存在皆是一種平凡，能夠把平凡活成非凡的人是一種超然，而平凡而不平庸地活著是一種境界。

在環境中有一種天生不愛計較的人，因為本性善良，所以善良的人喜歡付出，善良的人不計較得失，善良的人總是真心祝福他人，然而懂得祝福他人的人運氣通常不會太差，所以善良的人格特質，也正是彰顯了這一句「大智若愚，虛懷若谷。」

那麼，保持一顆赤子之心，為人真誠厚道將是一輩子的好牌，那些善良而不食人間煙火的人，不代表都是愚蠢的人，那也只是他的自然生長規律所顯示。

因為，善良而不食人間煙火的人較早尚未解開封印，他們通常較晚解開封印，因而一般善良的人總是更容易受傷，要知道，這是自然環境所安排的自然屬性。

那些，善良而不食人間煙火的人，當他們解開封印而想要

高飛的時候，也定將會飛得更高，且更自在；這生命的底蘊本就如神話般厚實而深遠，人生如戲，且要專注入戲，然而人生沒有坎坷便沒有精彩的蛻化，相對戲劇過程而言，也將會品之無味。

　　成長切忌華而不實，只為綻放飽滿的花蕊；生命切忌過於務實，只為結出堅強的果實；你若優秀，但是請你不要驕傲；你若強壯，但是請你不要狂妄；活著皆是為了追求，追求生命的特色，追求生命的價值，以及生命所要表達的意義。

　　命運之所以起伏不定，皆是因自然定律，如同大浪淘沙，平靜無奇的風浪皆不現其宏偉，而大風大浪，且澎湃的壯麗總是讓人嘆為觀止，所以，無論在逆境還是順境之中，皆要做到寵辱不驚，皆要懂得低調而淡泊自處，且要虛懷若谷。

　　生命前進的速度從不由自己，命運的轉盤從不由人為轉移，神秘力量在冥冥之中牽制人的行為，這便是自然中的大道，這也是還沒有驗證的某種核心力量。

　　人的思考在冥冥之中起伏，只有智慧與靈性的人才能意會和感知，這將說不破，也道不明的規律，然而，也正是驗證了這一句「人類皆是命運共同體的可能」。

　　然而人的生命靈性，也是一種智慧和財富，只有通透達觀的人才能夠感知，要知道，只有歷經過大風大浪的人，才能夠擁有智慧的靈性。

　　那麼，生命所承受的磨難，將會以另一種方式來補償，所有苦難的存在皆是為了成就智慧的靈性，也只有智慧的靈性，才能夠領會這蝶舞彩虹所寓意的答案。

　　早晚我們會知道，樹木扎根比枝葉茂盛更重要；早晚我們會知道，思考學習比怨天尤人更重要；因為，這是生命中的甘露所為成長而滋養的底蘊。

無論風雨，生命皆在成長，因而順境與逆境，也皆是在給生命的加持，這個過程將很殘酷，否則何以鍛鍊堅毅不屈的生命韌性，否則何以達到萬箭穿心呢，這些的折騰，便是自然環境所孕育著天生的強者。

　　天下沒有平白無故的崛起，生命將會在磨難中成就耀眼的光輝，那麼，便要點燃生命的光輝，這光輝，且是經久的隱忍；這光輝，還是不得輕視的頑強。

　　是的，任何人都不得輕視任何人，要清楚地知道，在這個自然環境中孕育著無數美麗而又慢開的花朵。

　　於是，起點將會決定過程，但不會決定結果；命運不會贏在起跑點，但會輸在這過程之中，然而，這個過程不得違背天道的自然成長規律，所以，跑在前面是本事，贏在終點是實力；且看那慢開的花兒等待上百年，且看那慢熟的人兒等待千百年。

　　要知道在這個自然環境中，還有一種仁愛之心能夠融化冰川頂上的寒冰，因為仁愛是嚴冬裡的吶喊，也只有仁愛的吶喊，才能夠融化整個冰冷的世界。

　　於是命運之神將仁愛之心琢磨成天生的強者，這將蛻變千載一遇的難得，看那漫山開滿的菩提，已是覺悟；看這筆下譜寫的詩詞，皆是希望。

第四節：達觀看待成長規律互補

　　青春到年邁，生命沒有虧欠我們；人生很公平，規律沒有虧欠我們；贈予美好的青春，但不給我們明智的思想；贈予明智的思想，但不給我們強勁的體格，要知道生命的週期既是一種互補規律。

　　青春沒有精打細算的頭腦，但有敢於探索的精神；青春沒

有悔過的機會，但有頑強不屈的毅力；所以，少年不知老來愁，而老來不知少年心。

　　青春允許犯錯，青春也允許跌倒，因而，沒有犯錯就不會有成長，沒有跌倒就學不會站穩，青春是承載夢想的搖籃，因為這個夢想，青春將為這個夢想而改變，青春也將為這個夢想而奉獻，從而青春的代價是崇高的代價，而這個代價，將是不可違抗的必經歷程。

　　所以，青春還是不經意的傷痛，不經意間已經流失太多美好，太多的不設防已經成為定局，然而，信仰皆是在這種不設防的虛與實之中才得以實現夢想。

　　青春是健康的載體，擁有健康的身體，但不會擁有明智的心智，這是自然的公道之處，所以青春是不經意的傷痛，且是任何人都無法抗拒的規律。

　　青春也是委屈的，無論身體如何強壯，夢想的翅膀都是軟弱的，無論多麼用力飛翔，總是有力不從心而不確定感，因為歷練還不夠豐富，所以不必急著飛翔，即便飛得不高，也不必過於責怪自己。

　　青春是累積經驗以及累積失敗的系統，覺得自己失敗嗎，沒有關係的，因為失敗乃成功之母，沒有失敗的過去，便將不會擁有未來更好的成長，所以青春值得被原諒，值得被寬厚，青春值得被祝福。

　　那麼，青春為什麼會不經意犯下這麼多的過錯，又值得被原諒，要知道，真正的健康皆是錯誤所累積而蛻變成的健康，這是由逆向規律而所產生的一種定律。

　　沒有犯錯的青春，便不知道正確的方向，因而沒有正確的方向，則不會健康成長，所以，自然環境將公道互補，健康由不健康而成就，成功由失敗所成就。

那麼，自然的公道貴在互補的特性，這將會產生人們心中不解的迷惑，在這虛實之間到底是雞先生蛋，還是蛋先生雞的混亂邏輯，於是這個世界便有趣了。

善於在獨立中思考，學會與自己對話，學會與環境對話，自然世界很公道的饋贈給所有生命以互補的定律，誰也躲不過成長定律，也躲不過因果定律，我們需要了解互補定律，既是一種超然的自然現象。

那麼，不要用天真的想法去挑戰現實的殘酷，更不要用陳年的老酒去澆灌新發的嫩芽；要知道，人生就是一個由動態演變成靜態的蛻變過程，然而成長還是一場在循環中的淘汰過程，這便是超然的規律所致。

比如在人的身上，發生一些離奇的經歷之後，思維上將會產生蛻化和轉變，因而這種蛻化和轉變將隨著個人的本性和本質，隨之蛻變成超然的結果。

經過少許時間，便能夠蛻變成另外一種性情，有些人蛻變得更加優秀，有些人則會蛻變得面目全非，那麼，未來將會蛻變成蒼蠅還是蝴蝶，皆因自然本質所決定，所以蒼蠅不能蛻變成蝴蝶，而蝴蝶不能蛻變成蒼蠅。

歷練成長是一個過程，因孵化而產生蛻變，因蛻變而得以重生，所以，盡量構思美好的未來，因為我們現在所呈現的樣子，皆是過去所思維中的樣子，那麼通過思考，且會產生一個結論，結論再激發一種行動，而這個行動，將會達成我們想要的美好模樣。

未來想成為作家、畫家、醫生、教師、律師、軍事家、投資商、企業家、政治家、評論家、思想家、還是音樂家、舞蹈家等等；皆會在我們的思維以及行動之中一一實現，這只是需要少許的時間來達成。

哪怕我們只是思考，我會是一個好爸爸，或者我會是一個好媽媽，這些簡單的思考，也都將會在我們的思考以及行動之中一一呈現在我們眼前。

　　所以，不要怨天尤人，更不要小看思考的能量，因為未來皆是屬於勤勞思考，且賦有智慧的人群。

　　我們清楚地知道，生命在每一秒都被宇宙母親所滋養著空氣，所以智慧來自於宇宙母親的智慧，因而不是簡單的地球人智慧，所以不同思維模式，將會產生不可思議的結果，也將會產生不同的未來。

　　青春到年邁是一個公平的逆向互補成長定律，青春到年邁還是一個由動態走向靜態的成熟過程，這是定律所產生的結果，因而蛻變就是一種成長定律。

　　成功也是一種逆向甘甜的自然定律，遭遇失敗是為了成就逆來順受的毅力，遭遇失敗還是為了完善內在缺陷，因而有了這些遭遇才距離成熟和成功將不遠。

　　因而，逆向邏輯也是一種互補邏輯，這將會成就通透的思想，比如白晝和黑夜互補所形成了循環互補，然而黑夜和白晝卻只是一種虛擬感知，這種虛實之間的感知，並不能成為白晝和黑夜的正確定論。

　　要知道，太陽一直就在那裡，對於太陽來說，永遠沒有黑夜和白晝；然而對於宇宙來說，永遠也沒有黑夜和白晝；因而，對於成功來說，沒有失敗和跌倒；對於青春來說，沒有過錯和後悔。

　　那麼，也正是無知者無畏，這一切都是宇宙自然世界饋贈給所有生物最好的禮物，然而這些禮物，也只是虛實之間的一種虛擬感知。

　　既知生存空間是一場虛與實的邏輯較量，那麼試著接納過

去的無知，保持良好的心態，學會包容青春，原諒自己才是真正的大將之風，才能夠更好的成長。

因為，生命只是需要更好的成長；所以，生命才會向著陽光的方向而繼續圍繞行走，那麼，只有不斷成長，才會產生無限量思維空間，才會產生無限量智慧。

如果說失敗是成功之母，那麼，逆向思維便是成功之父，因為逆向思維將創造無盡的智慧，從而智慧將創造無形的資產，包括精神資產，以及物資資產。

這世上只有兩種東西不會被奪走，那便是所擁有的健康和智慧，擁有智慧就是擁有強大的能力，然而，擁有健康，便是擁有美好的人生，因而美好的人生無關於金錢的多與少，而有關於健康以及智慧。

那麼，擁有健康和智慧，便是長遠的精神財富，因為健康和智慧是花金錢所買不到的精神財富，因而健康是生命永久的不動產，而智慧既是生命的移動資產。

然而，這人生的意義，更是一門豐富的人生哲學，這人生的意義，由自己本身去定義理想和目標的意義，於是生命的使命，將會如同蝴蝶的使命一樣綻放精彩。

在思考中成就超然的智慧，年輕的靈魂皆是好奇的美好，成熟的思想才是真實的自我；外在的蒼老只是逆向的表象，而內在的豐盛才是年邁的優越。

善用理智思考，去平衡思維上的盲點，要知道人類智慧與宇宙智慧之間將會有一個思想橋樑，這個思想橋樑，時而是理性的，時而又是感性的。

這個思想橋樑，便是我們分秒必爭的空氣橋樑，生命習慣依賴每一口空氣，因而思想是感性的；生命懂得釋放瑕疵的空氣，因而思想也是理性的。

那麼，試著用理智控制慾望，用理智控制不健康思想，而理智通常又會暈睡，直到錯誤已經發生它才會醒來，而相對過於感性的人，通常又需要鍛鍊理性，然而，人們只有在跌倒了之後，才知道用理智思考問題，因而失敗能夠喚醒理智，於是失敗也成為一種收穫。

　　所以，逆向定律便是互補平衡，宇宙自然世界將全面而科學的佈施多樣化、周密化、互補化環境，且 24 小時填充互補化，且 24 小時不間斷譜寫生命的神奇。

　　因而習慣互補所指有人早，有人晚；個性互補所指有人動，有人靜；節奏互補所指有人快，有人慢；全面互補填滿 24 小時，所以，我們會看見每一個角落都將會有合適而恰好的人選忙碌著。

　　既然，我們知道宇宙智慧把天性互補安排得如此妥當周密，那麼我們能夠想到什麼，宇宙智慧便能夠創作什麼，我們若是需要什麼，宇宙智慧便能夠成全什麼。

　　宇宙智慧有求必應，甚至大大超出我們的想像，因為先前的人們早已想到且做到，於是形成這樣一個物資氾濫，以及人性氾濫的時代以供我們思考。

　　因此，那些沒有想到的人，也都在享受生活，享受智慧人的產物，享受大千世界的繁華似錦，享受偉大奉獻者為我們帶來，這片刻的茶香及安穩，享受偉大貢獻者為我們帶來，這片刻的歲月靜好。

　　然而，人們卻在享受中不知所云，人們在享受中已找不到方向，找不到生命來自何處，又不知將去往何處。

　　因此要學會感恩，感恩偉大奉獻者、思想家、發明家、教育家；還要學會祈禱，祈禱和平大世界、大環境、大社會；於是感恩和祈禱，也將會實現我們心中美好的願望，也將會為迷

茫的世界從而帶來光明和方向。

　　生命的到來皆是傷痛中的美麗，因為無人不曾跌倒過；因為無人不曾迷惑過；因為無人不曾深愛過；因為愛，所以痛；因為痛，所以才得以更加美麗起飛。

　　所以，青春到年邁皆是可歌可訴的詩篇，這些詩篇將會為我們帶來未來和遠方，而未來和遠方在智慧的天國裡正等待著靈魂的歸宿，那麼青春到年邁，皆是宇宙環境賜予生命的成長歷程，因而，這個成長歷程皆是為了逆向互補，因此互補將成就所有的不完美。

　　呼吸世上最健康的空氣，遇見風雨之後的蝶舞彩虹，思考將帶著我們遠離痛苦，重獲生命最初的美好。

　　思想遨遊天際，打開智慧的窗口，如果痛就歌唱，歌唱蝶谷裡那絕倫的天籟，明知平庸也要顛覆命運的棋盤，生命才得以健康的成長、健康的呼吸、健康的書寫、健康的歌唱，健康的分享。

　　因而，思維也是逆向平衡定律，所以大部分人都無法握住命運之盤，無關成敗，成長皆要歷練心智的完整，只有完善自己，才是人生最終目的，因為命運是抓不住的繩索，然而未來將會發生什麼則無人能夠估測。

　　所以，成長欲速而不達，思維無時不在與命運進行太極拳，太極拳時而快，時而慢；快中有柔，慢中有勁；如同虛擬時間，當我們虛度時間時，時間便會變慢；當我們珍惜時間時，時間便會變得飛快。

　　於是當我們越想抓住時間的時候，越是抓不住時間；當我們越是不在意時間的時候，越是顯得時間太多；當我們有所目標的時候，便會覺得時間過得飛快；當我們無所目標的時候，便會覺得時間過得太慢。

特定的宇宙，特定的規律，特定的邏輯；如若當直覺感應不到規律和速度，我們將會無法控制時間，也將無法控制自己的生活，這是一個強硬的事實。

因了規律的互補，所以，成也在人，敗也在人；因而青春沒有後悔的機會，清醒之後才懂得在思考中寧靜，那麼，只有勵志篤定未來人生，未來將會美好可期。

在自然規律中收穫超然的心

既知互補定律，所以，忙而不亂，一日一步精進心性，明知欲速而不達，明知心智成長到穩定性則需要時間來完成，這是自然現象，且是無人可以違抗的定律。

人兒何以悲傷，又何以恐懼，皆是因為無法抵抗命運規律的束縛，試著放開心情，讓思想朝向遠方的天際，看那一望無際的天空，有白雲飄飄，思想無邊無界。

潮起潮落，日復一日；人人皆來自自然世界，人人皆有酸甜苦辣，人人皆有喜怒哀樂，這只是一種自然的現象，這只是一種自然成長中的互補規律。

所以，放下恐懼，放下軟弱；這 24 度和風依然溫暖人心，這 24 小時依然美好，那麼張開雙手，自然呼吸清新空氣，看雨後田園的枝葉依然翠綠，依然如此安然。

枝葉仿佛在細語中訴說，此時有知有覺也好，此時無知無覺也罷，成長皆是自然而然，若能擁有一片葉兒的自在之心，且隨心隨緣，隨風隨雨；當風雨來臨之季，借以洗淨身上厚厚的塵土，這豈不甚好。

在葉兒的世界裡無論太陽出現，或是不出現；葉兒總是能隨心等待，且安然自處，葉兒的姿態總是如此安之若素，葉兒

的格局總是如此清雅自在。

既知一切皆是自然現象，又何必終日秋風蕭蕭，所有挫折是為了提醒我們，生命即將步入下一段路程，從而下一程的路上，我們定會加倍精神抖擻。

那麼，精心設計未來，未來將是我們腳下每一步累積，未來將步步驚心，然而步步皆要小心，即便是如此，相信我們走著、走著、步伐也就穩當而隨心了。

所以，哭哭啼啼，打打鬧鬧，皆是生活的調味料，無需過度在意生活的味道偶爾是濃，還是淡了；有些時候，只是我們過於認真罷了。

於是，認真是壞事，也是好事；把認真用在正確的事情上，認真則是一件好事；如果把認真用在糾結的事情上，認真就會變成一件壞事。

所以把認真用在理想和目標之上，才會產生實質上的意義，若是喜歡一件事情，則需要我們認真去對待、去好好經營、經過時間的進展，才會有好的結果。

所以，那些讓我們痛苦的人和事，應該學會忽略，因為餘生很貴，無人能賠得起我們寶貴的時間，於是看淡來去，看淡得失；所有過去的，一律讓它過去。

朝向充滿陽光的方向，挺起胸膛，勇往直前；以一個守護者的姿態，高度警覺，誠心守護；最重要的是懂得尊重自己，力求只做最優秀的自己。

獨特的靈魂，無可替代；有趣的靈魂，是無價之寶；所以要看得起自己，要相信獨特的生命價值和意義。

尋一片乾淨的角落靜靜地坐下，靜靜地呼吸，這自然中的危險皆與美好同在，學會逆向思考，學會調養身心；學會在安靜的獨處中思考，在思考中完善心智。

如果感覺累了，便要適當的休息，因為一個懂得休息的人，同時也會懂得安排好他的人生和未來，所以，科學調整，和諧身心；用陽光的心情及自然的姿態，去迎接美好的下一程，無論成敗，皆要坦然。

那麼，只有靜下心來，才能感受時間其實與我們靠得很近，然而時間是最好的驗證，我們如何填滿 24 小時，24 小時便會如何回饋給我們答案，精緻細節將在時間的縫隙裡累積，而後形成智慧的精華。

當我們發現時間總是不夠用的時候，便是生命在急速中成長，這個時候的生命正在很認真而努力的前進。

那麼，與其終日批評他人，不如精進提升自己，然而，生氣不如爭氣，只有不忘初心，才方能始終。

那麼，尋回最初的自己，最初我們依然是童心未泯的少年；依然是充滿善意的祝福；依然是不畏恐懼的英雄；依然是期待遠方的靈魂。

要知道，生命本無意義，生命的意義則需要我們去設定它的方向、去填滿它的色彩、去完成它的價值，當我們用溫暖去包裝它，它便充滿了溫暖的顏色；當我們用冷色去包裝它，它便充滿了黑暗的顏色；然而未來皆是未知的未來，也是可以更改的彩色未來。

科學思考逆向邏輯，試著斬斷前生因果，設計心中理想的圖騰，路上將會充滿了寫意，充滿了抽象的意境，看得懂的人是緣分，看不懂的人，則是不同領域。

人們總是刻意尋找相近的靈魂，反而越尋越抽象，越尋越孤獨，因而人與人之間適當留一點抽象空間反而更好，因為生命天生就很獨特，生命天生獨一無二。

所以，迷離心皆是自尋的煩惱，這世間怎會存在截然相同

的靈魂呢，似有七分相同，便已是難得的歡喜，便已是難得的共鳴，那麼，我們且行且珍惜。

因而，得之我幸，失之我命；不是不求，而是不要強求，因為一切皆會有所定數，無論是人與人、人與事、人與物之間皆會存在玄機，以及規律定數。

懂得佈施，遵循自然；才能改變未來，才能有所奢求；精心設計美好未來藍圖，才會有預料之中的成果，而得失之間貴在自知，知己知彼方可遠離痛苦及危險。

由於自然互補平衡，因而人無完人，事無絕對；所以無須過度自責，知道美中不足是一種自然，便可以一顆豁達之心，以一顆專注之心，更認真地走下去。

那麼，未來認真一點對待生活，對待學習，生活也會認真回饋給我們一個美好答案，無論是青春還是年邁，我們皆要如此對待認真二字，而認真二字，只適合美好的鋪墊，以及美好的約定。

於是，我們習慣了世界的五彩繽紛，這形成生活底色的基礎填滿，而沒有基礎的填滿和包容，便不會擁有博愛的心胸，沒有博愛之心，便不會擁有大器之才。

那麼，無論生命成長到哪一個階段都應該值得被祝福和肯定，只要沒有放棄前方和遠方，只要還在前進的路途中，皆會有不同美麗的風景與你不期而遇。

第五節：善待靈魂內在環境

達觀看待成長互補定律，得以解脫靈魂內在束縛，要知道人性天生矛盾，時而要居安思危；時而又怕庸人自擾；時而又要快中求慢；時而又要慢中求快。

生命方程式無一穩定性，只有不斷思考；不斷更新；不斷平衡；不斷歷練資本境界才得以超然，許多玄理虛空存在，也只能在其中意會而無法言表極盡。

表象實體物件，皆是由虛擬思想構思而成，目及之處皆是表象，皆是虛與實的相結合，為了這個表象實物能夠起到作用，人們付出了畢生的代價，也付出了幾千年的智慧文化，且是孜孜不倦的不斷創新前進。

要知道，是虛擬思想創作了實體，因此才能豐富生活品質，所以，創作皆是由虛擬到實體的一個轉換過程，那麼一個不斷豐富內在思想的人，才是真正的富有者，然而一個負面思想者將會成為這個環境的毀滅者。

思考生存環境，明知平庸，絕不妥協；以柔克剛，以靜制動一直是最正確，且賦有邏輯性的生存戰略，然而精神疾病的產生皆因思維病毒所引起，只有先解救思維盲點才能夠救贖靈魂，只有解救靈魂才能夠解救精神內在的疾病，於是身體疾病也將會隨之解除。

在思考中融入大環境，勤於思考的人們，終日周旋於矛盾與虛實，且不斷在錯誤中，尋找正確的生存理念，尋找正確的人生觀和價值觀。

在黑中有白，在白中有黑；在同中求異，在異中求同；五千年歷史離不開一個話題，那便是處世哲學，要知道，這個環境是由人和人所組成的大環境，於是我們無時不在人為環境的虛實中顛覆人性和人生。

那麼，時刻思考生存之道，則是以不變應萬變，不變既是指不忘天性和本性，不變還是指不忘本性的善良，從而用最適合自己的方式與大環境和平共處。

只有善待靈魂的人，才能好好善待生活，那麼在不變中適

應萬變的人性，然而未來適者生存，學會適應人性環境，但不隨波逐流，走在人生的低谷，寧可不動也不要輕舉妄動，寧可隱忍也不要自取其辱。

因而前瞻既是遠見，真正的遠見既是在擔當責任的前提下，力求穩中求勝，以大局整體利益為前進方向，方能養成大我格局，方能做到穩中求勝，然而懂得穩定大局者，且賦有團隊精神及大我精神，擁有舍我精神者方可成就大我，方可擺正風水。

人的處世格局將決定人的人格風水，從而小我精神所指個人風水，大我精神所指遠見和謀略，那麼一個能夠成就小我的人，也定能夠善待大我環境。

那麼，善待生活，使自己成為人生的管理者，成為環境的管控者，管理者決定結局和成敗，擁有管理者特質等於擁有美好人生，而懂得成就大我格局者，也可以更改結局，也可以更改未來因果定數。

然而，真正的主控者則是思想家，能管控自己思想的人將是一個合格的管理者，而管理者擁有太陽的能量，管理者可以是自己的太陽，也可以是他人的太陽。

要知道，生命的成長皆是與自我進行的一場思維戰爭，只有首先戰勝自己的思維才能夠戰勝人生，只在戰勝思維才能夠掌控行動，從而行動將產生想要的結果。

所以，任何階段性都要懂得大膽清空，明智歸零；既知生存遊戲是一場虛與實的思維戰爭，那麼痛苦與恐懼，也只是一種思維上的幻覺，思考將使人掙脫這種幻想中的感知，讓靈魂得以和諧呼吸，悠然自在。

在思考中放下過去，生命才有機會得以重生，重生是豐盛的慶典、重生是滿載的容器、重生是滿載的春色、重生是秋收的碩果，重生才能做真正的自己。

在思考中喚醒靈魂；在寧靜中和平自處；此時無關名利，此心只與自然山水共處，共歌，共舞，共品。

在思考中成就未來，在思考中找到信仰，在思考中遇見自己，未來和遠方皆在此時的思維裡顛覆，未來和遠方皆在智慧的海洋裡呈現。

因而正確的信仰，也將蘊藏在此時的思考裡，未來和遠方將承載著獨特的信仰，再把獨特的信仰寫進智慧的詩篇裡，再把獨特的信仰實踐於大我的環境裡，於是大我的環境，將成就你我生命的價值與意義。

那麼，既知命運只是一場思維上的顛覆，那麼試著思考因果，嘗試去更改因果，試著放空思想重建思維系統，試著追隨靈魂找尋屬於自己的信仰，從而未來和前方將會是充滿自信，且和諧的陽光大道。

江河滔滔，洋洋灑灑，你我生怕是欠了這紅塵。

君子何求，無須太多，你我生怕是累了這凡心。

在人生的低谷中修煉處世哲學，要知道，在他人迷失時要學會清醒；在他人貪婪時要學會理智；在他人狂妄時要學會低調；在他人恐懼時要學會堅強。

既要有原則，又不失和諧；既要有底線，又不失善良。既要有威嚴，又不失謙和；既要有格局，又不失大度。

而嚴格要求自己，便是最好的處世哲學，活著是為了成就自己，盡好自己的本分和責任，便是一種自愛。

人生路確實是一個人的精彩舞台，只是這個舞台周圍還有無數觀眾，那麼試著融入觀眾，試著接納觀眾，接納所有的十二繽紛顏色所混合而成的多元環境。

尊重這個多元環境，並善待這個多元環境，無關黑與白、無關善與惡、無關美與醜、無關貧與富、一切皆是屬於自然環

境而組合的多元色彩。

學會包容，因為這個環境屬於大我環境，而並非只有你我的環境，所以接納它的多元化、欣賞它的多元化、創作它的多元化、分享它的多元化、在虛實中顛覆得失，在矛盾中顛覆善惡，在黑白中顛覆成敗。

進階思維人生，以成就生命的價值和意義，所以善待自己，善待生活；信仰靈魂就是信仰自己，思維將追尋人生至高精神境界，將給以靈魂最好的安放之處。

從有到無；從無到有；逆向思維將得以重生，思考未來，努力使自己成為自己喜歡的樣子，努力使自己成為環境中的共鳴，於是將與自然環境一起成長。

那麼，遵循自然規律而成長，努力成為自己的風景，努力成為環境的風景，才是正確的信仰，是的，成為自己的風景，成為環境的風景，這便是人間值得，這便是遇見最好的自己。

只有在思考中將思維不斷創新，思維將永遠不會褪色，堅持自己的原則只做值得的事情，所謂成熟便是無須過多的錦上添花，然而能夠獨自思考，便是一種成熟。

人的思維只有一直在思考中，才會得到真正的安全感，而學習只有一直在鋪墊中，才能收穫真正的智慧，然而人活著皆是在不安定之中尋求片刻的安寧及安穩。

《老子》第 44 章：「知足無辱，知止不殆，可以長久。」要知道，這世上，哪有幸福與不幸福；這世上，只有知足不知足；所以幸福的定義皆由個人的標準而定。

貧窮就像無形的火苗，逐漸將人們的靈魂焚燒；貪婪就像吸血的滴管，逐漸將人們的血液吸乾；然而，只有善待了靈魂的人，才能夠好好善待生活。

我們的生命日復一日的老去乾癟，身體裡的水分如同時間

將會越來越少，從而慾望也將隨著年齡的增長而變質，甚至是消失。

如若慾望只是一種虛擬混合物，當人體內的虛擬混合物消失慾望也會跟著消失，那時候的生命將對任何事物都提不起興趣；於是成也慾望，敗也慾望。

所以，任何事情都有其正反兩面性衝突，懂得善加應用的人，將成為這個環境中的主人。

青春無悔，無知者無罪，懂得適可而止和知足常樂的人才是明智之人，思考善待靈魂，靈魂才能得以更輕鬆，更自在，靈魂也必將捨棄不必要的貪婪和包袱。

試著平衡內在素養，要知道空氣是地球大氣層中的空氣混合，空氣中主要由 78.1% 的氮氣、21% 氧氣、還有 0.9% 的氬氣和其餘雜質組成的混合物，我們的呼吸系統則以秒吸收這些空氣中的混合物，這些混合物在體內迅速增氧氣，然空氣中的氮氣在體內殘留 3% 而已。

這也說明我們的身體組織，可以自動排除過多的不平衡混合物，同理，我們的靈魂也可以拒絕多餘的貪婪，如此才得以好生安放疲憊的靈魂。

從而人之所以高尚，不是因為人類創造了金錢，而是因為人的靈魂能夠拒絕金錢，從而不能夠理智拒絕金錢誘惑的人，屬於物資至上的靈魂，然而完全物資主義靈魂皆是屬於平庸的靈魂，也只有懂得拒絕金錢的靈魂，才得以超脫平庸和世俗。

要知道，慾望本是利於推動前進的動力，於是沒有慾望的人，也必將不會適應生存環境，這也是科學的依據，所以成也慾望，敗也慾望。

人的慾望就像空氣中 78% 的氮氣，比例就算再高，對於身體平衡都將是多餘成份，所以既要排除身體中多餘的氮氣，也

要平衡靈魂的貪婪。

可若是沒有空氣，生命將會在幾分鐘之內死亡；若是沒有慾望，生命又將如同一具行屍走肉，飄蕩在宇宙空間裡，且還不如一棵植物便有價值。

那麼，人類不能沒有空氣和慾望，而空氣和慾望，只能在平衡的條件之下才有益於人體精神健康，於是人類生存和死亡的因素，皆離不開空氣和慾望。

試著在理性中思考，得以科學平衡內在素養；試著在寧靜中學習，得以不斷填充提升認知，這些皆有益於生存條件，皆有益於身心健康，於是勤學上進的人，則比不思進取的人壽命更久一些。

玫瑰與百合

天下是醉意，醉意伴茶香；茶香是富足，富足伴清心；茶水冷暖人自知，一次覺醒一盞茶；裊裊餘生一盞茶，一盞茶間識天下。

偉大的精神不貧窮，有趣的靈魂不孤單；豐富的思想是財富，相近的靈魂是伯樂；偉大的靈魂懂得無私的付出，所以富足將無處不在；可愛的靈魂從不傷害任何人，所以幸福會常伴左右。

人性沒有本惡，也缺少了本善，人心本無染，如嬰兒般聖潔；人心本無惡，如死去般善良；然而，虧欠了靈魂皆是自身因果，一切風險必須由自己去承擔。

如果愛，就譜寫最美妙的音符；如果愛，就贈送最和諧的藥方；因為愛、所以愛；由愛出發，將愛的和諧陽光用最真誠的心帶給這個世界。

生命因愛而誕生，因愛而延續，人生如畫，生命如詩；這腳下的路皆是遠方，而遠方則是責任與擔當。

靈魂最佳的伴侶是詩和遠方，靈魂最佳的伴侶還是愛和奉獻，所以生命的到來，皆是為了那責任的遠方。

所以，朝向那責任的遠方，讓靈魂去靠近良好的風水，努力使自己成為良好的風水，生命才得以順暢發展。

真正的美麗，皆是內在豐厚的智慧；真正的實力，皆是手中掌控的能力；然而，建立在精神之上的追求才是正確的信仰，因為努力到了最後除了尊嚴，便是生命的價值及意義。

既然來到這個世界，何不落得清雅自在，且暗香深藏，要知道，生命成長的歷程，皆如同玫瑰與百合的寓意。

玫瑰與百合是兩種不同的表現，玫瑰層次分明；八面玲瓏；百合暗香流長；情懷千古；玫瑰的外表無可挑剔，百合的內在千古暗香。

人的外表，可比玫瑰；人的內在，可比百合；生而為人，表裡如一才是無上的至善，然而學習的目的則是為了內外兼修，猶如玫瑰與百合的完整結合。

過多的奢求，也只不過是眼前的虛榮心在作弄，如若不是時代在變遷，將時光返回五百年，且人人會知足。

所以，真正的美麗無需過多的奢華，油膩過度反而丟失了玫瑰與百合的完整，然而成長也正是如此，那麼且讓靈魂去靠近高尚的靈魂，生命才得以攝取陽光。

我們若小看自己，這個世界便會小看我們，所以無論何時都要為自己撐起一把堅固的雨傘，哪怕這個世界再也沒有陽光，水分和空氣。

要知道，信仰是靈魂內在的花園，從尊重自己開始維護，而生命的到來皆是為了學習，還是為了信仰自己的靈魂，生命

的到來不是為了成為平庸的傀儡。

　　追求則是人生必然的旅程，但是在必然的路上還有更多必然的抉擇，而這些抉擇將會決定我們未來的階級，將會決定我們對這個環境的認知深淺。

　　量力而為是一種聰明的活法；內外兼修則是一種智慧的活法；前者是精明的人，後者才是有智慧而有遠見的人，然而紅塵修心，既是玫瑰與百合的一場約定。

　　學會看淡不是不再追求，而是在平凡中靜靜地自然成長，自我約束；等待季節到來的時候，自然而然的綻放，綻放出屬於自己最真的本色。

　　於是當靈魂不再迷惑，不再游離；當風雨過後用最虔誠的心去擁抱天邊的彩虹，然而生命本就應該在自然而然之中成長，且在自然而然中綻放，於是平凡中的不平凡故事，皆是為了迎接那風雨之後的蝶舞彩虹。

生活中的小挑剔

　　曾經有一位老闆來向我說親：「小姑娘，我們公司有一位年輕有為的男孩子非常喜歡你，如果你願意嫁給他，他說等他賺了錢之後，他會送一套房子給你父母親，這樣你會喜歡嗎？這樣做好不好？」

　　我當下便硬生生地回答：「不，我不要。」於是沒有下文了，我拒絕了這位老闆的說親，我想對他表達的是：「我這樣一個大活人，為什麼要嫁給一套房子？」

　　說話是一種技巧，如果您問我「你喜歡這個男孩嗎？」我可能會回答：「謝謝您，我不確定。」但是您問我喜歡房子嗎？這樣做好嗎？我認為您是在打壓我的尊嚴，父母養育我怎會是為了換一套房子呢？然而 21 世紀的愛情，又怎能用房子來換取

呢？

　　或許在您認為，在平庸之輩眼中，這可是一件天大的好事情，可是在我眼中，這可是一件極其侮辱的事情，哪怕我之後的人生很是辛苦，我也一概認為人生中的苦難都是我所要必經的成長之路，如果時光倒流，我仍然還會做出當下同樣的選擇。

　　因為在此之前，我已經拒絕了多件類似您這種傷人尊嚴的事情，我是一個天生固執的女子，我清楚我在做什麼，我可以無條件的幫助他人，我也可以拒絕有條件的約束和綁架，我只遵循自己靈魂內心的想法。

　　或許在許多女人的眼中，婚姻是用來替換身份和命運的工具，在貧苦時代這種思維一直是無奈中的選擇，然而在如今21世紀裡這種觀念完全不正確。

　　我所見過為了金錢而結婚的女人，她們之後的婚姻生活並不幸福，因為這個時代正在悄悄地改變，女人的自我價值與尊嚴，也正在飛速提升。

　　當虛榮心覆蓋自我尊嚴的時候，她們或許願意做一個金錢的傀儡，因為在沒有能力的時候，能夠活下去才是大事，而當一個女人選擇了金錢而放棄尊嚴的時候，尊嚴也隨之離她而去，理想和自由也隨之離她而去。

　　當一個女人的婚姻歸屬於金錢之後，便再也難以找回本真的天性，一場沒有靈魂的婚姻，將會斷送她一輩子的尊嚴與人格，要活下去確實是一件天大的大事情，但要更有尊嚴地活著，卻是比登天還難的大事。

　　人的靈魂，不染紅塵，不知深淺；一個21世紀新時代的女子，不應該只是為了溫飽而選擇，更多應該要為自己的理想而活、為責任而活、為正確的信仰而活。

　　不同時代，不同條件，從而選擇自然也將有所不同，那麼一個女人只有尊重自己，這個時代才會尊重我們，若是放棄理想和成長，這個時代也將會放棄我們。

玫瑰女人，外表奢華；百合女人，內在藏香；若是能夠內外兼得，豈不是美哉。

　　上古早期的女人選擇做玫瑰，但21世紀現代的女人則可以選擇做百合的暗香悠長，然而我是一個寧可做百合的女人，因為美麗的外表，皆來自於美麗的靈魂。

　　擁有美麗的靈魂自然也會擁有美麗的外在，如果可以創造百合的暗香悠長，那麼就不要選擇做玫瑰花瓶女人，然而我則是一個寧可放棄金錢婚姻也要聽從內心的女子，無可厚非，我的這一生必須面對嚴重的考驗。

　　然而，時代的結論則是無論當初選擇金錢婚姻還是自由婚姻，我們的人生都將同樣面對各種不同的艱難。

　　如果選擇金錢婚姻，便將會失去對愛情的追求，將會失去唯一的骨氣，然而，在我的信仰裡除非是自己喜歡的事情，否則再多金錢也無法左右我的選擇，因為人生不只是為了金錢而活，人生則是為了自己的靈魂和信仰而活。

第四大章：善待弱小

第一節：做一個有責任心的人 🦋

　　善良是寫在臉上的厚道；善良是無法包裝的美麗；善良是不染世俗的白蓮；善良是簡單知足的高貴；善良是不知恐懼的嬰兒；善良是地球的守護神。

　　女人因為善良，所以容顏美麗；男人因為善良，所以心胸寬廣；這個世界正因有了善良的男人和善良的女人，所以充滿了安全感，充滿了和諧感。

　　善良是一個高尚的名詞，正是因為它的高尚，所以善良的天性經常會被人反利用，且經常會遭人道德綁架；但這也皆是人為生存環境的一種自然現象。

　　無論善良有多少好處和壞處，人們總是喜歡靠近善良的人，因了善良的人不會主動傷害他人，選擇善良的人做朋友，則是走向成功的關鍵。

　　當人的優點變成人的缺點，受傷之後便會產生一種成長的蛻變，然而這種自然的蛻變，則無人能夠走捷徑，這種蛻變既是成長必經的傷痛。

　　那麼，如何衡量人心是否真正善良，則是一門人性哲學，要知道人心的內在環境裡，皆是十面埋伏且四處充滿假象，我們不得不研習心法，研究人性哲學。

　　然而，研習人性並不是奸詐，研習人性既是為了懂得識人、識己，從而認知人性環境，懂得保護自己及保護家人，因而研習人性環境，則是為了更好地活著，而且要更有品質的活著，這也是對人生的一種責任。

古人有曰，防人之心不可無，害人之心不可有，衡量人心是否真正善良，看他是否對自己的孩子，以及他人的孩子是否加以善待。

　　要知道，善良的人不會唯利是圖；善良的人不會忘恩負義；善良的人不被貧窮壓倒；善良的人沒有貧富之分；善良的人是未來的守護神。

　　這樣一個複雜的人為社會，其中隱藏著各式的假好人，因而生存遊戲一直都是弱肉強食的殘酷現象，有些表面笑臉迎合而內心隱藏心機的人們，終將不會走得長久，然而只有善良的人，才能做到表裡如一的長久。

　　因為，自私和貧窮，從而他們通常只有考慮自身的利益，為了滿足自己的慾望和貪婪，他們通常不會花過多的時間去考慮他人的感受和心情，為了減少災難的發生，務必了解人心內在環境為何不健康，務必了解人性因何而扭曲成為獸性，這正是自然規律所進化而來的醜陋因果，且是一種變異又變態的虛擬現象。

　　既知這些變態現象無處不在，布滿整個歷史文明話題，人性基因進化至今，上下五千年歷史也都無法解除這些獸性，這便是宇宙中的因果定律，想要更改惡性因果，然而，也只有仁愛，且捨得的佛心才能做到。

　　要知道，人性上古早期就是獸性，這幾千年歷史演變，幾千年歷史文化渲染皆不足以改變人類這種獸性，然而，教育基因也只能顯示局面的影響。

　　因文化素養不足而導致獸性；因個性偏激而導致獸性；因先天貧窮環境而導致獸性；因自私貪婪而導致各種文明精神病毒延伸，這些皆是上古時代長久所累積的詬病，然而，現代人有才無德又是何等的精神貧窮。

新時代的 21 世紀，窮人想要得到良好的教育，已是缺少各種可能性，除了經濟上的壓力，其次家庭教育文化素養差距也有很大關係，更別說能跟上高等教育。

因了貧窮，人心也變得模糊不清，因果惡性循環，且無休無止，因了貧窮而產生長期思維病毒，從而再產生獸性，從而再形成人與人之間的互相傷害，從古至今，獸性無時不在漫延社會環境，且殘害善良的人心，於是，只有人性環境多變化，而非自然環境多變化。

當善良經歷幾次不公平的遭遇，將會使得善良不再那麼善良，當人與人之間的信任開始缺少，從而導致未來將會是一場惡性循環的思維戰爭，那麼要如何面對獸性，過於忍讓不正確，過於善良也不正確，久而久之，善良的本性也會隨著周圍環境而變質。

所有明爭暗鬥皆為一個利字，然而精神上長期貧窮而導致獸性產生，且見善就欺，見惡就怕，當我們的個性越是軟弱和善良，他們就越是獸性十足，所以，它若惡，我們便要耍硬；它若善，我們便也要回敬善。

人們都知道，善良總是那麼高尚而美麗，可是為什麼善良總是一再被背叛；善良總是那麼高貴又厚道，可是為什麼善良總是遭遇不公的對待呢。

無論你信與不信，過於善良的人更容易遭受欺騙和背叛，盡管如此現實，但願純樸善良的人們在遭受考驗之後，還能依然保持像花兒般美麗的高貴。

然而，人生沒有早知道，許多時候痛苦的根源，皆是自己本身缺乏保護意識，從而造成的人為災難，如若當我們的優點變成我們的缺點，如若當我們的善良成為他人的利用，那麼這一切的人為災難，皆是出自於我們自身個性缺陷而所造成的因

果。

如果人類都很邪惡，那麼人類互信就會隨之減少；如果人類互信減少，那麼家庭幸福就會隨之減少。

如果人類都很善良，那麼人類互信就會隨之增加，如果人類互信增加，那麼家庭幸福就會隨之增加。

那麼，遠離邪惡，延續善良，若是受傷了，沒有關係，學會在反思中改變自己，在改變中成長，改變過去一切不利於成長的個性缺陷及因素。

因而，首先學會保護自己，才能夠保護他人，才能夠保護弱小的人，所以，自然環境規律將會給善良的人們留一片乾淨的領域，而這個領域，便是人心的天堂。

善良是天生的秉性，就像是命運之神特派來地球守護人類，因為，善良的人在冥冥之中一直都被暗中保護著，所以，善良的品德一直都是被敬仰的高尚美德。

如果遇到善良的人請好好珍惜，要知道善良的人皆是命運之神特派來守護地球的天使，你會發現那些善良的靈魂無時不在閃耀著溫暖又和諧的光芒。

要知道，善良的人總會默默守護和諧；善良的人總會默默守護正義；善良的人總會默默抵制邪惡；善良的人總會默默達成使命。

生活中的小心酸

「瑜兒」寶貝問我：「媽媽，媽媽，我要好的一位同學，自一出生就被他媽媽丟下了，同學說他恨他媽媽，他媽媽為什麼要丟下他？」聽到兒子這一席話，我的心真的好痛、好痛；她為什麼不要她的孩子？因為她還沒有擔當，她還沒有準備，她還不想面對自己的責任，因為她還沒有能力成為一位偉大的

母親。

那麼請問，如果彼此沒有妥協相愛，又為什麼還要替對方生下孩子呢？既然願意替對方生下孩子，那麼為什麼又要丟下自己的親骨肉呢？如此丟下自己的孩子，導致孩子學習興趣不佳，孩子內心承受力不足，心智發育不完整從而不夠自信，造成諸多不良發育影響。

這個孩子聰明又可愛，個子高高，又帥氣，每次見到他我都好生心疼，每當看到孩子們正玩得開心之時，我的心都會抽痛，孩子們的笑容似天上的彩霞，又似人間最美麗的疼痛，也許命運安排孩子另有他的天命吧，我也只能如此安慰才能解脫我內心的傷痛。

所以，生命痛並成長著，如同破繭成蝶的過程，必須竭盡全力掙扎，這便是命運饋贈的彩禮，除非我們不是美麗的蝴蝶，否則就必須歷經不公的對待，即便是傷痕累累，這生命的使命，也要讓善良之光綻放美麗。

責任面前永遠不說放下

天下沒有白吃的午餐，現在所得到和擁有的一切，都將不可能超越自己的能力，就算靠運氣得到，也終將有一天會被宇宙中的各種力量所吸納出去，這便是宇宙中的因果定律。

要知道，得到金錢的多與少不是重點，重點是我們一直都在努力成長的路上，努力保護需要的人，努力成為更好的自己，而不是努力成為金錢的奴隸。

因了這努力，生命的意義將會是有價值而被珍重的意義，要知道生命的價值是被需要的意義，如同佔據世界 40% 的首富猶太人身上所承載的使命，他們的使命既是把智慧，誠信，及友善帶給全世界。

他們成功的意義所被人們歌頌的精神智慧，已經永遠超越

金錢本身有限的意義，這個意義便是信仰價值的意義，也是責任的意義。

「猶太人」為什麼會成功，他們為什麼能夠賺取世界人的金錢，為什麼猶太人能夠佔據世界首富的40%呢？為什麼他們能夠站在責任及財富的最高處呢？

「猶太人」顯然站在世界財富的最高處，且視金錢是一種責任，為了自身的責任，也為了社會的責任，然而生命存在的意義也是為了責任，因而，一切失去責任的努力，終將會遭受環境規律的因果淘汰。

那麼，扛起責任，放下庸俗，知恥而後勇，力求掙脫貧窮思維，只為這生命的使命而綻放那唯一的芬芳。

誰的人生不是跌跌撞撞在風雨中撐起，沒有什麼可悲傷，也沒有什麼可害怕，因為一切的折騰都是命運的饋贈，然而這些的饋贈皆是為了成就我們而來，皆是為了實現生命的價值而來。

為了責任而努力，要知道挫折是為了教會我們堅強而篤定的活著，失敗是為了送給生命更好的禮物，這禮物將會是無上的智慧，這智慧將成就無懈可擊。

因而，饋贈給生命無上的智慧，既是饋贈給生命以財富，那麼，學會釋放不良空氣，學會深呼吸，深度感受靈魂與宇宙之間的鏈結，這樣自在的呼吸，皆是生命與大自然之間最美麗的相遇。

然而，命運的饋贈還是一種責任，看看我們當下的責任是什麼，是未成年的孩子，還是年邁的父母，也或是自己還沒有立身的能力。

看看身邊的這些孩子，只有半數孩子很幸運地生活在父母的呵護之下，然而，許多的孩子早已遭受父母的拋棄，比如婚

變、貧窮、無知、攀比、這些失敗的教育現象，最終所傷害的卻是自己無辜的孩子。

當孩子失去關愛，失去教育，失去人生的方向，拋棄孩子的父母們卻還在為了金錢而做奴隸，讓可憐的孩子獨自面對孤獨的學習，獨自面對孤獨的成長。

所以，不要因為害怕貧窮而離婚，因為沒有不用付出就能得到的幸福，更不要因為害怕貧窮而拋棄自己的孩子，要知道孩子才是我們未來最珍貴的延續。

部分自私的父母早期接受貧窮教育而影響，以導致思維病毒產生，因而害怕貧窮，以致拋棄他不幸的孩子，從而無視孩子的教育品質重要性。

那麼，人生的意義是什麼，賺取金錢的意義又是什麼，是否金錢的意義比孩子的健康和教育更為重要呢？但凡是害怕貧窮而拋棄孩子的父母們，他們總習慣尋找完美的藉口，他們的人生終將會失去未來的意義。

要知道，一個為了金錢而膽敢放下責任的人，已經失去人生核心價值意義，哪怕求得一時快活，求得一時財富，也終將有一日被宇宙自然因果定律所遺棄。

這樣一個離婚率較高的年代，有多少未成年的孩子因為失去健康的家庭，從而不能擁有完整的關愛，要知道沒有完整的關愛，則不會擁有一顆完整的心智。

然而，又有多少未成年的孩子，因為失去父愛或母愛而個性偏激，誤了學業，又誤了健康成長，想問天下的父母們，如此疼痛的教訓，難道這世上還有比血肉之親的教育和安全更值錢，更重要的東西嗎？

丟掉孩子的心難道不痛嗎？既然會痛，為什麼還要選擇自私的離開呢？因果不可改，宇宙存在因果循環定律，所以自私

的父母最終傷害到自己無辜的孩子。

從而人類最大的痛苦來自於原生家庭，來自於教育偏差，且缺少愛的家庭，欠缺健康成長因素則是長期以來形成的隱患，因而在精神上的疾病將極難醫治。

可以試想，這世上最值得信任的人都已經離孩子而去，那麼孩子要如何學會在這個社會中，正確安放自己無助的靈魂呢？當孩子與父母之間失去愛的鏈結橋樑之後，從而也同時失去靈魂內在的安放之處，不是嗎？

當沒有了心愛，孩子又要為了誰而努力呢？當沒有了教育，孩子又怎會知道學習的重要性呢？當沒有了愛的指導，孩子又怎會懂得人情世故呢？

所以，孩子與父母，則是所有人畢生的責任，而一切人為災難來自於自然環境因素，但是，更多因素來自原生家庭教育基因，來自於自私的貧窮教育所導致。

所有惡性因果的發生，皆是因為缺少關愛及缺少完整的教育，我們要知道，孩子才是父母靈魂上最好的安放之處，而父母也是孩子靈魂上最好的安放之處。

所以，善待我們的孩子，善待生命的延續，不要因為貧窮而放棄自己的孩子，要知道，宇宙因果定律，將不會放過任何人的虧欠，只是需要些許時日罷了。

萬般痛苦皆來自於貧窮教育因素，從而逃避責任的人，終將陷入惡性循環所產生的萬丈深淵，越是逃避責任，痛苦越是加倍；越是擔當責任，幸福越是加倍。

如果痛就歌唱蝶谷裡絕倫的天籟，要知道生命活著的意義，只為提起應當的責任，在責任面前永遠不說放下，因為人生最美麗的風景，皆是在責任的方向。

走在孤獨的路上，鞭策自己，鞭策他人，鞭策人生的意義，

於是我們走著，走著就會變得越來越孤獨，因為傷透了的心，便是一顆孤獨的心，而喜歡上孤獨的人，大都是屬於內心強大的人。

盲目追求金錢而不顧及教育和責任的人，終將會一無所有，因為後繼無人，要知道，宇宙自然淘汰定律，終將淘汰一切不利前進的因素，無論信與不信。

那麼，當我們的生命為了責任而存在的時候，人生才會有正確的方向，既知人生是一場修行，要如何正確思維價值觀，如何獨善其身，獨善其心，皆是必不可缺少的修心歷程，因而，思考無時不在成長。

於是，活著有責任才有方向，心中有目標才會有希望，然而，目標與責任則是所有人心中的信仰，那麼，為了心中的信仰而去努力、去奮鬥、去覺悟人生的意義。

去證明生命無息、去證明智慧永恆、去證明責任擔當、去思考我們來過這個世界，去思考我們還能為這個世界做點什麼；去思考我們還能留下些什麼。

所以，生命的到來不是為了金錢而來到，因為生命從落地那一天開始，便注定要背負著一生責任和擔當而行走，我們身無分文而來，但不代表身無責任而來，那麼，只有勇敢扛起未來的責任，才算是真正的修行。

從無知到明智，皆只是生命成長過程，然而，生命的核心價值，也皆是指責任，從而責任應該從小我家庭做起，盡到自己份內的責任，也就相對盡到對社會的責任，解決所有小問題，也就解決了大問題。

所以，拋棄責任之外的修行，又要如何幫助及照耀他人的內心呢？如若生命的意義不能幫助和照亮他人的內心，那麼，又要如何才能稱得上是正確的信仰呢？

那麼，人生最完整的修行，既是建立在責任之上的修行，家庭及社會皆是每個人修行的責任及範圍，所以不懈努力和奮鬥的意義，則是為了擁有強大的能力，從而有了能力，才有資本去解救需要我們的人，所以，為了照耀他人而努力的人，才能遇見更好的自己。

佛說放下很容易，面對貪婪和痛苦，可以放開、放寬、看淡、看輕、但在責任面前永遠不說放下，要知道成長是一種階段性的責任，在正確的年齡，只做正確的事，然而，參佛則是一種覺悟的境界。

那麼，面對家庭、社會、責任、以及自己，永遠不要說放下，要知道，家庭與社會將需要所有人的守護，因為，哪裡都有需要我們的人，還有深愛著我們的人。

從而所有拋下責任的放下，不應該成為逃避責任的藉口，當我們認真對待了所有的磨難，才算是人生最好的修行，才算是做到獨善其身，獨善其心。

而人活著，只要有追求就會有所煩惱，因成長本身就會產生煩惱和慾望，能夠平衡煩惱和慾望的人才是智慧的人，越是扛起責任的人，越是幸運而有方向的人。

命運賜予我們什麼遭遇，那麼就接受什麼遭遇，這是對生命最赤誠的責任及擔當，因而，正確的信仰皆離不開責任，然而所有責任，也離不開正確的信仰。

我們都知道活著是一種責任，從而一切被責任所牽制的生命都將不會失去人生的方向，而且能夠持苦痛而保持樂觀，因為，幸福和快樂皆是在我們責任的方向。

那麼，要學就學最有責任心的靈魂；要做就做最純樸的善良人；要看就看世界最美麗的風景；因而知識是拿來學習的，知識不是拿來炫耀的。

既然命運的考驗皆是艱辛與磨難，前世今生必定蛻變成本真的宿命，那麼，哪怕只是短暫的宿命，也要讓生命之光燃燒得有所價值和意義。

　　要知道，美麗蝴蝶的使命是繁衍生命，芬芳生命；那麼，要做就做最美麗的蝴蝶，不做那惹人厭的蒼蠅。

第二節：以人為本的佈施方向

　　每一個父母都是孩子的天，每一個孩子都是父母的根；天下沒有天生全能的父母，自然就沒有天生全能的子女；人因天性與後天成長環境而形成人的秉性。

　　孩子的成長，則是一位母親的事業，然而，一位母親最大的願望就是保護自己的孩子，而最好的保護，則是培養自己的孩子變得更加強大和優秀。

　　因為愛、所以愛；教育的鬆緊尺度，想要控制的恰到好處是一份高難度的事業，愛他又不能放縱他，指導他卻不能傷害他。

　　每一個孩子都深愛自己的母親，這是人類的天性，因為孩子深愛自己的父母，所以，父母才有足夠的資本引導孩子成長，這世上，也只有父母最能了解孩子的一品一行，一哭一笑。

　　因而，愛的繩索則是維繫親子關係最好的橋樑，孩子若是離開了愛的繩索橋樑，將會在短暫的時間內變得一發不可理喻，正是應了那句「一日不見，如隔三秋；」所以，責任一直是父母對孩子不可鬆懈的永久使命。

　　這樣一個無時不在變化的環境，誘惑與教育之間永遠無法做到好好相處，當父母的溫暖小於誘惑的時候，孩子就會暫時迷失人生的方向，若能及時發現問題，便能減少孩子迷失的可

能性。

因環境教育品質的不足，因父母教育素養的差距，以及家庭環境的溫度，這些因素對於孩子的成長都極其重要，所以，成就健康的孩子皆來自於健康的家庭。

想要成就一個健康的孩子，關鍵在於父母的責任心，還有父母的素養格局，以及父母對自我的要求高低，其次就是社會整體環境的干擾。

應該了解，高要求的父母自然會感染出高要求的子女，然而培養大格局的孩子並非速成，因而大格局的子女，皆是大格局的父母長期監督而所感染出來的孩子。

於是，我們很認真的生活，孩子也會很認真的生活；我們很認真的計較，孩子也會很認真的計較；每一天的點點滴滴，孩子將在潛移默化中被感染。

宇宙磁場一直存在，狹窄的父母自然會感染出狹窄的子女，然而人類的痛苦皆因教育偏差及教育落後而造成，然而歷史皆不能重寫，萬般無奈皆自因果，惡性循環將無休無止，無可救藥的輪迴，又輪迴。

要知道，如果沒有成長中的父母，便不會有成長中的子女，那麼努力提升自己，也是間接性提升家庭教育，誰的青春不是佈滿了無知，那麼，從現在開始便有了責任，這個責任便是與孩子一起成長。

然而，有些父母終日跟人計較，如何算計、如何生存、如何贏過他人，這些無用的計量不但不利於成長前進，更不利於教育品質，以及健康成長。

千算萬算，不如不算，不如培養孩子擁有高素養及能力，要知道自我高標準的人，則不需要終日去算計他人，我們儘管做好自己的本分，已是足夠。

高標準的父母就算自己做得再好，也會認為自己永遠做得不夠，能有這樣的父母，實乃孩子的萬幸，而關於愛的教育才是永遠的正確教育觀，從心靈上的關懷入手，給予孩子以陽光且溫暖的指引，我們只有首先尊重孩子，才能教育好孩子。

　　過於偏激性的指責子女，以及妨礙子女的熱情，則是一種極不恰當的做法，因為這種行為，只會親手毀滅您的孩子對這個世界的濃厚興趣。

　　那麼，通過讚揚以成就孩子的自信心，則是最明智的做法，激發孩子對這個世界的好奇心，通過先認可孩子，以鼓勵孩子的探索欲，這些對成長都將極其重要。

　　因而，成功的子女是教育累積的必然，失敗的子女也是教育累積的必然，如果想要長期融洽的親子關係，必須要有足夠且長久的陪伴和尊重，包括正確而有溫度的引導，才能夠協調自然而融洽的親子關係。

　　所以，最溫暖的愛，皆來自於長期的陪伴與尊重，然而愛的教育以及理性溝通，皆是成就孩子優秀的必備條件，因為愛，所以強調；因為痛，所以改變；從而所有人都將為自己所做的事情而負責，因為宇宙因果定律不會放過任何人的暫時推卸責任。

　　天下沒有不用付出就能得到的真心，天下更沒有不用陪伴和教育就能得到的優秀，再多的金錢也買不到孩子的健康，再多的財富也換不回孩子的快樂。

　　每一天的學習都是鍛鍊孩子的基礎，每一天的教育都是關愛孩子的佳肴，然而每天的陪伴皆是溫暖孩子的陽光，願這溫暖的陽光將與孩子時時同在。

　　「瑜兒」說：「老師說，天下無不是的父母，這句話是錯誤的說法，」那麼我們應該給一個正確說法：「如果父母自私

的活著，那麼孩子也將會自私的活著；如果父母不懂什麼是教育，那麼孩子也不會懂得教育。」

　　既然已為人父母，那麼，因果業障皆是自身所造成的業障，所以必須由自己去償還，然而在物資上的問題容易解決，在精神上的問題卻無法解決，然而成長的路上，人人都將會犯錯，若能知過能改也能善莫大焉。

　　合格的父母，不應該只是要求孩子好好學習；合格的父母，應該首先要求自己好好學習；因為聰明的孩子會反問父母：「爸爸媽媽，為什麼不愛學習呢？」

　　所以，陪孩子一起學習，一起去面對人生長遠的挑戰；所以，陪孩子一起成長，一起去看世界最美麗的風景。

　　要知道，一對優秀的父母，將會給孩子帶來生活的希望；一對優秀的父母，將會給孩子帶來學習的欲望；一對優秀的父母，將會給孩子帶來創作的靈感；一對優秀的父母，還可以給孩子帶來豐富的未來。

　　那麼，努力成為一對優秀的父母，去善待我們的孩子，因為，只有孩子才是我們在這個世界上唯一的創作；努力成為一對優秀的父母，去陪伴我們的孩子，因為父母親，才是孩子在這個世界上最信賴的人。

　　身為一位母親，努力提升自己的能力則是對孩子的尊重和責任，要知道每一個孩子都將是父母的模仿，每一個孩子都將深愛著優秀的父母，所以，每一個孩子都將在父母的影響下而漸漸成就人生，身為一對父母，優秀自己也是優秀自己的孩子，要知道父母首先做到了一呼百應，可愛的孩子才會認真地看過來。

　　所以，無論生活多麼艱難，哪怕在風雨中也要堅強而勇敢的扛起責任，為孩子撐起一片美好而健康的學習環境，因為成

長只有一次機會，若錯過這一次成長的機會將會是人生最大的損失，還有無法挽回的傷痛。

在孩子心裡，只有父母的愛才是世上最溫暖的愛，所以，每一位父母都是孩子心裡最好的榜樣，既然愛是一種責任，那麼責任的方向，便是人生最美麗的方向。

社會的現實還有生活的無奈，誰家的糧草是充足的呢？誰家的教育天生就是高等的呢？這一切，皆因為有了愛，因為有了愛，所以才擁有改變一切的可能性。

因為愛，勇敢的父母才不會懼怕貧窮；因為愛，偉大的父母才不會放棄子女；因為愛，流汗的父母才不會覺得辛苦；因為愛，平凡的父母也將會變得超凡。

我們一直都很認真在生活，所以請孩子也務必很認真的生活；我們也是第一次做父母，所以請孩子也務必做好自己的角色；因為愛需要互相付出才會長久。

既然愛，那麼就以條件換條件；既然愛，那麼就以要求換要求；因為愛本身就是一種公平，因為有了愛，所以才會有公道，如若不愛，又哪裡還會有要求。

愛的教育，皆是親子之間的繩索，因而愛的教育觀將是永遠的正確教育觀，愛的教育將勝過所有貧窮教育，若是離開愛的教育，孩子對您將會失去信任和欣賞，所以完整而雙向的教育，才是更健康而陽光的教育。

長期的陪伴，則是一種無聲地愛得教育，而心與心的陪伴則是一種長期的互動，無論天涯海角，愛的牽掛一直都在；無論海角天涯，愛的責任一直都在；哪怕父母已是年邁，只要惺惺相惜，愛的繩索將一直都在。

沒有天生的偉大，偉大皆是因為有了愛，無私的奉獻者最早起源於父母無價的關愛，而以人為本的教育方向和佈施，才

是最長遠而偉大的教育方向。

　　一個女人的溫柔體現在她善良的心靈，陽光的教育及厚重的德行，而不是體驗在她搖擺的臀部，嬌氣的語調，以及懶惰的手；一個男人的強大體現在他責任的肩膀，寬厚的心胸及遠略的志氣，而不是體現在他刻薄的嘴巴，貪婪的欲望，以及傲慢的臉。

生活中的小警覺

　　一對把金錢看得比孩子重要的父母，自然也會培養出較現實的孩子，終日忙於奔波和算計，在孩子身上省東省西的生活方式，在孩子眼裡一覽無餘，孩子自然是認為自己比不上金錢，從而孩子也會拿自己跟物資進行比較，而人與物資則是無法相提並論的，所以沒有溫度的教育將會產生機器人，以及冷血兒。

　　一個長期缺乏關愛的孩子，自然會在遊戲中尋找快樂，從而這些孩子便活在了虛擬世界當中，無法與現實接上軌道，誘人的遊戲，精緻的裝備；虛幻世界的紙醉金迷，使得這些孩子無法回到現實之中，當沒有金錢購買裝備和遊戲的時候，從而孩子開始討厭這個世界，且開始討厭父母的否定。

　　這些孩子便會將虛擬快感實踐在現實生活中，以表示他們對這個世界的憎恨，然而社會案件的發生皆因父母教育素養和修為不夠，更是因為孩子從小所接受的關愛不足，因為再好的人也終將抵擋不過環境誘惑。

　　許多父母不在意孩子的想法而只在意收入多少，孩子則會在外圍空間尋找缺少的地位，從而將步步踏上不健康的生涯，最終導致無心之過而犯下大錯，所以，一切不以人為本的教育方式，終將得不到善果。

最美麗的風景，皆在責任的方向。

生命是一場沙漠之旅，隨時會因缺水而枯萎不前，日日更新，日日昇華；方能抵擋風沙的無情，然而，沒有更新的生命就如同落葉飄蕩在風中，將會無影無蹤而消失在遠方，而後再回歸自然的塵埃裡。

這知識的海洋正是沙漠的剋星，無論何時何地，知識的河流都將通往智慧的海洋，因而知識的滋補，將會使我們的生命倍感精神抖擻。

命運，如落葉隨風迭起，是經過、是結束、也或許是開始；生命是無奈中的認命，也或許是違抗中的顛覆。

看似無法抗拒的命運，實則是可以更改的命運，這細微的感知，這瞬間的覺醒；皆在我們的思維裡神奇而產生，所以，我們不如讓生命的經過，成為一種開始。

明知平庸，不甘屈服；寧為玉碎，不為瓦全；相信自己，相信每一個人都有其重要的位置，既然選擇來到這個世上，那麼無需害怕，人人可以掙脫平庸思維綁架，且在逆境中與平庸思維顛覆到底。

要知道，貧窮的存在，是為了學會更好的活下去；錯誤的存在，是為了學會更好的解決問題；然而跌倒的存在，則是為了學會勇敢的站起來。

充實精神方能走得更穩健，而一個眼光長遠的人，較注重身體及精神平衡調養，這樣一個多變的人為環境，擁有健康的資本，才有力氣扛起我們肩上的責任。

持續不斷的學習以充實自己，不斷攝取新的精神內在知識，想要走的更長遠，就必需要有強勁的思維；想要飛得更高，就必需要有智慧的翅膀。

從而經過鍛鍊之後的起飛將會更為穩健，更為自然，要知

道狂風暴雨隨時將會來臨，若是沒有智慧的翅膀，沒有堅硬的骨骼，則不足以抵擋這巨浪淘沙。

　　無論人生風雨險惡，踏實走好每一步；無論貧窮教育如何平庸都要認真對待每一天，小心翼翼，且謹言慎行，若是天黑了要記得好好休息，可等天亮了再出發，因為暫時的休息是為了走更長遠的路。

　　要知道自然環境一直沒有改變春夏秋冬，真正在改變得是人心，那麼適應萬變的人性環境只是基礎素養。

　　一個高度與一個寬度的組合將會是一個容器，從而這個容器將會承載著人的責任與擔當，為人處世，大德乃大容器，無德乃不成器。

　　以整體利益為前進宗旨，舍小我以求大我之精神方可成就，然而舍小我精神才是成就大我的基礎，以小成大，則無以窮盡，且無邊無界，而成全既為開展，不舍的靈魂則不足以拓展和放寬。

　　萬物歸本，本既是元；開元為本，一元始發；由一指向萬物舍己求全，舍我其誰；利他、贊他、練他、容他、全他、得以彰顯大我格局核心宗旨。

　　要知道，靈魂既是人心的價值核心，無論小我還是大我，生命若是丟了核心價值意義，皆不會產生魄力、張力、以及魅力，而後，則英雄無用武之地，然而英雄無用武之地，則是誤人子弟。

　　誤人子弟，何以成器，不成氣候，則不受重視，而不受重視，則不會有所存在的價值意義，所以，生命沒有了靈魂價值核心將會失去人生的意義。

　　然而，生命所創造的價值，體現在有形，也或是無形的價值，沒有價值意義的存在，既是沒有了靈魂，而沒有了靈魂，

生命也將會不再有光亮。

生命若要有意義的存在，必須善待靈魂內在精神，找到信仰的正確位置，懂得如何正確安放自己則是一種智慧，然而這個正確位置既是在於當下的責任，只有勇敢扛起責任，才會有屬於未來的希望。

要知道，如若離開責任的方向，皆不能受到尊重，盡好當下的責任，才能穩紮穩打朝向前方的未來，未來沒有運氣，未來的美好皆在我們當下的鋪墊之中。

然而，沒有突如其來的成功，所有的幸運皆來自不懈的努力和累積，無論信與不信，這已是無可厚非的事實，因為，幸運女神的眼睛總是雪亮的。

所以，有多少付出，便會收穫多少光亮；有多少光亮，便會照耀多大面積；能夠照耀多大面積，將會溫暖多少人心，將會給人間帶來多少希望。

要知道，光是無孔不入的，光是不可抵擋的；光是永不退縮的，光能帶來一切希望；光是能穿透一切黑暗的使者，光是化解苦難的希望。

我們的生命不斷在生長，循環，更新，如同智慧不斷在生長，循環，更新；擁有智慧，便是擁有光的能量；擁有能量，便能照耀前方，以及照耀他人，擁有能量，還能抵抗黑暗、抵抗疾病、以及遠離貧窮。

光是智慧的能量，持續不斷的延伸、漫延、以致無邊無界，無休無止，然而生命是能量的因子，生命因能量而偉大，生命因奉獻而偉大。

然而，能量的意義在於成就生命的光亮，得以照耀前方的路途，得以喚醒迷失的靈魂，所以能量還是生命美好的傳承，以及美好的延續。

人的智慧之所以強大在於實踐能力，能夠想到的，便能夠實現；能夠創意的，便能夠成形，所以成形的物體，皆來自於人的思維和智慧。

從而以善為前提的佈施，皆是智慧的能量佈施，因而離開以善為前提的佈施，皆不可成為環境中的正能量，因為正能量是光的代言，因而正能量的智慧，則是無窮無盡的生命基因延續，以及愛的延續。

因而，一個能夠善待自己的人，同時也能夠做到善待他人；而一個不熱愛生活的人，自然也做不到熱愛小我，而做不到熱愛小我的人，也不會做到熱愛大我。

這是思維與靈魂所進行的一場和諧對話，我們應該將靈魂妥善安置，找到屬於自己的正確位置，知悉這生命的意義必須是勇敢扛起責任的意義，只有勇敢扛起責任方能朝向正確而陽光的遠方，遠方是那最美麗的風景，所以，最美麗的風景，皆在那責任的方向。

生活中的小思念

那一望無際的湖北潛江江漢平願，曾經孕育著無數奇才，許是那四季分明的風水極佳的緣故，也因了這 24 度平衡而飽滿的思念，我對這 24 滋生了好奇和冥想。

我的父親彭宣凱出生於 1948 年農曆 8 月 2 日，我的母親朱九香出生於農曆 1950 年 8 月 4 日，而我也正好出生在農曆 8 月 24 日這一天，我的父母出生在二次世界大戰之後，那貧窮，且缺乏教育資源的共產集體時代，我們三位兄妹也出生在教育資源欠缺的時代。

惡劣的環境並未消減父母對生活的熱情，並未影響父母對孩子的關愛，然而我所信仰的既是父母那頑強而正向的人生觀，

從父母身上我深深明白，「只要心中有愛，哪怕是再苦再累的生活，生命都將是一種值得。」

　　然而，真正善的佈施來自於健康的教育，還來自求學的意志及正確的信仰，然而，這世上只有健康的愛的和諧教育，才是花錢所買不到的珍貴，父親因兒時一隻耳朵失聰而失去學習機會，所以父親囑咐我們一定要好好學習，但是健康的教育則需要雙向的引導，而並非只是單向的引導，因為在教育品質及責任面前，父親和母親所扮演的角色，皆是同樣重要的位置。

第三節：如果愛請正確的愛

　　如果愛，就請正確的愛；如果孝，就請正確的孝；讓自己去靠近智慧的海洋，生命才得以吸收智慧，一個沒有智慧的人，只會帶給他人災難；而一個沒有靈魂的人，只會帶給他人卑微。

　　教育是成己成人的志業，而貧窮教育，既是以金錢物資為前提的指引方向，而不是以精神為前提的指引方向，這將會殃及歷代子孫素養及基因延續。

　　如果深愛自己的孩子，應該給予孩子正確的人生觀；如果深愛自己的父母，更應該平衡父母正確的價值觀，因為不可愚孝，愚孝既是不孝。

　　天下無不是的父母，這句話著實就是錯誤的說法，人無完人，我們又何以見得什麼才是天下無不是的父母呢？我們又何以見得什麼才是真正的孝心與不孝呢？

　　有多少父母，只會站在自己的立場而思考問題。

　　有多少父母，因為害怕貧窮而拋棄自己的孩子。

　　有多少父母，自己不學習卻一直要求孩子學習。

　　有多少父母，為了自己而選擇放棄家庭和孩子。

有多少父母，把金錢看得比自己的孩子還重要。

生命的意義來自於傳承和奉獻，而未來則是當下的教育所決定的結果顯示，要知道，嬰兒就如同一張白紙，父母在上面如何圖畫描寫，孩子便會擁有怎樣的人生，那麼，喚醒心中的愛與奉獻，陪你走過擁擠的紅塵；那麼，喚醒心中的詩和遠方，陪你渡過歲月的長河。

錯誤的發生，則是為了成就強大的勇氣；錯誤的存在，皆是為了找到解決的方法；從而沒有錯誤便沒有勇者，沒有缺陷便沒有更好的成長；然而，人非聖賢，孰能無過；大量乃容，容天下無心之過；大度乃大器，器天下之大德之人。

大度包容，正確指引；才是最正確的教育方式，人們常說家庭不是戰場，家是講愛的地方，然而吵吵鬧鬧也是一種責任心，比起那些彼此漠不關心，而不吵不鬧，又冷冷清清的家庭，我們更應該珍惜那些高度負責任的家庭，因為吵不散的家庭，才是最值得我們去愛的家庭，吵不散才是最珍貴的情感，以及責任心。

一個家庭，也並非無聲就是幸福家庭，就是彼此尊重的家庭，這種錯誤的觀念應該更正，因為在我的生活周圍那些無聲的家庭裡，大部分沒有愛情，也沒有責任心，也或是沒有共同的孩子，他們的目標就是賺錢。

因為責任，所以強調；因為強調，所以吵鬧；一個不在意我們的人，對我們自然是不會過多強調，然而天下父母心，所指的是那些整日都在孩子身邊關注的父母，而不是指那些漠不關心孩子生活的父母們。

愛需要用行動證明，從而行動皆由心而起，心中若有愛，自然行動跟隨左右，且言語也會跟隨孩子左右，如果愛連吵鬧的特權都沒有，那便不是負責任的愛。

所以，在愛面前吵鬧是一種特權，強調也是一種責任心，因為這裡只針對事而吵，而不是針對人而吵才是正常的吵鬧，如果真的愛家庭，就請正確的愛。

　　因而，21 世紀的孩子不是吃飽就好；21 世紀的父母也不是吃飽就好；所以愛是有代價的，愛也是有條件的；愛還是真心的祝福，愛更是具備了充足的責任心。

　　偉大的愛則離不開遠見，然而未來，則是需要鋪墊的未來，未來也是風險中的未來，未來屬於進階思維的後裔們，要相信在思考中能產生智慧，從而健康思考則帶動健康行動，而健康行動將決定未來的結果。

　　父母給了我們如何的教育，早期便會呈現如何的人生，然而中期和晚期的獨立人生，則由自己做主去選擇。

　　一個沒有被高度要求的孩子，則不會擁有高度責任感及正確使命感，同時也會缺少相對羞恥心和榮辱感，更是缺乏高度警覺性及責任心。

　　一個不重視學習的家庭，自然失去正確成長方向，同時也會失去正確人生觀及正確價值觀，從而人生想要更上一個台階的機率，將會相對較低。

　　因而學習才是唯一自救的方式，這是迷失已久的家庭教育根源問題，然而在短時間內則無法改變貧窮教育的局面，除非有外在力量幫助，比如國家或者慈善家。

　　一個從不幫忙家事的孩子，自然也會養成茶來伸手，飯來張口而不知人間疾苦的習慣，因為軟弱和依賴的天性，部分因素是遺傳基因所導致。

　　相反，一個曾受過嚴格訓練的人，自帶英雄氣概，自帶將軍格局，自帶首領氣質，且自帶責任感及使命感，這些也正是驗證了這句「吃得苦中苦，方為人上人。」相信每一個刻苦的

記號都將有益於堅強。

家祖的基因，也正是家祖的傳統教育方式，要知道，人們身體裡所遺傳的基因，將會是決定孩子後天在環境中競爭的武器和資本，這也將會決定孩子的身心靈，未來是否能夠強壯，這還將會決定思維是否健康。

生活中的小典故

我從小就經受過嚴謹地魔鬼訓練，10歲時每天主動打掃四大方正的房子內外，主動負責整理全家6口人的衣服，因為奶奶的離開，我便主動開始幫忙家務。

於是幫忙變成了一種很自然的責任和使命感，並不需要任何人的提醒，且是自然而然所為，於是母親便開始嚴格要求更多了，更吃力的大人活兒我也得去幫忙，有時候在想母親是不是故意要整死我們呢，然而我身體較弱，兒時體力透支，全身疲痛也是常有的事情。

鄰家附近有一位母親，極少責罵她的幾位孩子，她從不要求自己的孩子要認真讀書，更不會強調孩子需要下地幫忙，這生活過得挺沒有壓力似的，從表面上看起來屬於很民主，而又和諧的教育方式，經過十多年之後的結果之後，卻並非想像般那麼美好，因為在她的幾位孩子身上發生了許多不良遭遇。

讓人匪夷所思的事是，這位母親從未覺得自己的失職，她更沒有覺得，因為她們夫妻的不良教育而影響到了三個孩子一生的幸福。

這也許是不知者，不為過，或許她母親真的不懂教育，再後來聽說，她大女兒拋夫棄子，她二女兒的婚姻被她母親出賣，她小女兒同樣遭遇婚姻失敗。

回想她們童年卻生活得相當安逸，比起我們家的教育，她們家孩子從小過著公主般的輕鬆日子，然而我就像是一個名副

其實的勞動者，雖然很辛苦，但是我們並不缺少關愛，反而是另一種健康而陽光的養尊處優。

越是辛苦，越能讓人成長；越是付出，越能鍛鍊責任心；越是折騰，越能使人更加強大。

我勤勞的母親，每日大吼我父親至少三次，聽起來像是家暴，實則並非如此，因為父親有一隻耳朵失聰，母親與父親之間時常溝通不良，所以我家父母每日溝通就如同開戰，在當地堪稱是世界第一大聲家庭。

母親是急性子，事情若是沒有按照她的預期完成，她便會高度強調，所以經常會責怪父親配合度太差，然後就是把脾氣出在我這個大女兒身上。

當習慣成為一種自然，因為知道母親在強調什麼，所以並不會責怪她太多，我反而還會幫忙母親傳達信息給父親，不知為何，我用很小的聲音對著父親說話，父親卻能夠聽懂我在說什麼，這可真是一大奇蹟。

從兒時至今依然如此，我與父親隔三差五用文書溝通也甚是融洽，且從未感到有任何代溝，自來到台灣生活之後，這也許是我人生中最大的福氣，因為此生還能有一個理解自己的父親時常陪伴著我。

然而在我心裡，父親與母親是一體的，所以無須刻意去顧及母親過多的感受，因為父親會將一切信息轉達於母親，從而久而久之便形成了一種偏心，儘管母親如此誤解，我也不會去做太多的解釋，這是天性所致。

因為，在兒女心裡所被認可的父母沒有區別所在，如若有所小小區別，那也是因為教育的偏差而導致，而每一個人都有自己所喜愛地教育方式，所以自然會主動靠近喜歡的人或教育，這是無法改變的自然現象。

我的母親是家中第九位女兒，名叫「朱九香」，1950年農曆8月4日生，生肖屬虎，家中共生有12位兄妹，因環境差異，

只有存活 7 位兄妹，母親的兄妹都很能幹，同時也很優秀，因為能幹也少不了好勝的天性。

母親是一位責任心特別重，又高度警覺的女子，為了保護這個家庭，脾氣也被逼壞了，早期在一場車禍意外中差點丟了性命，整個身體被車子拖拉十幾米，身子被壓在車子下面，好在福大命大，現場有人過來搶救，又拖了佛祖的大恩大德，這才留下母親的性命。

母親早上 5 點前起床，7 點便做好全家人早餐，幾十年如一日，而我的青春發育期在記憶中完全沒有睡好過，因為母親一聲軍令直達，我們三位兄妹無人敢違抗，如若不起床，三人排隊站好了，每人狠狠一棍子。

我的爺爺曾高度要求我們要以人為本，且要容人短處，助人難處，爺爺說：「尊重他人，就是尊重自己。」

我的父親曾高度要求我們要重視學習，且要公平公正，一視同仁，父親說：「富裕在於感悟，而不在於別墅。」

我的母親曾高度要求我們要勤儉節約，且要居安思危，未雨綢繆；母親說：「害人之心不可有，防人之心不可無。」

因而我就是在這樣一個高度警覺，高度管控的家庭中成長，雖為女兒身，我猶如男子氣概，又似江湖女俠，兒時吃了許多常人所不能吃的苦，也承受了許多常人所不能承受得委屈，而如今，我並不責怪我的母親。

因為，母親承受的苦難比我更多，然而一個擁有高度責任及使命感的女人，誰又膽敢責備她這天下第一大聲呢？而我的父親曾用他的寬厚大度及大愛，包容了母親一輩子的天下第一大聲，這也實乃人間奇觀啊。

有育必有才子

生命因愛而生，因愛而改變，因愛而奮發前進，然而因果輪迴，種下什麼因將會收穫什麼樣的果。沒有天生的偉大，偉大皆因有了愛；沒有天生的卑微，卑微皆因思維貧窮；那麼，試著思考當下的環境，且明白自身的責任，沒有人天生就很優秀，也沒有人天生就很能幹，一切皆因為有了愛和責任。

　　愛的存在，皆是為了喚醒暈睡及迷茫，指引那光明而正確的遠方，因為愛，才懂得如何愛；因為愛，才懂得如何付出；因為愛，才懂得如何感恩。

　　沒有天生的天才，天才皆是鍛鍊而成；沒有天生的廢人，廢人都是消磨而成；種下什麼種子便會收穫什麼樣的果實，從而未來的美好將決定在當下的佈施之中，所以從現在開始思考未來，且開始佈施美好的未來。

　　春夏秋冬依然，四季是一種自然循環規律，周而復始的重複，因而我們的生命成長則需要周而復始的學習、累積、進階、更新，反之將會周而復始的消磨意志，然而宇宙空間無邊無界，因而處處都有能人，行行都有高手，每一個人都會有一方領域，只是需要加以鍛鍊、加以堅持，才得以完成命運早已注定好的使命。

　　自然中的生命，皆可自成或自全；只要做到自省或自愛，也定能生活成自己想要的樣子，因為生命天生擁有自我修復的能力，這是一種神奇的自然現象。

　　所謂天命，既是我們自一出生便自帶的使命，使命是父母，使命是兒女；使命是肩上的責任，使命還是一種擔當，一種榮辱；使命更是一種正確的信仰。

　　明知不可放，那麼不要放；明知不可棄，那麼不要棄；苦了、累了、怕了也不要放下責任，因為當你放下責任的那一刻起，你的靈魂將會輸給了貧窮和卑微，於是貧窮和卑微將會主宰你

一輩子的心魔。

　　哪裡的天空沒有風雨，哪裡的土地沒有花果；無論腳下的路在何方都將會有責任和義務，然而人最誠信的一面，皆是誠信於自己的靈魂，誠信與自己的責任。

　　既擇之，則惜之；既生之，則育之；成就小我皆指自身與家庭，然而修尚大我皆指社會與國家，然而，修得無我心，皆指建立在靈魂之上的追求。

　　關乎責任則可大可小，能夠做到管好自己，則只是人生處世基礎，而修行及成長過程，所指首先成就小我、而後才能成就大我，而後才會有無我的境界。

　　所以，人生的境界，皆指邁向小我、大我、無我的過程；因而人生的修行路，則是指自我約束的成長過程，因為責任大於天，因而擔當厚於地。

　　頭頂一片父母天，腳下一片兒女地；家事，國事，天下事，成就小我則從責任和擔當出發，因而歷練人生皆是必須的旅程，要知道生命未經苦難，又何以成為人物；然而生命未曾擔起責任，又何以稱當為人。

　　扛不起小責任，則擔不起大責任；熬不過苦難，則熬不過貧窮；所以一個丟掉責任的人，只有考慮自己的快樂，將對任何人都不會真誠持久，且真誠以待。

　　有育必有才子，無育必有逆子；愛不可膚淺，愛不可現實；愛不可逃避，愛不可背叛；否則還稱不上是愛，然而真正的愛，皆是捨得和付出。

　　一個連至愛都敢捨棄的人，已是不配擁有完整人格；一個連責任都敢放下的人，已是不配擁有尊重和尊嚴；因為這世上真正的快樂，皆來自於無私的給予，皆來自不求回報的饋贈。

　　人生路漫漫，哪裡的天空沒有貧窮和責任，因而人生如棋，

一步錯，則步步錯；所以一個自私的念頭，將會造成不可更改的災難，如同被風雨折斷後的樹枝，將會無論如何也是銜接不上了。

有些人看似很逍遙，外華內虛，前程渺茫；因為他們只為金錢和利益而活，他們不為責任而活，要知道，金錢買不到良好的教育；要知道，沒有親力親為的教育，皆不可算是健康陽光而良好的教育。

更要知道，金錢買不到尊重與信任，因為當你丟下責任的時候，這一生都將只能成為金錢的奴隸，即便是得到許多的金錢，也將得不到人們的信任，也得不到靈魂之上的安寧，所以既生之，則育之；愛是偉大的，也是卑微的，然而因果不可改，我們且行且珍惜。

偉大的愛，因為有了偉大的人；卑微的愛，因為有了卑微的人；而未來不是用有限的金錢可以衡量的風險，未來則是需要用智慧去鋪墊那長遠生存的實力。

偉大的愛，造就偉大的子孫；而卑微的愛，將造就卑微的子孫；子子孫孫不忘這千秋萬代的美好傳承，傳承文化的精髓，傳承愛的和諧教育，才得以延續更新。

誰若扛起，誰福報；誰若放棄，誰必果；放棄眼前的逍遙，扛起未來的責任，以自己的苦去換取未來的甜，比起孩子未來的苦，我們眼前的苦，並不算什麼。

人生如夢，恍惚剎那，又仿佛過了幾個世紀，時而感覺時間過得太慢，是因為我們還年輕；時而感覺時間過得太快，是因為我們已是年邁；因為，許多來不及的事情還沒有完成，所以，時間才會消失得飛快。

那麼，提升能力才能相遇時間，然而道外只是無知的人，無知的日子他們還是這麼逍遙的過著，損人的話題他們還是這

麼輕浮的聊著，真可謂是無知者無畏。

　　時光荏苒，流失得飛快；能夠注入多少地愛，便能夠收穫多少地愛；能夠傷害多少，便能夠收穫多少傷害；因為，天下沒有平白無故的快樂與痛苦，眼前的痛苦必是早期的惡因，而未來必是當下的耕植，所以佈施未來的善因子，必將會收穫未來的善果。

　　生命在顛覆中覺醒，靈魂才得以解救，只有解救思維佈施未來的善因子，才能夠救贖尚未發生的災難，只要我們願意救贖未來和自己，相信任何時候都不晚。

　　當災難已經無法挽救便只能補救，若是還能夠補救，將會是幸運的人兒，當一切都已來不及補救的時候，那麼將會是整體的災難，所以，只有成就完整的小我，才能保證將來完整的大我。

　　那麼，防患於未然，則從愛的守候開始，因而守候，便是最溫暖的表達，而關愛，則是最和諧的給予，所以偉大的愛是一種守候，守候於心，守候於責任；然而長遠的愛則是指長遠教育，教育於善，教育於情。

　　那麼，真正的遠見是以善為前提的佈施，且以良性的教育做基礎從而鋪墊的未雨綢繆及居安思危，然而宇宙自然環境沒有虧欠任何人，只是愛得不夠徹底，只是給得還不夠健康；只是責任和擔當及教育還不夠。

　　如果愛，請不要放棄；如果愛，請放開眼界；沒有人天生就懂得責任與擔當，責任與擔當全因傷害而懂得；所以，要愛就愛得健康，要給就給得陽光。

　　再多的金錢，換不回人心；再多的財富，換不回健康；因而生命的意義則是無聲的成長；是自然的創作；是健康的關愛；是無私的奉獻；更是偉大的信仰。

既然生命的到來是一種不設防的無奈，我們在這個無奈之中為求得一絲的安慰從而翻越了萬水千山，尋遍了南北東西，然而最終所求也只不過這片刻的茶香。

　　所以，有人將愛活成了恨，有人將恨活成了愛；狹窄的人把幸福活成了災難，仁愛的人把災難活成了幸福；然而一切不以人為本的教育終將得不到靈魂的原諒。

第四節：成就頑強的生命韌性 ✦

　　生命是一首詩，需要自己去創作；生命是一首歌，需要自己去譜寫；相信大愛的自然環境，將會充滿無限美好，相信仁愛的偉大靈魂，等著我們愛的擁抱。

　　人人生來各有缺陷，那麼不必過於自責，宇宙自然環境很公平，送給我們人生一半的美好，但不會給我們完整的美好，從而另一半的不完美則是留給每個人自己去修復及平衡，所以，人生能得半滿便是極好。

　　那麼，試著修復天生的不足，以完善後天的生存條件，然而有一種缺陷，則是過於軟弱的天性，軟弱則是由大環境以及原始教育基因所造成先天缺陷，所以要警惕，過於軟弱還是一種不利於生存的內在缺陷阻礙。

　　先天軟弱還是一種習慣性的精神依賴，一般體現在不喜歡戶外活動，不喜歡與人交流，不喜歡距離父母太遠，更不喜歡過於熱鬧的地方，而嚴重軟弱的人，甚至是獨自外出都會覺得麻煩，於是生活便暗淡無光。

　　嚴重軟弱的人，是如何也喚不醒的，因為他們長期沉迷在自我舒適裡，不願意被外界打擾，除非受到嚴重惡劣刺激而產生自我醒悟，大部分嚴重患者受到嚴重刺激之後，甚至對人生

失去信念，如若將軟弱的人移居到貧窮區域，他們生還的機率相對就會較低。

新時代離婚率，啃老族，少子化現象皆與軟弱個性密不可分，互聯網顯示 2022 年全球離婚率統計，最高國家排行版如下：比利時，葡萄牙，匈牙利，捷克共和國，西班牙，盧森堡，愛沙尼亞，古巴，法國，美國。

當責任還沒有真正開始，當愛情還沒有開始經營，他們的婚姻和愛情便已經夭折，其大部分原因就是因為不敢直視貧窮和責任，這便是離婚率拉高的原因。

當衝動是魔鬼，當不顧及一切後果，當隨意對待婚姻，當隨意對待生育和教育；最終犧牲的卻是歷代子孫的教育素養，以及歷代子孫的生活品質。

當貧窮成為一種恐懼，當責任成為負擔，當生存成為一種缺陷，那麼，離婚率就會相對拉高，當離婚而導致貧窮教育，當軟弱而導致不敢承擔責任，貧窮思想基因將會惡性因果循環，將無休無止，且漫延歷代。

21 世紀的新文明，不一定會帶來更高品質的思維，也可能會帶來更軟弱，及更不負責任的新思維系統，因為可使用的田地將會越來越少，然而人口的數量將會越來越多，再加上人性天生就有軟弱的天性，正所謂「三日不運動即將要生病，三日不讀書即將要癡呆。」

萬事萬物皆有正反兩面性衝突，生存遊戲則如同戰場將會步步驚心，有些人喜愛潔身自保一生，而有些人喜愛叱吒風雲一生，探討人性缺陷問題，則是為了正確選擇生活環境，以及正確選擇生活方式。

一切社會不良現象，皆由原始貧窮教育而演變，皆由家庭內部而產生，因長期缺少關愛和陪伴，長期錯誤引導金錢觀，

這些皆是屬於貧窮教育基因，因而貧窮教育足以導致人性慢慢毀滅，我們且嗤之以鼻。

那麼，試著解除內在軟弱缺陷，因為時代在進步，試著告別內在依賴缺陷，因為父母會老去，從而堅定意志是為了自己的尊嚴，堅強勇敢是為了父母的顏面。

然而，如今我們都是幸運的人，我們幸運地生活在這個物資氾濫的時代，為了減少貧窮教育下所產生的災難，我們要時時警覺，且時時感恩，未來文明主導將追求精神內在平衡，未來將追求愛的和諧教育。

所以，當孩子成年之後，不可以過於依賴父母，因為父母總會老去，學會依靠自己則是對自己必須的責任，要知道人的能力則是可以後天培養的能力，因為沒有天生的富人，只有不斷努力的自己。

所以，當女人成為母親之後，不可以過於依賴任何人照顧自己的孩子，因為孩子離不開自己的母親，因為母親就是孩子天生的導師，因而良好的生活品質大部分取決於柔軟而細膩的母愛，這是人類的一種天性。

所以，直視責任；直視貧窮；直視婚姻；直視自己；追隨精神文明健康的腳步而前進，追求愛的和諧教育而發展，我們若是不堅強，又要軟弱給誰看呢。

這是強硬的人生哲理，這是經過苦難之後所總結的人生經驗，然而這些經驗，皆是痛的教訓及苦的代價，所以真正的未雨綢繆，則是從小我修尚內在缺陷開始，因為內在缺陷是每個人一生中最大的絆腳石。

追求正確人生理念，未來才會遇見優秀的自己，而不遵守正確人生理念，未來將會遇見卑微的自己，生存很可怕嗎，怕也無濟於事，勇敢面對才能打倒問題。

成年之後的人生妄想依賴任何人，但凡是丟掉家庭責任的成年人，終將過不了良心這道門坎，往後餘生將會苦不堪言，未來自然而然便會產生因果回應。

　　相信每一個成年人都會明白這一點，離婚是對孩子最深，且最長久的傷害，儘管如此硬道理，全球離婚率還是越來越標高，從而因離婚所產生的貧窮教育將會無休無止，從上古到今朝，皆是如此。

　　因為愛，所以痛；因為痛，所以強調；如果強調能給未來帶來一絲美好，那麼，我們願意時時強調，我們且時時會祈禱人間充滿愛的和諧與教育。

　　愛是良藥，也是毒藥，然而過於溺愛孩子將會養成軟弱依賴的個性，愛的方式若是不正確就會成為一種愛的傷害，要知道軟弱的個性並不適合生存環境，無論早期，還是現代，也或是將來，皆是人為自帶風險。

　　如果深愛自己的孩子，教育孩子時且適當嚴肅認真一點，將厚愛藏在我們心底，因而，正確教育觀必須嚴肅而認真，但嚴肅和認真，則不代表壓迫性教育。

　　教育的最終意義，皆是為了提高孩子的生存能力和大無畏格局，皆是為了培養孩子懂得付出和奉獻精神，東方人的教育方式，容易產生軟弱依賴心理；而西方人的教育方式，則容易產生自大孤僻心理。

　　缺少愛的孩子對於金錢的慾望較為強烈，因為缺少關愛，所以靈魂上則會尋求另一種方式來補償，而不缺少愛的孩子則對於金錢的慾望相對較少，因為關愛滿懷，所以在靈魂精神上已經擁有飽滿的安全感，所以在精神靈魂上並不會需要刻意去尋求精神上的補償，歸根結底，人的靈魂需要愛的陪伴，有了愛的陪伴，便擁有了安全感，而有了安全感，則是一種無缺。

然而，愛給的太多，害怕孩子失去探索未來的行動力及競爭能力；然而，愛給的太少，又害怕孩子失去自信心理因素及孝道心理，所以，凡事過猶不及。

那麼，教育品質應該如何收縮自如，如這左右搖擺的天秤，要如何做到良性健康教育，將是一門永久性的人生哲學，因為，任何事情都會產生正反兩面性。

諸多因素顯示結果，孩子被忽略的關愛，精神貧窮教育問題，新時代文明產品詬病，以及人類信仰層次差距，這所有種種因素都將是精神貧窮的起源地。

所以，高度提高警覺，且重視愛的和諧教育，才能夠減少貧窮教育和精神文明疾病的發生，因為生命是愛的結合體，所以應該由愛來完整培育，因為這個世上除了關愛和信仰，生命不曾擁有過任何東西。

既然愛是如此重要，愛是如此溫暖；看看父母的眼神滿滿是期待，那麼掙脫軟弱去勇敢的追逐夢想，看看七彩的陽光，吹吹涼爽的和風，放下軟弱和依賴，讓愛的和諧教育成為人間最美麗的風景。

生活中的小韌性

我們彭家三兄妹童年沒有零花錢，父親和母親很是節儉，平日裡時不時哥哥安平，便使喚我去鬧騰父親大人，為得就是騙取一點零花錢買零食吃，連續好幾次都成功騙到零用錢，可是好景不長，後來被父親大人識破了我們的詭計，原來小丫頭片子是假哭假鬧，從此以後便再也沒有零用錢可騙了。

最可恨就是我那哥哥只會利用小妹當壞人，分明是三兄妹分享成果，可每次有事都是我大女兒一人被修理，也從未見他倆過來英雄相救並敢於承認錯誤。

記憶裡的 1990 年，正是我十三歲那一年的寒假，鄰家的婆婆媽媽們都去抓棉花，抓 10 斤棉花 1 塊錢；抓 100 斤棉花 10 塊錢；大人一天可抓到 100 斤左右的棉花，至少賺取 10 塊錢人民幣左右，當下二線公務員月工資才 200 元，因而十三歲這一年是我首次賺取零花錢。

為了得到零花錢，我們提前約好冬日裡凌晨四點跟隨姑婆們一起去對面農場抓棉花來賺錢，由於天氣寒冷，工作又過於辛苦，姑婆們則好心對我說：「小孩子家子別去了，活兒太累了不合適。」

可我怎會放棄這麼好的機會，我跟去的第一天賺了 5 元錢人民幣，第二天賺了 8 元錢，第三天賺了 10 元錢，母親稱讚我說超過大人們所賺到的錢了，她也正暗自得意歡喜呢，她的女兒總算是長大了。

直到洗澡時才被母親發現，我腰上連續好幾天被布袋繩子已經夾到全是紅色的瘀血，這下母親終於得意不起來了，天下父母心，哪有不愛自己女兒的母親呀。

可我平日裡看她表現得比任何人都堅強，然而恰恰相反，越是堅強的女人，內心越是強大而細膩，因為她們知道流淚是無用的，她們更知道軟弱也是無用的，因而她們人前一個樣子，人後則又是一個樣子。

這便是二戰之後的女性，堅強而賦有責任心的女性，且是不輕易妥協命運的頑強女漢子，她們不善於表達情感，但是她們的情感都體現在了行動上。

是的，我就是這樣頑強的母親和父親所生的長女，我的手腳大拇指天生基因突變，圓圓肥肥得非常可愛，且是比手腳中指短了一半節，也或許只有像我這般倔強的女漢子，才會長出雙手雙腳大拇指短了中指的一半吧，又或許是命運故意作弄我吧，我常在思考，如果我的右手和右腳無名指十歲前沒有斷掉，那麼，我應該比現在的自己更加頑強而更有韌性吧。

培養孩子的自信

　　天空仍然是藍色的，笑容依然是美好的；活得有自信，活得有尊嚴；活得價值連成，活得充滿正能量，所以，培養後天的自信，才能得以生命的更周全。

　　要知道缺乏自信，皆是心智尚未發育完整的表現，成年人不應被缺乏自信而捆縛，自信心在胎教早期便可加以培養，而在後天也可以加以持續鍛鍊。

　　想要天生擁有足夠自信的孩子，在胎教過程中培養才是最佳的時期，每天將時間分段進行胎教，重複表達媽媽對孩子的關愛，而且次數越多越好。

　　如果可以盡量讓孩子每天在不同階段經常感受到母親的關愛，因為在健康胎教影響下的孩子，在還沒有出世之前就已經擁有強大而健康的心智，因為人的思想橋樑無時不在傳遞愛的能量，從而愛的橋樑將安全感及自信滿滿，隨時隨地且完整補給寶寶。

　　然而，一位強大的母親會將胎教出強大的孩子，所以孩子缺乏自信的原因，則是從小沒有得到足夠的胎教及足夠的安全感，要知道安全感是我們做人的基本底氣，要確信，任何人都不會拒絕一個有安全感的人。

　　那麼，除了缺少安全感會導致缺乏自信，其次是孩子及少被人稱讚而導致缺乏自信心，所以，讚揚也是提升後天自信的關鍵，且無論是老少，讚揚皆會有益。

　　我們每個人在成長過程中如能受到肯定，將是一件令人歡悅的事情，相信我們每一個人，且都深有體會，生命被認可以及被讚許，將會是多麼重要的事。

　　無論是孩子，或是成年人，我們總會希望生命的價值是被肯定和讚揚的，所以經常被讚揚的孩子，總是自信倍增，因而

經常被讚揚所包圍的大人們，也是如此。

相對被經常否定的孩子自然會缺少自信心，從而良好的教育品質將是成長路上良好的根基，還是擁有足夠自信的寶藏，如果愛的方式不正確，將足以毀滅一個優秀的孩子，甚至導致精神方面將無法正常發育。

其次是遺傳基因，自信還是一種遺傳因素，如果父母不夠自信大氣，也將會遺傳孩子不夠自信大氣，因為孩子的眼睛一直都是雪亮的，孩子默默關注著心愛的父母，父母的一品一行，父母的喜怒哀樂將一一記錄。

父母的一舉一動都將逃不出孩子的慧眼，父母的所作所為將會潛移默化地影響孩子的智慧，所以，既然身為人父母所扮演的角色極為重要，那麼，不自信的父母，自然養育不出自信的孩子，然而，為人父母，我們深以為然，我們且謹言慎行。

除了先天性不自信，其次是後天性不自信，後天性不自信則需要精緻的培養及完善的修復，關於成年人後天的不自信，則體現在知識和閱歷，更多是歷練不夠豐富而所導致的後天性不自信。

那麼，時刻記得不斷填充新知識，任何時候都不要間斷學習，哪怕生活再難，也不要放棄自己的興趣和志向，哪怕學習速度緩慢，也不要放棄提升自己的機會。

世界隨時都在變化，既然入局環境之中，那麼就必須要融入環境，然而融入環境，則是融入知識信息，所以豐富知識以提升自我格局，才是最好的歷練方式。

那麼後天缺乏自信的成年人，可以通過豐富閱讀來增長自信，因為豐富閱讀能使人增加閱歷，當知識信息足夠豐富，當精神思想足夠豐厚的時假，人的思想和思維方式才會自然而然去填充智慧，去填充自信心。

嘗試讓自己靜下來，嘗試遠離喧囂的繁華，這樣將會獲得最清晰的思路，要知道靜能生慧，然而寧靜致遠，當思考演變成智慧，當思維變得通透而達觀，於是這世界的美好，也將與我們不期而遇。

　　試著與自己對話，試著與宇宙對話，不僅能夠提高自信心，還能提高演說能力，要知道成熟的心智，皆是高智商及高情商的完整結果，沒有足夠高的高智商以及高情商，還不足以算是有能力，要知道，一個真正有能力的人，決不會缺乏飽滿而自信的磁場。

　　所以，要充滿自信而有尊嚴得活著，才會活得價值連城，才會活得充滿正能量，才算擁有漂亮的人生，然而成功的基礎條件，也來自於擁有足夠的自信心。

　　因此，良好的形像及良好的素養，皆來自於高標準的自我要求，一個以高標準要求自己的人，定會是一個充滿自信，且嚴謹的人，且又落落大方的人。

　　那麼，了解先天的不足，培養後天的自信；這是成長中必修的一課，然而一個懂得自救和自全的人，才能夠陽光而心思慎密的活著，且內心將是無比的踏實。

　　然而有些則是時代的詬病，沒有完整的父母便沒有完整的子女，於是我們需要自修格局，才能精進自身的能力，若想要提高能力，首要是提升自我獨立自信心。

　　那麼，自信能給家人帶來安全感，自信能給我們招來好運氣，自信是精神健康的彰顯，因此培養後天的自信，才得以生命的更周全，才得以大氣的格局彰顯。

　　所以，學會包容過去的不完美，一切都不晚，一切都還來得及，因為生命僅此一次機會，從而這一次的機會應該充滿足夠自信而陽光地活著。

天下沒有醜女人，天下只有懶惰的女人；天下更沒有醜男人，天下只有軟弱的男人；生命在成長中將會變得更加優秀，因此，未來還需要再認真一點，且再精緻一點，才能琢磨出更光亮，更自信的自己。

在成長中修復不足，以歷練資本；在成長中完善自己，以修復不足；通過修復不足，得以改變自身先天性缺陷；通過完善自己，得以累積豐厚的知識城堡。

用一顆謙卑之心，去改善並修復自身不足，因為世上沒有天生完美的人，所謂完滿則是通過不斷修復先天的不足，借以彌補後天的周全，才得以實現完整自信。

自信是良好的形像基礎，自信是成功的必備條件，自信還是知識匯集的海洋；那麼，試著修復先天的不足，以完善後天的自信，因為我們都值得。

培養後天氣質，得以重拾自信心，因為足夠自信，所以才不辜負青春，無論青春與年邁都應該充實而豐盈地活著；無論清貧與富貴，皆應該自信滿滿的活著。

天下沒有不自信的首領，天下沒有不自信的成功；無論目標是前方，還是遠方，培養獨特且足夠的自信，努力成為自己人生的導航，才能成為環境的主人。

所以，培養自己，投資自己，只為感動自己，感動自己是修身和修心，而感動他人則是一種能力，然而獨善其身，獨善其心；則是我們畢生的長遠事業。

擁有超然的思維境界則是擁有獨特自信，然而擁有超然的思維境界，不是用金錢及物資所能包裝而得來的，要知道超然的境界是後天的歷練，以及覺悟所成就。

關愛無處不在，自信無可抵擋，要知道一個沒有自信的人將無法取得他人的信任，因為一個沒有自信的人，將無法承擔

重大的責任；所以自信還是一種能力。

　　累積豐富的閱歷，鍛鍊強大的能力；得以成就完滿自信，因而成長中任何階段性地修復都將是生命的值得，因為，活著就是為了在宇宙自然中感受更好的自己。

　　那麼提升自己將收穫繽紛的幸福感知，這種感知只能意會而無法言表，若是人間值得，我們又為何要吝嗇學習成長，所以培養後天的自信，以成就生命的底蘊。

生活中的小典故

　　那一望無際的平原，24 度和風濃淡恰好，記憶中的童年，便是生命與世界最美麗的相遇，我愛我的爺爺，我敬仰爺爺的思維境界，他超凡脫俗而與眾不同。

　　「彭自福」出生於湖北潛江 1926 年農曆 8 月 12 日，享年79 歲，爺爺的一生多才多藝，為人慈悲為懷，謙卑處世，達觀成敗；他連一隻螞蟻都捨不得踩死。

　　爺爺說：「尊重他人就是尊重自己，對別人好就是對自己好；要愛惜自己的身體，因為身體是革命的本錢。」

　　人的修為本應如此美好，爺爺的話我堅信不移，這句哲理也是正確人生價值觀，可是經過 21 年，我已覺悟到人與人之間的素養差距，若是爺爺還在世，我只想告訴爺爺，這個世上的人並非人人都如您這般美好。

　　1988 年我 11 歲那年，爺爺將他測量未知數字的公式口訣傳授於我：「三人同行七時夕，五子登科二十一，七子團團正月半。」但此破解法目前也並不稀奇。

　　值得我好奇的是 1926 年出生的人，又是如何知道這組破解公式呢，這讓我百思不得其解，這只能說明我們的上古先祖早已累積無數的智慧留在人間四處散播。

　　但我一直很敬佩爺爺對文學的信仰，爺爺兒時便失去了父

親，因了姥姥的好人緣，爺爺跟隨母親和繼父繼位了富貴人家的三少爺，一生研究學術，也曾精通京劇，甚至為了生活而理髮，並掌握諸多數學口訣公式。

更奇特的一件事，爺爺曾經將他一首數學珠算口訣傳授與我父親，因為父親兒時耳朵失聰，所以父親會計考０分，比起中國首富「馬云」先生還少一分，於是爺爺便傳授父親一組珠算口訣，使得父親後來當選上村裡的會計管理，而且是全村人民公開選舉的會計。

是的，這人間遍地都是神奇的人和神奇的故事，我小時候最喜歡聽爺爺講智力故事，還有破解難題的方法，許是祖上的基因遺傳，我這樣一個弱不禁風的女子卻變成了一個男兒志氣的女子，因為我生來對神秘事物充滿了好奇，這也許就是我敢於漂泊的主要因素。

但如今，我並不後悔曾經所做的選擇，因而相反，我在漂泊的路上看到了常人所無法看到的另類風景，因了這些另類的風景，我反而更加明朗生命的價值及意義，從而我以為，擁有一顆豐富的靈魂，才是紅塵路上最美麗的遇見，然而我們要知道，人生孤獨本自然，生命何曾擁有過？

第五節：學會保護自己 🦋

人生如戰場，步步驚心；生命如詩詞，句句窩心；世事如棋，人生難料；然而，如夢人生，人生如夢。

一個充滿正義的人總是讓人無懈可擊，然而培養自己則是為了不戰而備，更是為了成就無堅不摧的生命韌性，一個充滿正義而強大的人總是值得信任的人。

一個自尊心較強的人，相對較有骨氣，想要得到尊重與尊嚴，要知道努力是必須的，苦難也是自然的，因為生存一直是

一場智力遊戲，生存遊戲還是一場驗證人格的遊戲，因而高尚的人格皆來自仁愛與德行。

每一個人都將有適合自己的位置，成就生命的獨一無二，必將受之天性之禍福，然而禍福相依，因為人的優點也是人的缺點，所以成也在人，敗也在人。

靠他人是一種福氣，靠自己則是一種底氣；一個不曾苦撐生計的人，又怎知什麼才是辛酸滋味；一個不曾撐起責任的人，又怎知什麼才是如履薄冰。

貧苦人的世界沒有容易二字，貴夫人以及富二代的名詞，也只不過是人們口中負面的貶義詞，因為貴夫人和富二代，不曾淺嘗過為生活努力拼搏的滋味。

人的背景是成敗的部分因素，要知道背景也是毀滅人性的利器，無論是貴夫人，還是富二代，最終都要面對現實的挑戰，因為宇宙因果，早已安排妥當。

天下沒有平白無故的幸運，天下只有人性的考驗；天下沒有白吃的午餐，天下只有人格的考驗；然而人格和尊嚴必須靠自己爭取得來，因為靠自己才叫底氣。

那麼，財富必須用自己的雙手握住才不會失去，所以不要依賴任何人，要知道依賴是一種毒藥，這一種毒藥將會讓人墮入萬丈深淵，且不得自由呼吸。

所以，我們很認真的活著，認真不是呆板和蠻幹，認真是以學習為前提的陽光方向，既要認真也要懂得變通，認真對待環境中的人、事、物；因為環境中的人為風險從未停止，從而認真則是必備的生活態度。

只要還活著則將風險無處不在，想要成就獨特的能力，必要先認清自己，必要先認清人性環境，因而一個不曾跌倒過的人，不會知道什麼才是人性，也不會知道什麼才是人性環境，

更不會知道努力拼搏的重要性。

那麼，一個不曾受傷的人，自然是培養不出頑強的生命韌性，要知道所有命運的磨難和遭遇，皆是為了鍛鍊人的強者的秉性，還是為了成就無上的精神境界，這便是成長的真相，然而，我們不得以不接受。

生命的成長是秋的經過，無人可以拒絕的旅程；生命的成長也是葉的結束，命運不知漂向何處；生命的成長更是新的開始，一次結束便是新的起點，因而成長的寓意，是經過、是結束、也或許是開始。

紅塵練心既是不折不扣的成長及蛻變，以汗水換尊嚴；以不屈換底氣；以韌性換骨氣；以淚水換清醒；人生這首詩則由我們自己去譜寫，由我們自己去歌唱。

生命如歌，無關成敗，不問結果，只問過程，探索無止境的未知，堅持不懈的認真去對待所有，為心中的理想而去奮鬥，以遵循自然的法則而成長。

要知道，這生命的歌謠，皆是苦難成就的音符；皆是委屈成就的歌詞；皆是失敗成就的歌聲；然而，人生的戰場，則是由智慧所成就的城堡；是由尊嚴所成就的武器；是由謀略所成就的勝利。

所以，無須在意世間的藐視與敷衍，因為人們所看重的是他們眼中的目標，而並非是他們眼前的過客，所謂知己知彼，方能在糊塗中清醒地活著。

要知道人性哲學，則是一本人、佛、魔的綜合學術科，需要我們在苦澀中去細細品味，若是覺得自己被敷衍和藐視，沒有關係，也許是因為我們還不夠優秀。

所以，人要活到老而學到老，學無止境，無關成敗，且學會淡然自處，成敗皆是虛擬的貪婪，因而活著，只是為了學習

和成長，並在成長中體驗人生的意義。

我們要知道，虛擬時間是一個無色、無味、無感、且無存的抽象名詞，然而，成敗亦然如此，既知是虛實，又何必多慮，所以，任何藐視與敷衍，終將傷害不到優秀的人，因為，優秀的人總是有方法排除萬難。

懂得推己及人，善於換位思考得以安之若素，無論他人怎麼看待自己不重要，重點是自己是否一直在不斷的成長，只要還在成長，便是一種極好的進步。

人生如夢，夢如人生，既知人群皆是匆匆過客，不如少一點功利之心，多一些仁慈之心；如此才能與靈魂內在和諧共處，因為，生命的到來不是為了傷害。

因而，一個只想索取的人，實是一個不懂謀略的人，因為眼前利益者的視野，終將不會看得長遠，從而擁有遠見的人，皆是大我格局者，因此，遠見者及大我格局者，也皆擁有掌控環境及掌控人生全局的能力。

《史記～淮陰侯傳》韓信忍受「胯下之辱」，要知道韓信當時並非怯懦，然而韓信由受胯下之辱，以不戰而平息當下干戈，後又被拜封為大將軍率領漢軍、暗渡陳倉、收復關中、拿下魏國、代國、趙國、燕國、齊國；最後滅楚興漢，若說韓信怯懦，則是不當的說法。

對於昔日羞辱韓信的屠戶少年，《資治通鑑》中記載：屠戶少年後被韓信封為中尉，而後因功高蓋主，鳥盡弓藏，隨後劉邦將齊王韓信改封為楚王，是為了削弱韓信的勢力，韓信於公元前 196 年被害而身首異處。

具《資治通鑑》記載：韓信遺言留：「狡兔死、走狗烹、飛鳥盡、良弓藏、敵國破、謀臣亡」的嘆言。

韓信能忍辱負重，但是韓信沒有防備之心，所以忠義固然

是一件好事，但是忠義如果給錯了人，將會是一件壞事，而人性從古至今一直是換湯不換藥的演繹，所以做得越多，錯誤和危險就會越多，我們總是全力以赴對待家人和朋友，最終收穫的是現實版的韓信。

所以，即便是英雄也要先懂得保護自己，明知人性既是獸性的現實，明知生存戰場的炊煙裊裊，那麼，要先學會保護自己才能夠站穩更久，正所謂：「兵不厭詐，方能百戰不殆。」

生活中的小知性

爺爺去世近 18 年，記得兒時受到委屈時我總是哭得稀里嘩啦，每一次都是爺爺過來安慰我吃飯，我是一個愛哭鬼，曾在夢中，我夢見爺爺無數次，然而每次醒來我都會心悸繚繞，然而，在我心中的爺爺就好比上古開天的彭祖，因為爺爺是世上最善良的人。

記得 12 歲時母親曾對我說：「女兒，你將來把心都掏給別人吃了，他們還會說你的心不好吃咧。」那個年紀的我完全聽不懂母親在說什麼，我清楚知道我天生不喜歡耍心眼，但是身邊有誰在耍心眼我也一目了然，我認為做人無須這般複雜，真誠相待，真心以待才能走得更長久，才能經得住歲月的考驗。

我也清楚地知道，我天生無法成為生意人，因為看到可憐人我會心疼，看到惡霸我會得罪他們，如果開店做生意，我的商品不是送完了，就是關門大吉了，因為一個懶得計較的人，又要如何成為合格生意人呢？

人這一生皆是天生的天性和秉性，且是不可違抗的本性，即便是為賺錢而勉強去做了某些事情，結局最終也不會美好，相信每一個人都有適合它的角色及位置，因為，「自然規律皆是互補的習性」。

我天生不喜歡拉幫結派，我身邊的人無論是誰在背後拉幫

結派，對於我而言都起不到作用，受傷之後的我通常喜歡獨行，我更不必長他人志氣來滅自己威風。

無論誰在背後攻擊或者詆毀我，我早已心如明鏡，我認為憑借自己的善良和努力從而認真的走下去，才是對人生最好的交待，才是對責任最好的交待。

然而，選擇漂泊皆是為了成長和求知，我不是不懂反擊，我只是不想理會那些虛偽的可憐之人，我不做解釋，我只是把不多的時間留給了自己的學習與責任。

要知道，這世上沒有完全相近的靈魂，哪怕是再親的人也是如此，人與人之間只有接受與不接受，我一直堅守一個原則：「和者近之，不和者遠之。」

看人要看優點，擇友要擇德行，擇友要擇度量，從而真正合拍的親人和朋友，則無需過多的迎合，而人與人之間相處則貴在理解，貴在尊重，貴在知性的認可。

當靈魂悲痛於人心，那是因為靈魂通常還很善良，直到有一天靈魂不再悲痛於人心，便已是一種成熟和豁達，而成熟則是將背叛，可當作不屑一顧的輕描淡寫，

而豁達則是將失敗，可當作茶餘飯後的談笑風生。

在灑脫中成就生命之光

2023 年的春天，三月的花兒開得依然很美，也只有懂她的人才會欣賞她，人生的路上皆是匆匆過客，又何須在意是誰而刻意逗留，要知道應該走的都將會走。

強大自己不是為了彰顯自己，強大自己而是為了遇見更好的自己，還是為了更好的未來，我們只需要知道，人的仁愛之心及慈愛之心，皆與名利無關。

銀行的錢再多，與窮苦的百姓沒有半毛錢關係；金店的黃金再多，終究不如一顆真誠的赤子之心；當土地不能生長糧食

的時候，那麼，還要黃金做什麼；當災難已經過去的時候，那麼，還要金錢做什麼。

物資的價值，體現在它現有的需求價值，失去現有價值，哪怕再多的財力與物力，也是無用的價值，然而生命存在的價值，也是現有被需求的價值，當生命失去現有價值，即便是活著，生命的存在也將會是一堆廢墟，將會是一堆沒有埋藏的軀體。

這世上需要我們的人，太多太多；這世上在意我們的人，太少太少；無論是需要我們的人，還是在意我們的人，都將是我們生命裡的使命與責任。

紅塵修心皆離不開處世哲學，我們都知道不忘初心，方能始終；然而小小的幸福皆來自於知足，從出生到眼前 21 世紀的繁華盛世，我們很知足，我們感恩於心。

因為還能吃上熱乎的白飯；因為還能看到今天的太陽；因為還能聽到鳥鳴的絕唱；因為還能欣賞植物與花朵和諧共處，然而，為何人與人之間卻無法如此和諧。

生活平淡清淺也很好，靈魂淡然自處也挺好；能夠清淺而淡然自處則是一種格局，能夠達觀成敗者，則是一種能力；且是一種取捨自如的灑脫。

再大的房子裡沒有嘻笑聲，也是無趣之極；再多的金錢失去它現有的價值，也是無效的價值；因而金錢是為人類服務的工具，而不是人類的信仰，我們只需要知道，生命的價值是什麼，金錢的價值又是什麼，我們努力又是為了什麼，我們活著又是為了什麼。

活著是為了感受生命與關愛之間的聖潔；活著是為了傾聽生命與靈魂之間的對話；活著是為了感受生命與自然之間的和諧；活著是為了傳承生命與智慧產生的精華；活著還是為了遇

見更優秀的自己。

生命來過，便是值得；生命離開，便要灑脫；來去無甜無苦；成敗無喜無悲；然而失去就是得到，要知道彩虹的盡頭皆是超然的境界，皆是超然的大覺悟。

既然來到這個世界，那麼就要尊重這個世界；既然尊重這個世界，那麼就要傳承美好，傳承希望。

生命與自然之間有一個智慧橋樑，這個智慧橋樑便是我們每一秒的呼吸，也正是這每一口的呼吸，帶領我們的生命漸漸消失在歲月的塵埃裡。

因為，生命逃不開遞減式的宿命，所以，珍惜當下每一秒自在的呼吸，珍惜每一份和諧的陽光與微笑。

尋一處好地方讓自己安靜，思維寧靜而致遠，從而思考正向而陽光的未來，因而每一口呼吸，每一種思考都將會產生智慧，因為我們的生命依賴思考，也依賴呼吸，同時也受制於思考，受制於呼吸。

鍛鍊勤勞思考的好習慣，提早擺脫不良貧窮育的干擾及牽制，包括情感牽制，還包括道德牽制。

那麼，擁有智慧則是擁有一切，相信每一個人都是獨一無二的智慧載體，只要我們願意思考，一切皆有可能實現，因而智慧將無邊無界，且無窮無盡。

然而，沒有智慧的生命將不會擁有仁愛寬廣；沒有智慧的生命將無法與世界產生和諧共鳴；沒有智慧的生命將無法創造美好的未來。

決定做一個高尚的人，還是做一個平庸之人，皆在自我決策中，然而，高尚的靈魂能夠做出正確的決定，如若靈魂不能做出正確決定，將會是矮小而又卑微的靈魂，而關鍵的時刻則是體現靈魂是否高尚的時刻。

一個高尚且充滿能量的人即便是獨處，也能夠傳遞無限正能量，然而一個滿口仁義道德卻不與人為善的人，即便是在人群之中，也無法感化他人。

一個高尚，且具備正能量的人，如同太陽的能量，能夠解救迷茫的靈魂，且能為他人指引陽光和方向，因而失去高尚的正能量，將會失去前進的動力和方向。

是的，生命無時不在前進，好在宇宙大自然賜予生命最美好的禮物，那便是取之不盡的智慧，然而一個達觀成敗的人，自然也是一個擁有智慧的人。

地球以每小時自轉時速 1600 公里，我們絲毫沒有感覺到它在速度運轉，然而，生命的旅程皆是減法，因為我們的生命每一秒都在減少壽命，所以人們想要索取的越多，時間將會流失得越快，而人們想要索取得越少，時間就會流失的越慢。

我們可曾真正善待過自己的靈魂，可曾真正靜下來思考過，這一路的奔波是否換來了片刻的寧靜與安然，可知，遇見那最美的自己卻只是剎那的恍惚瞬間。

那麼善待靈魂，顯然，錯誤信仰的人，終究還是虧欠了自己也虧欠了他人的靈魂，試著靜靜聆聽靈魂深處的聲音，試著用心去感受靈魂與自然之間的和諧美。

試著去靠近自然而和諧的陽光，試著去靠近美好的人、事、以及物；生命無須太多的錦上添花，生命只須一份知性的認可，只須一份真誠的雪中送炭，已是足夠。

無關這風月，平淡自處也清歡，生命切忌華不實，為人切忌過於務實，而內外兼修的品格，才是一種難得。

人人應該知道，生命的偉大取決於奉獻的價值；生命的價值取決於成就的意義；我們將拭目以待，我們將永遠祝福，祝福美好的事物，將會不斷延續發生。

成就生命之光，只為未來而譜寫愛和希望；傳遞生命之光，只為靈魂與世界和諧共處；然而真正的仁者之風則是用金錢和學歷都無法包裝的美德，一個真正有仁愛之心的人，其所作所為皆是經綸天下之美德。

生活中的小亮點

　　資產總值 80 億美元的「大西洋慈善基金會」，背後真正的創始人：「查克‧費尼」（Chuck Feeney）：1931 年出生於美國新澤西州，建立了環球機場免稅集團（DFS）。「查克‧費尼」先生是我所聞富豪裡，獨具魄力，且賦有空無境界的富豪，他雖然熱愛賺錢，也很好勝，但是他非常吝嗇自己，曾經有人問「查克‧費尼」先生：「您為什麼一定要把所有的錢捐出去呢？」「查克‧費尼」先生幽默得回答道：「因為裹尸布上沒有口袋，天堂不需要用到錢」。

　　2020 年 9 月 16 日綜合外媒報導，現年 89 歲的「查克‧費尼」，他因經營機場免稅店，累積驚人的財富；「查克‧費尼」先生在 9 月 14 日時，宣布將自己剩下的所有財產捐給慈善團體：「大西洋慈善基金會」，所捐出的資金將被運用在教育、人權、社會、以及健康方面。

　　「查克‧費尼」告訴記者：「我其實沒那麼愛錢」，他坦誠自己「非常的好勝」一本探討六位創造驚人財富大亨的書籍《大亨傳奇》曾提到：早在費尼先生的事業逐漸發跡之時就開始有捐錢的習慣，費尼先生在 15 日笑稱：「雖然捐出財產後自己成了窮光蛋，但卻感到無比幸福，他很高興終於達到自己的人生目標。」

第五大章：善待自己

第一節：人人皆能擁有富足 🦋

　　這是一個現實，而又虛擬的抽象世界，歷練獨特的靈魂，只為春天而芳香，人生沒有一帆風順，人生只有逆向的甘甜，只要心中有芬芳，何處不是溫暖的春天。

　　大膽直視自己，大膽直視恐懼；恐懼將會變得不再恐懼，然而投資自己既是富養自己，努力培養自己變得優秀而強大，變得更有價值才不負這一世的風華。

　　培養自己，既是溫故而知新，借以提高認知程度，在逆境中堅持學習，從而歷練成長，然而，一個拒絕學習的人，從來不會認為自己拒絕的是成長。

　　努力學習不是為了虛榮，而是為了肯定自己；提升認知不是為了炫耀，而是為了使自己更加強大；打造能力不是為了名利，而是為了被更多人所需要，然而，認知是成長中的陽光，水分，及空氣，失去陽光、水分，及空氣，生命將無法順利攀登新的高度。

　　思維因為成長，所以快樂；成長因為充實，所以富足；許多痛苦只是短暫的痛苦，許多的快樂也只是短暫的快樂；只有學無止境，才能讓生命無止無息的快樂，因為人的思想從空白到無限詞庫才能得到足夠充實。

　　正如「孟子」所言，窮則獨善其身，且懂得在低調中韜光養晦，累積資本實力得以厚積薄發，試著在孤獨的隱忍中找尋光明之路，然而，一個能在逆境中持續進取的人，也定能從黑暗中找尋生命的光亮，並能在人生的低谷裡，通過不懈的努力

從而重新站起來。

想要成就自我價值的唯一法則，就是萬卷不離其宗地學習、研究、創新、總結、融會貫通；要知道，生命對知識的渴望程度，就如同對未知世界一樣渴望，那神奇的未知世界，總是吸引著人們求知的心理。

失敗並不可怕，可怕的是放棄站起來，越是沒有能力的人，越是喜歡逃避問題；越是無知的人，越是喜歡尋找藉口；而喜歡尋找藉口的人，還是輸給了自己。

獨善其心，勤學習則是為了充實思維，還是為了能夠行走更長遠的路，一個真正想要改變自己的人任何時候都不晚，要知道持續學習是對自己的一種責任。

相信老天不會拋棄任何一個刻苦努力的人，走在時代的尖峰，跟隨時代的腳步，在變化中尋求規律，在風險中尋求穩健，然而，這樣一個善變的時代，只有長期讓自己處在學習和反思之中，才能夠長期維持生命成長的優越性，才能夠長期保持前衛的思維。

越是沒有能力，越是感覺空泛；越是缺少自信；因為力不從心，因為眼前的一切都不是自己想要的，所以通過不斷反思，重新歷練自己，借以啟動全新的思維。

通過反思，從而改變錯誤，從而更新邏輯，因而當人的心智有了足夠的掌控能力，哪怕連呼吸，也會變得輕盈順暢，心情也就會隨之越來越平靜自在。

歲月無解，人生如夢；不要辜負這短暫而又寶貴的青春，堅持反思和學習得以提升自己，才有美好人生。

那麼，收拾過往的殘渣，回到當下這裡，那些漫無目的的日子只會無情的摧毀人的鬥智，我們清楚地知道一個不變的定律，羅馬肯定不是一天就能夠造成的，只要你願意任何時候都

不晚，想要改變未來，想要改變自己，從閱讀開始，從歷練思維開始。

人人都知道行走萬里長征，是用時間、汗水、以及生命的代價來成就的民族靈魂精神，那麼，想要更有尊嚴地走完人生，命運必將遭受常人十倍以上的凜冽。

真正的改變是由內而外的精緻，真正的財富是內外兼修的富足；生命切忌外華而不實，成長切忌過於務實。

這四季如此美好，春、夏、秋、冬，皆在告訴我們任何成果與結晶，都需要時間來累積完成，從而遵循自然成長規律，則是健康成長的首要條件，我們想要健康成長，則需要我們精心去澆灌健康知識，然而，這是一個心思慎密，且不得鬆懈，又漫長的過程。

當有一天，你發現學習是一件快樂無比的事情，那時的思維境界，便已達到一定的高度，即便你還沒有站在舞台的高度，也已經成為另一個優秀的自己。

的確，人之所以因為貧窮而不快樂，皆是因為能力還撐不起野心，是因為心智還不夠強大，是因為累積的歷練還不夠，是因為貪婪成性，是因為奢華無度。

那麼，勤於思考，堅持閱讀，則是歷練思維的最佳方式，歷練思維成長，既是一把通往智慧和成功的鑰匙，要堅定的相信努力過了，不是成功，便是成長。

成功的定義是廣義的而不是狹義的，能夠做到超越原來的自己，便是一種小小的成功，若是始終原地停滯不前，那麼，生命將會被環境而逐漸淘汰，因為周而復始的循環促使生命更新的規律，但凡是不遵守自然規律而成長的生命，都將會成為歲月裡的淘汰廢墟。

既知一切皆因規律而定，所以如何定論人的成功，不是看

他的起點，而是看他在起點與終點之間的差距，再看他跌倒在低谷裡之後的反彈力和暴發力，然而，值得人們敬仰的是他們頑強不屈，且逆流而上的精神，而不是他們所創造的財富多與少。

只要我們認真努力過了，結果如何不是重點，相信每一步都不會白走，相信時間會給一個如意的答案，相信匯集成海的智慧，終將所有的委屈都能化成輔助我們健康成長的基石，所以努力過了，便是一種成長。

這成長之路，皆是步步驚心，回首每走一步都充滿了陷阱和驚險，若是跌倒了沒有關係，記得勇敢地站起來，記得將來每走一步都要走得踏踏實實。

我們要知道人為環境風險皆平等，然而困境也一直都存在，所以學會適應環境，從而未來適者生存，要懂得識時務，識時務是指順應當下的環境和趨勢。

相信你根植的汗水就是你的資本，相信你豐富的閱歷就是你的財富；然而，酸甜苦辣皆是資本；典故領悟皆是財富；而成長中的智慧將日復一日，年復一年的累積，這是在為你囤積豐厚的智慧資產。

窮則變，變則通，通則達，懂得適時而變通，反其道而行，歷練人生的磨難，才會擁有豐盛的思想，哪怕是走在人生的低谷裡，也可以高歌一曲夢想的天籟。

這裡是新思維邏輯開啟，如何才算善待自己，富養自己；應該以個人不同背景來決策，而自然環境春、夏、秋、冬一直沒有改變，所要改變的是人心內在環境。

能夠適應人為環境是一種能力，我們對自己的要求有多高便能做到有多好，所以，培養自己，既是培養人的內在身，心，靈，以高標準要求自己皆是善待自己。

閱讀能夠療養思維，借以平衡身、心、靈，因為擁有健康思想，才能走在人生的陽光大道之上，才能遠離貧窮和迷惑，並在人性的變幻莫測之中找尋生存的規律，且懂得遵循自然規律而自然健康的成長。

神奇的《二十四堂課》告訴我們，如何走出恐懼思維，如何在自然規律中尋找可依循的生存法則，但是這本書的練習方法並不適合所有的人，原因在於每一個人出生的環境有所不同，從而不同環境，不同遭遇，不同選擇來衡量自然生存法則。

所以學習方向，也應該以個人背景條件及興趣愛好來設定，從而不要盲目隨波逐流，因為生命僅此一次，應該讓生命在合理的範圍之內，合理的學習，合理的成長，這便接近了上古老子的「無所為而無所不為。」

豐富內在精神才是永久財富

成長切忌華而不實，生命切忌過於務實；有人家財萬貫，狂妄吝嗇；有人清苦平淡，卻樂善好施；人與人之間的區別，只在於修為及德行，我們深以為然。

如果他的父母培養他是為了榮耀名利，將來即便是功成名就也不會有所伸展，也或許會蹲著一個安逸的好單位而舒適安穩一輩子。

如果他的父母培養他是為了造福人群；將來即便是無名小卒也必將會有所作為，也或許會蹲著一個平凡的單位而燃燒奉獻一輩子。

諸如此類的教育對比，學習方向都對了，然而人生高度卻不同，同樣的環境造就不一樣的人，然階級相同，教育方向卻不同，而人生的意義和價值也將霍然不同，前者是精神貧窮的

教育表現，後者則是精神富足的教育表現，所以學習的動機將決定未來人生格局。

為了求知而學習，皆是高尚的思想；為了攀比而學習，皆是平庸的思想；然而大格局的父母自然會培育大格局的子女，而小格局的父母自然會害到無辜的孩子。

一個精神富足的人從不害怕貧窮，因為靈魂在精神上的虛擬需求，永遠大於靈魂在物資上的實質需求，要知道物資的創造者，皆是來自於人類的精神思想。

擁有多少物資財富不是重點，擁有多少精神財富才是重點；相對充實的精神一直都是至高無上的品質人生，而精神生活上的充實，應該永遠超越物資生活需求。

人們為什麼這麼努力，還是覺得不夠富有？為什麼擁有這麼多的物資，還是覺得不快樂？其根本原因在於精神內在的空洞，精神內在沒有得到科學的平衡。

要知道人類的貧窮，皆來自於精神內在的貧窮，而不是來自於物資本身的貧窮，因為，缺少物資只是一時的，而缺少內在飽滿精神，將會是長久的缺乏。

在這樣一個物資氾濫的時代，精神內在貧窮已佔領主導因素，想要解決貧窮因素的根本問題，必須先解決精神上的問題，才能解決精神內在的疾病，才能解決因個人、家庭、以及社會，所帶來的人為災難。

精神上的貧窮，則源自於欠缺良好的教育，精神上的貧窮還來自於不思進取的懶惰思維，那麼，不斷充實內在知識，借以平衡內在精神才得以解救思想貧窮，同時也便能解救精神上的貧窮，然而，如何完整平衡內在精神，則是一門長遠性的研究科學。

那麼，有些富人為什麼不快樂，因為他們長久以來把擁有

金錢至主導，從而把豐富內在至輔導，在經過經年累積的蛻變之後，精神內在產生一種認知淺薄的狀態，從而無法平衡內在的高尚美德，無法彰顯人格魅力，所以，物資財富不會給人帶來真正的快樂。

因為，內在精神素養與外在物資所得的比例無法平衡，所以富人即便是暫時擁有很多財富，如若不加以修尚德行和內在美，也將不會得到永久的財富和快樂。

反之如果窮人把豐富內在精神至主導，長久以來形成比例平衡，在思想上將產生充實而飽滿的狀態，即便是不多的財富也能無比充實，所以窮人也會很快樂。

因此，精神上是否快樂，只憑借片面擁有金錢物資需求，並不能完全充實靈魂內在的需求，因而只有當內在精神形成一種飽滿，靈魂上才會產生真正的快樂。

痛苦的根源，皆源自於精神內在無法達到健康平衡，若是失去內在精神，也就失去個人人格魅力和自信，然而缺乏人格魅力和自信，皆源自於知識的淺薄。

吸取足夠正能量知識，則是找回自信的基礎，然充實精神層面，長久培養獨立思維能力，善用理智和理性進行自我鞭策，進行自我平衡；於是人在思想上擁有豐富的智慧資產，所以窮人可以得到真正的快樂。

雖然金錢很重要，但不要成為金錢的奴隸，要成為金錢的主人，且要成為思想的主人，因為先有了思想之後才會有物資，擁有健康精神思想，快樂而有自信的活著；擁有正確人生信仰，從而充滿陽光燦爛地活著。

為何成功人士喜好樂善好施，因為高尚的靈魂不做金錢的奴隸，只做金錢的主人，從而高尚的靈魂所承載的思維境界以及領域，早已經形成大我格局。

所以把仁愛舍出去，才會收穫更多的快樂；所以把利益舍出去，才會收穫更多的富足；要知道，對於高尚的人來說，物資貧窮只是當下需要解決的小問題，然而長久內在教育問題，才是長遠需要解決的大問題。

要知道，金錢不是萬能的，沒有金錢也是萬萬不能的，如何科學平衡精神內在與物資外在需求，則需要漫長的探討和研究，更需要達觀的思想和廣闊的眼界。

既然賺錢只是一種生存遊戲，那麼這個生存遊戲應該在良性環境中進行，然而一切自私和貪婪都將會扭曲人的靈魂，當靈魂扭曲，便不再被人們尊重和信任，沒有信任的關係就算包裝得再好，內心也將得不到認可，因為人們無法肯定金錢的奴隸是否值得被尊重。

關於金錢的概念應該賦有正確的概念，而崇高的思維將造就偉大的格局，有了大我格局便有了無盡的智慧財富，有了無形智慧財富便擁有創造一切的可能性。

所以，擺脫精神貧窮，則要戒掉貪婪和自私，擁有正確人生信仰，且尊重有高尚信仰的人，要知道，人生的意義，則是追求正確信仰，這是人生最美好的志向。

官做再大，不想多為民分憂也是無用；錢賺再多，不想樂善好施也是多餘；學歷再高，不想多造福他人也是浪費；顯然，大智者必謙和，大善者必寬容。

那麼，充實內在精神，才有活下去的氧氣，失去內在精神平衡，也將會失去生命的氧氣，然而精神上的陽光，空氣和水分，皆指富足而飽滿的內在智慧，時代的進步皆是歸功於富足的智慧，因為，物資來自於思想，物資則是無形智慧的產物，擁有智慧便是不缺。

上下五千年歷史文化，我們生長在一個幸運的時代裡，且

生長在一個五彩繽紛的環境裡，儘管如此優越的條件，許多人還是感覺不到幸福和快樂的滋味。

然而，幸福的根源，皆來自於知識的豐厚；幸福的根源，皆來自於海納的百川；幸福的根源，皆來自於舍得的胸懷；幸福的根源，皆來自於仁愛的大格局。

快樂與財富，則是逆向行駛公式，快樂與精神則是天生一家人，所以，滿足內在精神的填充，才會得到靈魂上真正的快樂，然大格局者，皆是德才兼備者。

要知道，擁有正確信仰，便會擁有自尊心，擁有自尊心，便會擁有足夠自信，所有，貧窮的存在皆是為了找到人生的正確信仰，而所有問題的存在都是為了解決問題；所以，強者的存在，也皆是為了造福全世界。

那麼，學習高度自律者，我們偉大的東方之最，「毛澤東」先生將其一生都奉獻給了人民與信仰，他從未替自己的兒女中飽私囊，逝世之後先生將他的所有物品全數捐贈給國家，包括書籍稿酬所得全數捐贈社會。

然而，人的能力及優秀皆是因後天培養而形成的素養，如同我們偉大的領袖「毛澤東」先生，先生自從兒時便開始追求自己內心的信仰，而這個信仰就是通過學習來成就自己和他人，以及國家，也只有這樣的自主學習精神；這樣的崇高信仰主義者；才有可能將這生命之光發揮到極致，從而改變小我，以改變大我環境，那麼，不言而喻，真正的富裕來自於精神內在的富足。

第二節：善待身心遠離疾病 🦋

我們的生命是如此弱小，又是如此強大，生命的強大體現在智慧，生命的弱小體現在肢體；我們活著在這個虛實的空間，

只是為了求得內外的平衡和健康。

　　精神內在是必備的營養；身體健康也是密不可分的營養，二者需要長期互補，我們生活在這樣一個無時不受病毒威脅的時代，除了以精神健康和身體健康為前提，以學習為前瞻，我們別無其它更好的捷徑。

　　成長中的每一個階段都需要無時無刻提醒，如若沒有得到精神內在和身體外在的平衡，疾病將會隨時隨地降臨干擾，那麼，一切追求將會是泡沫一場。

　　所以，在擁有健康內在的同時，也要擁有健康的外在，平衡做到軟硬兼施，因此，補充內在美，平衡外在美；才不會被突如其來的環境風險，所輕易擊倒。

　　然而，人的精神內在健康，則對身體起著主導性的協調作用，呈上，皆是在強調內在美的重要性，皆是在鍛鍊精神思維模式，也就是科學平衡內外的邏輯。

　　那麼，以學習為前瞻，且持續擇取知識從而更新知識，皆是為了豐富內在思維以及閱歷，因為只有豐富的閱歷，以及達觀的心態，才能夠擁有健康的內在精神。

　　愛獨立；愛思考；愛智慧；愛健康；豐富的閱歷將成就內在思想健康；豐富的思想將決定內在精神健康；所以堅持閱讀和獨立思考，才是豐富內在精神的最佳方式，從而建立獨立思維系統，以提高心理素養。

　　所以，擁有健康的內在，從而平衡健康的外在，使得精神與身體上保持協調性的平衡作用，二者在良好的協調作用下，才會有百分百的健康精神磁場。

　　要知道，我們身體運動需求量，皆取決於精神上的決定，比如今天打算出去跑步，還是打算出去散步，其結果，則受制於大腦思想所決定。

不難發現，精神上的平衡和滿足，才是協調身體健康的首要因素，因而身體健康，只需要陽光，空氣，以及水分，就能夠維持生命基礎健康。

通過研究顯示，人類的生命在 4 分鐘左右失去空氣將會致命，人在 48 小時左右斷水則將會致命，而人在 45 天左右不進食物則將會導致致命，通過這樣一個科學數據結果顯示，人體食物需求量且是人體最微小的需求，所以，身體營養只需保持營養均衡即可。

而食物則是指物資需求，不難得知人的身體對物資需求量並不多，那麼慾望和仇恨又是如何產生的呢？慾望和仇恨皆是由人的內在思想和人為環境所產生的。

然而，人類又為什麼會因為貧窮而不快樂呢？其根本原因是慾望不能滿足野心，更多的是人為傷害所帶來的不快樂因素，從而就會形成一種精神上疾病。

所以，痛苦一直在需要和想要之間徘徊，從而一切虛實中的幻想，皆只是思想上的一種想要得到，或者是過度的奢望得到，因而形成對自己的一種傷害。

那麼，想要擁有健康的身體則與物資需求多少並沒有多大的利害關係，然而最終影響身體健康的主要因素，皆來自於不健康的內在思想，以及不健康教育素養。

不健康的精神思想，皆來自於過多的想要；然而健康的精神思想，皆來自於知足常樂；所以萬惡的起源和萬善的起源，一直都來自於人的內在精神思維。

所以，對名利渴求強烈的人，容易缺少心理上的平衡，然而，缺少這種心理平衡因素，則來自於貧窮教育所導致，那麼，貧窮教育才是萬惡的根源，貧窮教育將導致歷代走不出貧窮思想，於是萬惡的起源來自於精神貧窮，因而，萬善的起源來自

於精神上的富足。

那麼，一匹奔跑的駿馬，只需要攝取，青草、水分、以及陽光和空氣，然而無需攝取肉食的駿馬，也能夠擁有強壯的體格，那麼人類的身體也是如此，適當的運動和營養均衡，便已足夠身體健康的基礎需求。

從而先天教育素養深淺，將局限成長早期認知素養深淺，於是窮人視金錢如命，富人則視信仰如命；窮人與富人之間其教育核心差距，且是差之毫釐而失之千里，所以，人的內在素養決定了其內在靈魂素養高低，然而物資層面的高低，則決定了生活品質的高低。

那麼，當追求演變成貪婪，當貪婪扭曲了靈魂，身體將會由健康轉變成不健康載體，所以投資身體健康首要是投資內在精神健康，然而，二者缺一不可。

投資精神健康，既是投資人的認知素養，認知來自於生活點滴，我們為什麼會生病，為什麼會不快樂，為什麼身體變成了我們精神上的負擔，要知道，人之所以身體不健康，其根本原因是因為精神內在長期無法得到協調，當內在精神素養無法平衡人的慾望和仇恨時，經過日積月累，才會產生身體上的嚴重疾病。

適當釋放過多的壓力和慾望，以減輕精神上的負擔，而適當戶外運動，以釋放過多的脂肪，也可以減輕身體上的負擔，同時也會平衡精神上的壓力，所以健康載體和不健康載體，皆取決於自己本身的問題。

那麼，當我們的生命硬件與生命軟件，所相互協調作用之時，人的精神磁場，才得以互補平衡，才得以享受內在精神與外在身體，所帶來的自然和諧感知。

所以，在內外互補平衡下的生命，就連呼吸都會更加清新

自然，如同新生的嬰兒般快樂，那麼我們又為什麼不快樂呢？
要知道，生命應該隨時隨地保持精神與身體的協調互補，才會
生活得輕鬆自然而快樂。

於是，健康精神，則是主導快樂的總載；健康身體，則是
平衡快樂的股東；健康思想，則是左右快樂的根源；健康靈魂，
則是成就快樂的上帝。

那麼，擁有正確信仰；擁抱健康人生；美好未來將觸手可及，
相信智慧是無窮無盡的人，思維將不會產生貧窮與恐懼，因為
貧窮與恐懼，只是一種虛擬的幻覺。

試著回憶兒時的情境，每一天都充滿陽光和希望，每一天
所需求的愛與物資並不多，每一天都是新生命的好奇和知足，
所以，疾病在知足與不知足之間而產生，從而內在心魔，則在
虛擬幻覺中而產生，那麼，快樂與否皆與他人無關，快樂與否，
皆由自己來決定。

生活中的小提醒

我生命中有著這樣一個舅舅「朱子艾」：中國湖北潛江後
湖前湖黨委書記，他高度自律，高大又帥氣，且賦有責任感及
使命感，天生有著軍官的高大威猛，他非常優秀且自愛，因而，
他這一生清廉為官一輩子。

我很幸運，生命中曾遇過三位舅舅，一個姨媽，兩個阿姨，
不幸的是二舅在 60 多歲時患淋巴癌不幸離開，然而大姨媽在 50
歲時，也患淋巴癌不幸離開，還有十香姨在 60 多歲患肝癌和大
腸癌不幸離開，至今只有小舅「朱子艾」，春香姨，同我母親
在世。

我的前輩們都很優秀，同時也很強勢，強勢的好處是能夠
高度管控人生，強勢的缺點則是身心無法得到平衡，當體力透

支，當死要面子活受罪，當過度在意得失與成敗的時候，從而疾病就會悄悄產生。

然而，只有善於科學平衡內在心理，才能平衡內在精神健康，借以達到精神上的釋然及開懷，且達觀成敗，用樂觀的心態面對人生，才能擁有真正健康的身心。

那麼，不忘最初的善良和純樸，當幸福變得如此簡單，疾病與恐懼將不再來打擾，反之過於好勝、較真、過於苛刻自己及苛刻他人，將會是生命的一場災難。

要知道，高度自律者也有失去平衡的地方，在親戚眼中的小舅是一個眼光極高的人，也正是因為他對自己的要求過高，從而對其它人也要求過高了一些，有時候甚至是讓人受寵若驚，而又匪夷所思。

記得在深圳時，我大姨媽的小女兒，我表姐曾經悄悄打小報告，告知湖北親戚來阻止我與現任先生的婚事，有一天，我突然接到小舅的電話，毋庸置疑，自然小舅的電話是來責問我男朋友背景如何，小舅問我：「他離過婚，還有兩個小孩，他這人可靠嗎？他在台灣有房子嗎？你嫁給這樣的人，怎麼會幸福呢？」

我自然知道小舅是關心則亂，我坦然回答：「離婚是事實，還有兩個小孩也是事實，沒有富有，也沒有房子。」

是的，我男朋友什麼都沒有，他只有一顆包容我的心，我最討厭虛偽地欺騙前輩，我更不喜歡拿婚姻跟金錢和地位相比較，我清楚知道，兩個人相處需要的不僅是財富和地位，更重要是彼此之間的默契和尊重。

這做人難，做好人更難，小舅自然也是白做了一回好人，況且還沒有人領會小舅的情，因為您這是棒打鴛鴦啊，您要知道，您的外孫女不想成為金錢的奴隸。

追求靈魂之上的和諧

　　這是一個由貧窮蛻化之後的新形式貧窮年代，這樣一個瞬息萬變的新時代，人心的隨波逐流已是一種無常中的常態，我們學習為了什麼，工作為了什麼，結婚又是為了什麼，從原始出發動機，便能決定未來人生的階級與層次，便能決定未來是否快樂和幸福。

　　有些人學習是為了攀比，有些人工作是為了金錢，而有些人結婚是為了結婚；當學習成為一種惡性競爭，當人們成為金錢的奴隸，當為了結婚而結婚之後的人生，不言而喻將會失去寶貴靈魂的自由。

　　試著反覆問自己三次，我為什麼做這些事？答案如果是因為我對這件事情非常有興趣，我做這件事感覺非常快樂，那麼恭喜您，您的選擇正確，且無論您在哪一個位置都將會如魚得水而工作和生活。

　　經常聆聽自己的內心，順應自然規律而發展，依理的存在，依理鞭策自己，這細節，便是思想與靈魂深處最美麗的和諧與共鳴，這將是對靈魂至高的善待。

　　習慣聆聽自己的內心，感受靈魂與自然之間的和諧美，感受思想邀遊天際之間的自在，這種自然的寧靜，則是花多少金錢也無法買到的安穩。

　　所以，未來試著和諧一些，和諧是一個人的素養，然而人的素養是一個人的底蘊，素養還是心靈與自然之間的一種共鳴，從而這種和諧美應該遵循自然法則而生成，應該遵循正確的信仰而生成。

　　習慣思考，萬物皆為我師，慣用科學角度去驗證事實的真相，找出問題存在的根源，我們的思維將會穿越自然規律，回到現實再創造富足的精神生活。

物資是精神的產物，精神是思想的產物，思想是宇宙自然的產物，而宇宙又是誰的產物呢，且先不管宇宙是誰的產物，我們只需要知道宇宙自然空間賜予生命無限的陽光，水分，以及空氣。

因而，生命是思想的載體，只要我們還活著，便將是一場與大自然之間的互動，思考空間將在宇宙自然界中擁有無窮無盡，且無邊無界的可能性。

然而，不要去強求做不到的事情，只需要在當下竭盡全力做到更好的自己，因為生命成長的速度有快也有慢，順應自然大道而行，一切皆有可能發生。

沒有天生的強者，也沒有永遠的弱者，當能力左右不了生活的無奈，人們的思想將會服從於更強大的思想，為了生存而不得不服從，這便是宇宙中的吸引力磁場，如同太陽系圍繞銀河系的一種神秘牽引力量。

所以，生存法則，皆要遵循自然大道而成長，因為自然成長規律，則是成就萬物的固有定律，然而固有定律，既是等於黑了又白，白了又黑的循環定律，也就是春、夏、秋、冬，循序漸進，重蹈覆轍定律。

我們都知道銀河系裡有一個太陽，太陽系引力主導太陽系，從而地球轉動則導致黑夜與白晝，然而我們人的大腦思想，又將會形成黑白及正負兩極的思想。

因此，自然環境與人為環境造就人的秉性，因而人的思想和身體也皆是自然環境的產物，且觀念和理念又有所各異，然而人與人之間又是一種自然的對立。

人與人之間相處，若是無法跨越彼此的思維領域，則會產生三觀的不同，所以，三觀不同，無須爭辯；因而不懂祝福他人的人，也定是思維偏激之人，然而一個懂得祝福他人的人，

定會收穫同等的回饋和祝福。

一個善於思考的人，將會擁有通透的智慧。

一個尊重靈魂的人，將會擁有正確的信仰。

一個達觀成敗的人，將會擁有無上的境界。

一個遵循規律的人，將會擁有控制的能力。

所以，遵循靈魂內在的想法，以達成精神之上的和諧，所做所為若是違背了靈魂，必將受到靈魂的懲罰，遵循自然，以達成規律之上的和諧，所做所為若是違背了自然，必將受到宇宙自然的懲罰。

宇宙自然，饋贈給生命無窮無盡的思想空間，善加應用無形思想資產，不斷創新智慧資產，從而智慧資產將取之不盡，且用之不完，這將是一種無形的資產。

如若逆天將得不到想要的果實，如若違心將得不到想要的快樂；做一個灑脫的人，且敢捨敢得；做一個勇敢的人，且敢做敢當；面對這個熟悉而又陌生的世界，既然無人能夠改變春夏秋冬，那麼就努力改變自己。

尊重成長規律，尊重自然規律；要知道壓迫性的教育，將培養叛逆思想；而放縱性的教育，將培養懶惰思想；所以貧窮教育，將會培養貧窮思想。

遵循自然規律，才不失天性本真，聆聽內心得以自在而活，然而追求卓越得以優秀自我，那麼在思考中提升認知格局，當你擁有足夠的能力，問題將會隨之消失，當你擁有足夠的智慧，才不會在意貧窮與恐懼。

一位中國網絡演說家周先生說過這樣一句話：優秀的人懂得做事；卓越的人懂得做人；輝煌的人懂得做局；然而，我所覺悟的領域，則是懂得遵循內心的人定會把「事」做好；懂得佈施周全的人定會把「人」做好；懂得遵循自然規律的人定會

把「局」做好。

　　寧靜生活來之不易，我們小心翼翼地行走在紅塵路上，歷經虛實的自然環境，解剖善惡的人為環境，借以修行人生的境界，因而，所收穫的精神境界，皆是經過考驗之後的一種蛻變，這種蛻變則是重生的寓意。

　　要知道，一個沒有經歷磨難的人，則沒有資本說成功，既然來到這個世上，就必將歷經磨難，因為，人生從未有過真正的安穩，有得只是不停跋山涉水。

　　人生正如同這四季分明，只能在對的時候做正確的事，若要強求，必將失去自然的果實，然而，人因自然環境而生存，人也因人群環境而生存，所以，人與人之間能夠產生和諧與共鳴；所以，人與自然之間也會產生和諧與共鳴；那麼未來做一個和諧的人，因為和諧能給人帶來好運，而好運將帶來價值及人生的意義。

　　勤於思考；洞徹未來；善於思考只是生存的基礎，思考將磨練人的心智，思考將強大自身的敏銳，時刻思考進階思維，既是與命運進行一場良性的顛覆比賽。

第三節：提升內在精神磁場 🦋

　　陽光依然陪伴著四季而交替，要知道，未來是風險未來，所有逆境，皆是共享的；所有順境，也是共享的；所謂天堂皆是住在人間，所謂地獄也是住在人間；決定住在天堂，還是住在地獄，只在虛實一念之間。

　　生存法則告訴我們要學習適應環境，而不是環境要學習適應我們；遵循自然大道而順流而下，順流而下不是隨波逐流，順流而下是適者生存；順應環境的優勢，順應自身的優勢，以

及順應時代的優勢。

隨波逐流，則指沒有主見的漂浮；而順流而下，則是借著春風而播種；順著夏季而生長；隨著秋季而收穫；順著冬季而傳承，那麼，適應環境才是環境的主人。

環境一直很公道，而人性不公道，在思考中提升自我保護意識，要知道現代人是群居動物，也是獨居動物；當他需要我們的時候，他便是群居動物；當他不需要我們的時候，他便是獨居動物，這便是真實的人性。

只有強大自己，才能妥善走出人為災害環境，生存遊戲最可怕不是貧窮而是人心，正如「易經」有曰：天行健，君子以自強不息；地勢坤，君子以厚德載物。

無論是親情、友情、還是愛情，若是將感情給錯了人，便將是一場及大的災難，因為，我們都忘記了一件很重要的事，那就是，我們應該投資的人是自己，應該依靠的人也是自己，所以，要學會好好善待自己。

所謂現實，就是當我們成為一顆無用的棋子，必將會被先期捨棄，只要我們還有所利用價值，則將還在局中周旋，所以生存遊戲教會我們要不斷提升自己。

貧窮思維教育，如同病毒四處漫延傳染，然而，原始思想病毒，長期根植在人的基因裡，若是想要拔除病根，則需要漫長的歷史演變週期，且是遙遙無期。

那麼，充滿正能量地活著，陽光燦爛地活著，健康而自信地活著，皆是排解貧窮思維病毒的最佳方法，只有通達的人生觀，還有美好的心態，才能夠影響人生。

一個太陽的磁場，能夠帶動整個太陽系，從而人的磁場也能帶動整個圈子，前提是具備足夠的影響力，而想要化解歷史貧窮基因，則必先要超越平庸的思維。

思維戰爭可以是一場漫長的智力戰爭，我們若任憑精神思維病毒來侵襲，病毒便會肆無忌憚地侵略我們的大腦系統，為了成就更健康的未來，勢必以太陽的力量去清除長期貧窮教育之下的病毒以及基因。

面對貧窮教育下的思維病毒，如同面對生活中的種種難題，所以不要害怕，也不要逃避，勇敢直視它，正面擊倒它，想辦法解決它，且否定它。

那麼，努力優秀自己才是最好的防護，試著思考地球公轉受制於太陽引力的影響，然而，思維病毒則受制於比自己更強大的思想，只要消磁來干擾的負能量，便不被負能量所左右情緒，便能正向而陽光地活著。

適者生存；德者天下；如何讓自己變成一顆優秀的棋子，則是一門學問，然而，未來不是屬於富人的，未來也不是屬於窮人的，未來則是屬於能夠適應環境的人，因而，這個環境則分為人類環境和自然環境。

思考未來，以鍛鍊謀略家的本質，然而，未來是風險中的未來，未來沒有絕對的安全無風險，要知道風暴隨時將會來臨，包括人為風險，以及自然風險。

只有改變思維方式，才能提升內在格局，才能喚醒停滯不前的生命，因為人的思維境界，若是沒有完全的通透，就算模仿他人再多的具體，也是無用的。

所以，真正的覺醒，必須是自我覺醒，想要成為一顆怎樣的棋子，則取決於自我本身，因為靈魂只聽命與自己，只有尊重靈魂，靈魂才會助我們一臂之力。

反之，一個沒有主見的人，終將會一世無成，跌跌撞撞，重蹈覆轍而不知覺醒，且一味地隨波逐流，直至是失去自我，失去靈魂的高尚和信仰。

思考陽光，正向思維；擁有主見，成就自我；那麼為了更好的生存則需要成為一顆重要的棋子，必須實現自我價值，只有實現自我價值，或者多個自我價值，才能適應變幻莫測的人性，適應人性環境的善變。

　　所以，實現自我價值，才是適應人為環境和自然環境的基礎素養，這也是生存遊戲的基礎素養，然而，只是一個基礎素養，我們便是很困難才做到，那麼，我們又要如何實現崇高的信仰呢。

　　所以，不斷充實知識，以提高認知，以鍛鍊自己，提升生存的能力，鍛鍊生命的韌性，我們要知道學習既是追著文明的腳步不斷尋找知識的海洋。

　　我們都很慶幸，這是一個信息飛躍的時代，這樣一個密集的生存空間，如同一個密集的太陽系，佈滿整個知識的海洋，因而，飽滿的知識將聽命於時代的召喚，因而，飽滿的知識也將聽命於人為環境的招喚。

　　這樣一個良好的環境，我們應該自主學習，主動提升自我格局，哪怕是追著時代的天梯向上爬行，也得硬著頭皮去追，去爬，難道不是嗎，我們深以為然。

　　那麼，想要擺脫人為環境災害，以及自然環境災害，只有自我提升格局，自我提升認知，只有擁有遠大的格局和認知，才能擁有解決問題的能力。

　　要知道，人的格局和認知皆由後天的歷練而形成，然而，天賦也是由後天的鍛鍊而形成，努力鍛鍊天賦，因為天賦彰顯個人獨特魅力，天賦還彰顯個人能力，從而一個有能力的人，自然是擁有遠大格局的人。

　　格局與認知的提升，既是內在思維邏輯在提升，因而思維邏輯的提升，既是知識文化在提升，從而知識文化的提升，既

是自我素養在提升。

　　人生如下棋，提升自我格局與認知能力，使自己成為一顆重要的棋子，成為環境與時代所需要的能量，才不會被善變的人為環境從而輕易淘汰，輕易踢出局。

　　精神內在營養的補充，既是提升自我內在素養，在思考中創造智慧財富，然而只有飽滿的思想、正確的思維、通達的境界，才得以化解環境中的諸多人性災害。

　　思考人性，虛中有實，實中有虛；黑中有白，白中有黑；然而人活著是一種心態，若是思維能夠通透達觀，便是一種超然的境界，這世上沒有完美的人，只有超然的心，所以任何時候都要看得起自己並提升自己。

　　所有生物皆是環境的產物，人類之間只有利益和選擇，然而是非對錯黑白，皆是因人類生存需求所產生的自然因果，從而生存法，則將會對立無休無止。

　　因為，人人各自處在不同的空間位置，於是我們所看到的世界也將會截然不同，所以對立只是一種自然的現象，然而環境共同的需求，才是人類遠大的志向。

　　因為，沒有對立就沒有平衡，有了無限平衡空間，才會有無限想像空間，因此，從而白的存在，皆是為了平衡黑；從而黑的存在，皆是為了平衡白。

　　萬物相生相剋，且相互存在，又相互依賴；因為任何人都無法擺脫生存空間裡的自然因果循環定律，所以思考人與自然規律，藉以平衡虛實，藉以平衡黑白。

　　如同四季：春耕、夏長、秋實、冬藏、不可違背的自然定律，萬事萬物的存在，也必定有它的道理，比如因為有了歡樂，所以才會有了痛苦。

　　那麼，思考宇宙的虛與實，我們在虛實中求得生存，在虛

實中感悟天地的寬廣和大氣，而一個心胸寬廣的人定將能夠頂天立地，且排除萬難，還能依然光亮。

人之所以害怕恐懼，皆是因為人心險惡；人之所以害怕貧窮，皆是因為能力不夠；所以思考學習才能增長歷練，所以提升能力才能擺脫貧窮；所以多多行善，並以助他為樂，堅定向著陽光行走，得以擺脫貧窮。

是的，向著陽光行走，世界將永遠沒有黑白；跟隨善良行走，人心將不再有善惡；所以，用惜己之心去惜人；用審人之心來審己；無論環境優劣，這世上只有知足和感恩的人，才能夠獲得真正的幸福和安寧。

生命之所以美好，體現在與靈魂的邂逅，思考將不斷充實內在精神，飽滿的內在精神與靈魂方能達到和諧與共鳴，共鳴那遙遠的遠方，遠方有美麗的相遇。

所以，理性思考將與靈魂和諧共處，因為，財富是精神的產物，因而，擁有飽滿的精神以及擁有飽滿的智慧，將會為我們創造無限美好的人生。

那麼，平淡也好，平凡也罷；不以物喜，不以己悲；在明智中理智周旋，所有的好與不好都要全然接受，我們不但要接受，且要妥善更改未來。

苦難鑄就出頑強生命韌性

思維邏輯與心法結合，修煉心法得以正向而陽光的生活，從而幸福無須向外索取，幸福本應向內索取，因為求人不如求己，求己安全可靠且長遠，而生存遊戲則必須求己，因為，依賴他人的靈魂，最終還是敗給了自己，當靈魂習慣於依賴自己，便不再怨天尤人。

歷經磨難，將使人擁有強大的心智和智慧，而擁有強大的心智和智慧，便是擁有強大的能力和財富。

那麼，疾病是不良心智的表現，無知是不良智慧的表現；歷練思維以鍛鍊心智，擺脫膚淺的認知局限，這個過程則需要漫長的累積，以及漫長的時間。

要知道，人類想要的物資都在思想創作中產生，因為思想是精神的主導，而精神，則是心智和智慧的彰顯，心智和智慧在環境、空間、時間、且在歷練中累積成長，心智和智慧還會創造良好的精神磁場，從而精神磁場將吸引諸多相似優秀的靈魂靠近，且會助我們一肩之力，這便是宇宙中的吸引力法則。

想要健康人生和什麼樣的人在一起很重要，那麼，練就健康的精神磁場，則是成功的關鍵，擁有健康的精神磁場就是擁有健康的心智，就是擁有強大的智慧。

精神層面的表現決定人的氣質，從而氣質將會給人帶來好運和信任，從人的氣質表現能夠看出人的智慧與境界，所以累積知識，歷練磨難，得以強大心智，因而擁有強大磁場，也就擁有強大能量。

古人曰，腹有詩書氣自華，高貴的氣質來自內在豐富的知識，來自大智慧的表現，所以，尊重知識應該像尊重信仰一樣崇高而虔誠。

那麼，尊重有智慧的窮人，因為有智慧的窮人，骨子裡擁有著責任與擔當；尊重有德行的富人，因為有德行的富人，胸懷裡承載著寬廣與仁愛。

要知道，膚淺的人以金錢衡量人，有遠見的人則以德行衡量人，眼光短淺的人只看利益，眼光長遠的人只看德行；這便是精神主義和物資主義的區別。

所以，未來試著讓自己更精緻一些，讓自己更通透一些，

歷練頑強生命韌性的過程將會很殘忍，但能收穫良好的精神氣質，收穫一顆完整而健康的心智。

成熟的心智體現在責任與擔當，然而，頑強的生命韌性，則能在風雨中扛起責任，所以，面對人生的困境，切忌懷疑自己的能力，因為富人的原創是窮人；天才的原創是凡人；美貌的原創是善良；因為沒有天生能幹的人，那些能幹的人，皆是自己強大自己的人。

善變的人為環境時代將會越來越複雜，所以全面提高認知，認知能力將會越來越強大，所以不斷吸收豐厚的知識資源，才得以成就飽滿的精神韌性。

既然四季無解，必須循環，那麼，試著把平凡的日子編輯成詩和遠方，用智慧去塑造未來的天國，未來的天國裡將充滿著關愛與和諧，將充滿著陽光與希望。

盡自己最大的誠意去譜寫未來的詩和遠方，因為真誠能夠感動宇宙天地，所以，我們盡量在心中虔誠的吶喊幸福和遠方，從而幸福和遠方將與我們不期而遇。

智慧將成就生命的獨特，沒有天生的高貴和高雅，皆是強大智慧所鑄就出的高貴和高雅，皆是那飽滿的詩書所沉澱的紙香；皆是那奢華的慾望所扶平的清歡。

真正的高貴和高雅，皆是竹子定律經年所累積的根基，這經久的沉澱，只為一現蜻蜓點水的優美，只為瞬間的悠然自在，而這悠然自在的心情，皆是根深蒂固的枝葉所隨風搖曳得那片刻茶香和安穩。

那麼，飽滿的精神磁場將會充滿詩一般的美好伴隨我們左右，所以提升氣質格局，皆是日復一日的知識渲染，那麼，每一天都要詩一般地生活在陽光之下，每一天都要在意念中憧憬未來的美好，善用智慧去意念美好未來，在心中構造屬於自己

想要的樣子。

　　所以，沒有努力過，就不要想騰飛；沒有付出過，就不要想得到；沒有疼痛過，就不要想成功蛻變。

　　生命成長規律，既是驚心動魄的海灣，經受得住風浪的拍打，經受得住命運的考驗，才能磨練出真正的生命韌性，才能磨練出穩紮穩打的精神磁場。

　　命運是一個逆向的玩笑，命運還是一種可敬的哲學。命運是一套完整的心法，命運還是一種思維的境界。

　　那麼，歷練心法，也就是歷練思維，生命才得以培養頑強的韌性，擁有頑強的生命韌性，皆是磨難所造就而成的精神資產財富，皆要歷經常人所不能及之事，然而，生命沒有天生的氣質和氣場，高貴的氣質和氣場，皆是經久累積的隱忍，更是大隱於市的謙遜。

　　生命在還沒有主權同意的情形下便來到了塵世，所以命運皆不可違抗，也正所謂，吃得苦中苦則方為人上人，要知道，人生未經風雨，則不會出現美麗的彩虹。

　　所以，生命來到凡塵的目的，皆是為了遇見彩虹剎那瞬間的美麗，於是，在風雨中習慣了隱忍，得以覺悟生命蛻變的真諦，蛻變成那美麗蝴蝶的故事。

　　一朵花兒，開在哪兒都是芬芳，因為，生命最終的意義皆是為了獨自綻放，綻放剎那間的美麗，然而所有的痛苦，皆是另一種推動前行的力量，那麼想要成就非凡的生命韌性，必須竭盡全力，才得以完整蛻變。

　　強大的生命韌性，皆是苦難練就出的大石，如那城堡的大石，厚實而壯觀，哪怕是狂風巨浪來臨也可抵擋，狂風巨浪是為成就偉大使命而來，是為建設偉大城堡而來，是為譜寫天籟般的詩和遠方而來。

沒有天生的詩和遠方，天籟般的詩和遠方，皆是霜雪凝聚的傷痛，更是厚積薄發的孤獨，這生命的磨難皆有銳化韌性的功效，偉大的肩上扛著責任，而責任皆是刻在骨子裡的擔當，無論風雨必須扛起，必須笑納。

　　但凡丟掉責任的人，即將成為水上的浮萍，那些把自己的快樂建立在他人痛苦之上的人，即將成為蒼蠅的化生，從而美麗的靈魂，皆是蝴蝶的化身。

　　然而，一個有擔當的人，能用厚實的肩膀把苦難活成了希望；把平庸活成了非凡；把平淡活成了詩和遠方，因而，詩和遠方，皆是在責任與擔當的方向。

　　那麼，遇見更優秀的自己，就必須要忍受萬箭穿心之痛，必須打磨成不凡生命韌性，因而生命韌性，則是歷經考驗之後的一種神秘力量，這種神秘力量將成就人的非凡秉性，這秉性將穩重而高雅，厚實而堅韌。

　　形成頑強的生命韌性需要殘忍的成長過程，人生未經歷風雨，未必完全懂得什麼才是生命的韌性，韌性不完全等同於堅強，韌性是在苦難中鍛鍊出的一種神秘精神力量，而沒有能力與擔當的人，皆不能擁有生命韌性，所以，韌性是建立在信任之上的能力與擔當。

　　所以，成功的背後，皆是經年累積而沉澱的苦難精華，成功還是風浪尖上的風箏，因為成功並非是一己之功勞，功勞皆來自於大環境，那麼要學會感恩環境，對大環境時時懷有敬畏之心，時時以謙卑之心處世，以虔誠之心感恩，才會持續的進步。

　　越是艱難的遭遇，越是能夠鍛鍊頑強的意志；越是舒適的境遇，越是容易將意志速度打入地獄；越是屈服於命運，命運將會越是挫折；越是勇敢面對命運，問題將會馬上消失；所以

困難並不可怕，可怕的是不敢面對自己，不敢面對困難和環境。

生活中的小韌性

　　如果你見過一個女人，使出全身力氣扛起上百斤的糧食走在田埂一整天，你就會知道什麼才是生命的韌性；如果你見過一個男人，使出全身力氣在泥巴地裡行走一整天，你就會知道什麼才是生命的韌性；他們每天重複勞作，每年重複勞作，且毫無怨言。

　　抗洪的河堤，是他們每年頂著嚴冬的寒風，用自己的肩膀挑上來的土所堆疊起來的河堤，碗裡的白米，是他們頂著酷暑的炎熱，自己親手種植所收割起來的稻穀，孩子的新衣，是他們用自己的新衣所省下來的。

　　他們沒有穩定的收入，要看老天爺的心情才有收成，他們沒有真正的假日，要看老天何時下雨才有休息日，儘管如此，他們還是願意堅守著貧窮的日子，堅守著家庭責任的契約與承諾，且對婚姻和責任勇敢擔當。

　　他們能夠看到最遙遠的地方，只能是天上的星星和月亮，他們沒有良好的教育資源，二戰之後的爺爺奶奶們和爸爸媽媽們，只要有了自己的孩子就是他們最大的幸福，然而21世紀的男人和女人們，再也無法找到他們身上的這種生命韌性，那沒有添加過任何金錢染色體的豪氣與霸氣，這便是應了那句：「生命之所以偉大在於奉獻，生命之所以渺小在於自私軟弱。」

第四節：尋找天賦的光亮 🦋

　　父母如何要求自己，孩子便會如何要求自己。
　　父母如何對待孩子，孩子便會如何對待父母。
　　父母如何對待生活，孩子便會如何對待生活。

父母如何對待教育，孩子便會如何對待教育。

父母如何對待社會，孩子便會如何對待社會。

因果不可改，誰也逃脫不掉前生的因果，所謂前生則是由原生家庭帶來的教育，失敗的家庭將產生失敗的教育，因而失敗的教育，足以毀滅孩子美好的一生。

貧窮精神家庭教育，習慣於偏激性教育方式，若是孩子犯了一個小小錯誤，父母則會小題大做，且不加以正確引導，反而讓孩子不知道自己錯在哪裡，這種教育方式，足以抹殺孩子的自尊心及自信心。

經常被打壓的自尊心容易失去對自己的信任，因而缺乏自信的孩子，將對新生事物會產生恐懼，因為孩子內心長期缺少鼓勵和肯定，從而孩子內心將會產生陌生恐懼症，也將會缺少拒絕他人的能力。

每一個孩子都是可愛又優秀的天使，差別在於原生家庭的父母給孩子的大腦從小灌輸了怎樣的教育，然而經常被否定的孩子，無疑會缺乏足夠膽識，因而如何澆灌我們的未來，便將會收穫怎樣的未來。

然而，更嚴重是缺少愛的孩子，單親家庭的孩子就沒有這般幸運了，缺少關愛的孩子內心早已有陰影，從而長期成長在貧窮思想下的孩子，內心更是缺少自信心，從而孩子更不會相信自己是一個優秀的人。

其次，在學業上也將會荒廢，因為孩子從小就沒有得到父母的正確指引，所以孩子在面對學習及生存法則方面，自然也就沒有相對正確方向感，要知道，孩子的內心從來就沒有感受到榮譽感的重要性。

失敗的教育，皆是無法消滅的業障，然而業障是無法更改

的苦痛，因為，業障是前半生不可更改的因，佛說世人皆苦，苦了前半生，只是不要苦了來生，今生下半場將會掌握在自己手中，放下以往的痛，佈施未來的善，要知道，沒人能夠賠得起我們未來的人生。

這世上最大的謊言就是每一個人愛人的方式都不一樣，因為這一個謊言，貧窮教育傷害將世代無止境漫延。

因為你愛得方式不一樣，就可以丟掉一個孩子。
因為你愛得方式不一樣，就可以傷害一個孩子。
因為你愛得方式不一樣，就可以逼走一個孩子。
因為你愛得方式不一樣，就可以逼死一個孩子。

多麼痛的因果教訓，可知悲劇還在頻頻上演，因果還在惡性循環，無止無息的拋棄和傷害，在一個家庭裡，在一個家族裡，在一個社會中，因貧窮教育所產生的貧窮基因，又是怎麼了得，又將會帶來多秒病痛。

貧窮教育而導致天賦長期被埋沒，那麼尋找天賦的光亮，借以更改來生的果，被封印已久的天賦終將會覺醒，這本就屬於生命的優勢，將會成為你生存的能力。

從而人要活著很容易，但要有尊嚴地活著卻是很難，那麼試著喚醒天賦，喚醒封印已久的自信心，試著衝破恐懼心及自卑心，試著找尋屬於自己獨特的天賦。

花開彼岸，彼岸花開；可曾發現，花兒開滿了四季；可曾發現，果實也結滿了四季；這便是互補定律。

可知春、夏、秋、冬，皆有定數，可知因果命運皆有定數，被封印已久的天賦將如同慢開的花兒，經過嚴冬裡的考驗之後，依然會綻放得傲骨，且獨特。

然而，喚醒封印已久的天賦將需要一種擠壓力，要知道封印已久的天賦，曾經承受了過多殘缺因果，所以需要強而有力的方式來喚醒，或是被擠壓的負荷因素，也或是外力的干擾因素，便是一種殘酷才能夠喚醒。

　　總之是一種精神上的折騰，才能喚醒封印已久的天賦，習慣善用智慧尋覓出屬於自己的光亮，這點光亮將是無可取代的唯一光亮，這將是屬於你的天賦光亮。

　　如果還是覺得很迷茫，那是因為還沒有整合出更好的方法，試著讓自己平靜，試著讓自己祥和，試著探索屬於自己的天賦，試著探索靈魂內心真正的想法，試著思考生命到來的真諦。

　　要習慣性獨立思考，迷茫的根源在於沒有聽從內心真正的聲音，試著在環境中沉澱，試著在寧靜中思考，並試著發掘天賦且鍛鍊天賦，未來將會呈現意外的驚喜，要知道，在沙裡淘出的金子，才是人生最珍貴。

　　天下沒有十全十美的人，每一個人都有自己的劣勢和優勢，這種劣勢和優勢，將會成為環境中無限的生存空間，要知道人群的特性從生來就是互補的特性。

　　青春皆是無知的靈魂，如是在這浩瀚的宇宙中漂浮，如何揮別迷茫和無知，又如何謙卑自處於塵世則需要一種智慧，因而明智既是：「自知者明、知人者智。」那麼，更細膩思考自身優勢，要明確定義自己的目標，有了目標也就有了方向，有了方向才不會迷茫。

　　習慣在獨立中思考，擁有自我主見，成就獨特能力，不要盯住他人都在做什麼，只問自己適合做什麼，活著是為了遵循自己的內心，尊重靈魂做自己，生命的價值才得以發揮到極致，才能夠成就獨特的光芒。

　　所以，活著就是為了成就生命的獨一無二，這天下沒有廢

物，只是不小心放錯了地方，只要你願意，隨時都不晚；只要你堅持，廢物也能成為天才。

所謂前生，就是過去上半生；所謂今生，就是當下和現在；所謂來生，就是未來下半生；前生在這裡覺醒，當下在這裡蛻變，來生在這裡重生。

因而，前生和過去則無人能夠左右，只有歷練無盡磨難的人才能夠成功脫變成蝴蝶，然而苦難是公道的，從而沒有失敗就不會有總結，沒有總結就不會有此時的蛻變，沒有此時的蛻變就不會有未來美麗的蝴蝶。

因而，人的天賦也很公平，也很互補，這個互補空間就是生存空間，天賦將會在這個獨特空間裡盡其可能發揮獨特，試著讓天賦長袖善舞，為自己高歌一曲人生的天籟，讓天賦綻放無限光芒去照耀需要的人們。

一步一個腳印，安分守己也好，叱吒風雲也罷；只要好好的活著便很好，將來要呈現更好的自己，要堅信老天不會辜負任何一個努力而奮進的人，我們堅信，每每認真行走一步都將會是值得。

誰的青春不是書寫了一半白紙，誰的昨天不是淚流滿面中塗改，然而一個在反思中的人，隨時都在修正自己；一個從不反思自己的人，隨時隨地都在炫耀自己，因而人類沒有好與壞，人類只有靈魂的高尚與卑微。

習慣思考人生得失，何為成功又何為失敗，要知道成功定義的是未來，而不是過去，然而失敗的定義是過去，而不是未來，所以我們只看未來，我們不看過去。

習慣性觀察自然規律周而復始在循環，周而復始帶來無限機會空間，所以，珍惜當下所擁有的環境優勢，即便是在秋天裡也能播種，也能根植希望和美好。

要知道，人生就是在失敗中站起來，成長就是在跌倒後爬起來；不必悲傷，一切都是最好的安排，迷失的靈魂還會再歸來，人們只是不小心弄丟了一會兒，好在時間還在交替，歲月還在輪迴，生命還在成長，從而人的命運，必須熬過這蛻變又重生的過程。

要相信，曾經弄丟的自信總會再歸來，生命既然存在就必定有其意義，也必定有其優勢，那麼遵循靈魂的聲音，試著去探索天賦的優勢，去探索未來和希望。

天賦就是生命的寶藏

環境和風景皆是自然而共享的，前方和遠方皆是無邊而遼闊的，於是，我們在思考中完善自己，我們在思考中相遇自己，這世界可以是一人，也可以是無數人。

能夠憑借自己的本分得到想要的生活是一種能力，能夠將生命燃燒到極致，並照耀他人則是一種成功，然而，誰的人生都不是天生的能力，就算是有那也叫天賦，每個人都擁有獨特天賦，天賦需要經久的鍛鍊，才能夠發揮到極致，因而天賦就是生命的財富。

要知道人的天賦，皆是經過日積月累不斷歷練而發光，良好的天賦若不加以經久培養，不加以堅持練習，終將會埋沒在歲月的塵埃裡，從而失去生命的光亮。

想要成功啟動天賦則需要一種動力，然而，這個動力可以是為了成長，也可以是為了興趣，如果是為了愛而改變自己，將會是一種偉大的思想，將會是一種被敬仰的思想，只有首先成就小我，而後才能成就大我。

既然自然環境賜予每個人以權力，而人人賦有獨有的潛力，

而這種潛力，則需要它的主人來開啟，這個主人便是我們自己本身，因為除了我們自己本身，才能夠打開生命的密碼，這世上沒有任何人能夠代替。

這個密碼將是打開天賦的密碼，也是打開快樂之門的密碼，那麼，思考尋找天賦並善待天賦，要知道獨特的人擁有獨特的能力，從而天賦則可以歷練，而後發光；然而能力也可以培養，而後壯大。

然而，人們還可以在不同時期，擁有多項獨特的能力，比如詩書畫一家親，愛好文學的人，同時也會愛好書法及畫畫；愛好文藝的人，同時也會愛好唱歌及跳舞；愛好音樂的人，同時也會愛好多項樂器演奏；愛好體育的人，同時也會愛好多項體育項目；愛好科學的人，同時也會愛好天文及地理；因而，喜歡獨立思考的人，同時也喜歡研究心理學，等等等。

世界之大，無奇不有，那麼，要相信天生我才必有用，天下沒有天生的天才，天下只有不斷努力的自己，更要知道，一個不變的定律，你若優秀，清風且自來。

我們的生命無時不在緩慢地漸漸成長，然而，成長則是一個階梯接著一個階梯往上攀爬，從而每走厚實的一步，時間都會將我們推向另一個新的高度，所以，蛻變並不是偶然的結果，蛻變則是必然的結果。

然而，我們只欣賞天生就有缺陷的生命，是如何艱難的成就自我；然而，我們只敬佩跌倒在谷底裡的生命，是如何頑強的站起來；這便是生命的感動。

環境允許一切的可能性，若是妥協命運將會墮入萬丈深淵，那麼在環境中試著顛覆命運，既知生命成長週期不可違背，不可抗議；那麼，我們也只能在遵循中做得更好，從而人生沒有最好，人生只有更好。

既然前生是不可違背的因果，今生則是可以抗議的宿命，要知道，前生和今生蛻變成蒼蠅還是蝴蝶，也都將會是命運中不可違背的天性本質。

　　無論蛻變成蒼蠅還是蝴蝶，都將是一場輪迴的宿命，因為，蒼蠅的本質蛻變之後只能是蒼蠅，然而，蝴蝶的本質蛻變之後只能是蝴蝶；因而本質是無法更改的宿命，因此，只能在屬於自己的範圍之內顛覆命運。

　　我們都要接受命運的真相，無論未來平庸還是脫俗，生命都將面對艱難蛻變過程，生命周期如此安排，所以，蛻變需要安靜孵化期才能夠完整轉世，因為成長過程是一種無形而緩慢的規律，然而欲速則不達。

　　這一次的轉世將是另一種全新的樣子，這一次的蛻變將是如此驚鴻，輕盈起舞，成為一隻美麗的蝴蝶；這既是成長必經的使命，因為痛，所以成長。。

　　沒有人會留意一隻轉世的蒼蠅，人們只會在意翩翩起舞的美麗蝴蝶；這就是現實和人心，但凡是美好的人、事、物，都將會深受喜愛及重視。

　　蝴蝶是傳播植物花蜜的使者，傳播花蜜得以繁衍植物，也正是因為這種偉大的使命，蝴蝶才會蛻變得如此超凡而脫俗，任何美麗和醜陋，皆是宇宙的一種自然。

　　因為偉大，所以感動；因為特別，所以入心；好一個入心的生命使者，就連植物的前世今生，也能通過蝴蝶的傳播，且授之以福，我們便為之而感動。

　　有些人總是那麼入心，如同見到蝴蝶的瞬間；有些人總是那麼痛心，如同見到蒼蠅的剎那；天使與魔鬼如同蒼蠅和蝴蝶，生命價值將會一覽無遺，所以，我們不做惹人的蒼蠅，我們只做美麗的蝴蝶。

人類的宿命，如同蝴蝶一生的宿命，蝴蝶的使命是傳遞花蜜和繁衍植物的特性，而人的使命也將是傳遞美好的使命，所以成就天賦，才得以傳達獨特的使命。

為了更好的輪迴這前世今生的宿命，天賦將如同蝴蝶的蛻變而重生，所以在人生的歷程裡必須完成蛻變的使命，這一切，只為撰寫那破繭而出的剎那美麗。

要知道，生命的特性是可以轉變的，所以天賦也是可以練就成功的，天賦就是生命自帶的使命，必定會歷經疼痛的前世今世，才得以蛻變成美麗的蝴蝶，這便是生命的使命，這也便是天賦之光的榮耀。

天賦需要善待和維護，天賦需要努力去練習，人生不會輸在起跑點，但會輸在不善用天賦，所以，鍛鍊天賦以成就專才，從而善用天賦，才能夠成就高尚的人生價值及意義，所以，生命本應如魚得水地活著。

然而，天賦就像是工具，會替我們不斷創意和更新；天賦又像是導航，會帶我們走出迷茫的沼澤；天賦還像是一盞明燈，會為我們指引夢想的方向。

會飛就不要選擇跑；會跑就不要選擇走；會走就不要選擇爬；智慧人生，善用智慧選擇高級活法，願你我成功顛覆命運的棋盤，綻放屬於自己的美麗模樣。

珍惜天賦，試著將天賦發揮到極致，生命的使命將高尚而偉大，夢想的翅膀將隨之起舞，快樂飛往夢想的天國，啟動天賦之光，去擺脫黑暗與恐懼；啟動天賦之光，去迎接未來和光明；然而，天賦與秉性將會成就生命的能量及光亮，因而，有了能量和光亮，生命之歌才能自由自在地遨遊無邊天際。

生活中的小榮耀

　　1997 年我正式參加工作，中國人民保險公司湖北省潛江市財產保險公司，辦公室文秘工作，對於 20 歲的我來說這根本不算工作，因為過於簡單枯燥，可以說簡直就是在浪費我的生命。

　　於是我每天堅持寫生活日記來充實時光，於是連續寫了三年日記，如今細細回味曾經的過往，生命中所有的遭遇，都是有計劃性的出現在生命裡，可曾發現許多不得已的人和事，在冥冥之中早已經注定會分離。

　　入住台灣這些年，我早已忘記這些日記的存在，直到有一日一位舊友告知我，他手上收藏我在人民保險公司時候的日記，聽到這個消息，我不知道這是驚訝還是歡喜，也許是陌生，總之我有些不認識過去的自己。

　　但我很榮幸好友能夠保存我的日記直到今日，讓我突然又想起了許多的流年記憶，且有幾分浪漫的回憶價值，然而曾經的一切美好只是為了渡化我們而來，當初即便是我們選擇離開，也都顯得那麼自然而天意。

　　記得 2004 年，我很自然的搜尋了一個寫作論壇網站，中國遊戲中心論壇，觀摩幾日之後我便註冊了寫作生涯的第一個永久帳號，為了給我的帳號取一個美麗優雅的名字，於是我思考了許久才決定這個永久中文名字，「蝶芯」，直到今日我仍然珍惜著這個名字。

　　從而她是我寫作的第一個永久帳號和 ID，因為她是我幸運當選論壇副版主的管理員帳號，因為她是我拿下社團蟬聯冠軍的組織者管理員帳號，她還是我在公開平台首次發表文章的首次榮耀帳號，因為那一次的首發文章，我便再也無法吝嗇我的文字和熱情。

　　那些年，姐妹臉上的笑容特別純真善良。

　　那些年，對於人生的期待特別夢幻嚮往。

　　那些年，勇敢無畏的蝶芯特別勤奮上進。

那些年，默默寫作的蝶芯特別神采奕奕。

寫作生涯至 2005 年便來到了台灣，來台之後我用部分的積蓄從中國購買了最新電腦郵寄來台灣，這真可謂是精神至上的江湖女俠，無論天涯海角都不忘記投放在精神上的充實，也是一種精神上的自我投資。

如若沒有自己的電腦，便如何也沒有寫作的興趣，也許是我來到這個陌生的地方暫且還未聞到書香的味道所致，不可否認，更換一個新的環境之後，想過上自己想要的生活確實有些困難，因為一切將歸零處理。

好在那些年手上的積蓄還算不少，好在內心的信仰一直提醒著什麼，既然周圍環境中沒有書香樓閣的氣息，那麼，心中的責任感便會提醒我，你需要努力提升自己，然而當時的台北中和市區街道可謂是極度冷清，然而我內心清楚所要的是什麼，既然選擇漂泊，自然是想要靠自己走完這一生，這便是信仰中的遠方。

人生歸途是一盤無解的棋，冥冥之中總有特定的安排，我們可以試著細細回憶曾經的記憶，如果沒有當時的荒涼程度，還會不會有如今的頑強而不妥協；如果沒有當時的民族歧視，還會不會有如今的生命韌性。

我終於發現，再多包容都不會改變任何人的本性。

我終於發現，再多付出都不會喚醒任何人的良知。

是的，許多的殘缺，皆是為了推動我們另一種的前進，皆是為了讓我們遠離那些荒謬無度的人和事，因為，你將會學不到美好的美德，也得不到更好的成長。

學會善待自己，盡自己的本分去完成應盡的責任。

努力培養自己，盡自己的本分去完成應盡的使命。

在記憶中，我堅持了許多本不能堅持的事情，當下我並不知道興趣和天賦是什麼，純真的個性使我在最艱難的時刻，堅持創造了許多陽光的文字，且永久保存。

第五節：修善精神內在心魔 ✦

他責怪世界不公
所以他不快樂
除了他自己
沒有人能夠左右他的快樂
他憎恨、他忌妒、他排擠
他千方百計加罪於別人
於是他找不到幸福和快樂
因為他種下惡的種子
所以痛苦和疾病喜歡上他
幸福和快樂離他而去
她熱愛美麗世界
所以她很快樂
除了她自己
沒有人能夠左右她的快樂
她熱情、她勇敢、她善良
她和諧自然友好於別人
於是她找到了幸福和快樂
因為她種下善的種子
所以快樂和健康喜歡上她
痛苦和疾病離她而去
她對這個世界充滿好奇和友善
她與善良，真誠，寬厚做朋友。
她從未害怕過貧窮與邪惡
她天生承載著責任的使命
她天生承載著知足的使命
所以，她一直都很美麗。
這美麗，讓邪惡為之羞愧。

這美麗，讓魔鬼為之回避。

這種和諧的美麗便是人間無限溫暖的陽光。

　　這世上沒有完美的人，這世上只有善良的心；精神貧窮者皆屬於思維病毒者，這是科學依據顯示，呈上所訴，皆是依據，那麼只有解救思維才能得以重生。

　　建立獨立思維模式，陽光燦爛地活著，這個環境一直很公平，只有命運不公平，然而，我們如何對待生活，生活便會如何對待我們，這便因了自然因果定律。

　　幸運與不幸，皆因人們心裡住著兩個心魔：一個是白天使；一個是黑魔鬼；起心邪念，魔鬼就會來到；起心善念，天使就會來到；這便是宇宙吸引力所致。

　　活著不是為了抱怨，而是為了成長，無論過去，無論現在，無論白天還是黑夜，未來將會更加美好，因為時代一直在前進，且是飛越中進步，所以無須過多庸人自擾，保持真誠善良的本性，災難便會不解而自破，因為，每一天都是新的開始，誰也無法阻擋未來。

　　幸運無處不在，然而，我們活著就是一種幸運，只要閉上雙眼，靈魂便能感受關愛；只要張開雙手，靈魂便能擁抱整個世界；只要真心祝福世界，世界便能充滿無限陽光與和諧，以及真誠和友善。

　　人間疾苦皆自因果，前生因果是無奈，今生因果皆自取，來生因果須自全，所以，未來則是可以顛覆的未來，從而我們活著，便是為了感受這種顛覆的驚險過程，因此，我們活著，還是為了成功顛覆貧窮思維。

　　思考如何好好活著，學習認清自然環境規律，了解人性不斷修煉心法，這也是人生必修之課，試著參透因為、所以、然、

之間的因果關係，得以明心見性，且達觀而處世，只有改變思維方式，才能改變命運。

人生成長中的風險皆是自帶風險，不要害怕失敗與挫折，相信所有的委屈，宇宙母親一定會以另一種方式加倍補償給我們，相信時光依然，相信赤誠依然。

這世上沒有絕對的對與錯，這世上只有相對的因果論；因為人們心中，所認為的好與不好都是他們眼中所局限的認知和標準，都是由環境所自然而產生的因果結論，都是人性的需要與不需要所造成。

如果一定要追求真理和對錯，那麼真理和對錯，既是春夏秋冬自然因果定律，能夠掌握自然定律的人，且能夠掌握人性的貪婪，能夠掌握人性的貪婪，也便能掌握全局，所以不斷思考人與自然，得以解脫迷惑。

在自然中播種，在自然中成長；在自然中收穫，在自然中貢獻；然而萬般對錯，皆來自自然因果循環導致，無論是精神內在因素，還是身體外在因素，皆是自然環境因果循序緩慢漸近式結論的一種反饋顯示。

既知痛苦如夢幻泡影，睿智的人則懂得化痛苦為力量，擁有足夠睿智，也就擁有足夠的生存能力，只有人的能力才能解決問題和痛苦，包括精神內在和身體外在的問題，然而沒有能力的人，自然也是沒有自信的人。

所以，思考提高能力，因而提升能力則需要漫長的歷練過程，因為生命成長的規律和速度無人能夠違抗，所以累積豐厚知識，知識將演變成智慧，再試著用智慧去修復精神內在和身體外在缺陷，得以完整提升自信，從而擁有自信，才能解決所有問題和痛苦。

生命本應充滿自信，且美麗大方，所以，書山有路，學海

無邊，只有通過累積認知，才能使人產生自信。

　　人生遭遇和磨難，早已替我們安排妥當，所以害怕也是無用，有一天我們會感謝這些遭遇和磨難，正是這些不設防的遭遇和磨難才造就了時代，才造就了生命的韌性，從而這種韌性將成為一種無堅不摧的能力。

　　所以，勇者無懼，相信自己的能力；相信總有一天，一切不好的遭遇和痛苦都將會消失在歷史的沙河裡，而這歷史的沙河裡，將永遠存在著黑白對立的思想。

　　如同黑夜與白晝永遠的對立，要知道，黑夜與白晝，是一種自然現象；黑夜與白晝，不是對與錯；黑夜與白晝，只是一種自然角度變化所顯示的結果。

　　試著換一個角度思考問題，也許問題將會變成一道風景，然而人與人之間的距離，不是熟悉與陌生，而是彼此不同的認知角度，然而認知角度的存在，皆因自然環境所產生的自然生長定律而決定。

　　自然環境為了成就更頑強的生命，命運悄悄鞭策了一個大劇本來套牢我們、折磨我們、迷惑我們、羞辱我們、所以貪婪和慾望，還有所謂的得失皆是虛擬的幻覺，只要找到自己的定位，便能看清環境與人性的本質，感知將會由心隨境轉，而演變成境隨心轉的境界。

　　那麼，寧可在環境中隱忍，也不要輕易放棄生命，哪怕是普天之下都已誤會；那麼，寧可在低調中孤獨，也不要輕易妥協命運，哪怕是地獄之門已經敞開。

　　所以，找回自信，改變缺陷，成就自己；因為只有成就自己，才能戰勝黎明前的黑暗，命運將會披荊斬棘，熬過去，便將會遇見蝶谷裡最真實的天籟，生命之歌，總是如此驚天動地而又不失高雅的韻律。

真正的幸福，不是擁有多少金錢和財富；真正的幸福，源自於精神內在的富足；而自然環境無時無刻都在為生命補充智慧能量，這能量取之不盡，且用之不盡。

要堅定的相信，除了自然界的災難，我們能夠克服一切精神內在缺陷的不足；要堅定的相信，除了宇宙突然消失，我們能夠克服任何人為上的災難；所以提升認知能力，以平衡精神內在缺陷，以解救思想和靈魂。

真愛生命，尊重自己；獨特的命運造就獨特的天性，而獨特的天性成就獨特的命運；要知道，這世上除了父母，最值得依靠的人，便只有我們自己，所以修尚內在心魔，平衡內在缺陷，讓獨特的生命儘管優秀。

我們在蝶谷裡歌唱屬於自己的天籟，相信明天的太陽依然燦爛，相信黎明前的黑暗，只是一種虛幻的考驗。

修尚內在虛榮心

一個自我覺醒的人，具備獨立思考的能力；而被動覺醒的人，則缺乏獨立思考的能力。

要知道，生命的成長順應自然規律而發展，才是最好的成長方式，不必在意一時的得失功過，一切遭遇和挫折都是為了教會我們識人和識己，都是為了教會我們認識這個大環境。

我們都知道過去因果不可改，那麼，試著更改未來的果，試著佈施未來善的因，試著強大自身的能力，才得以修尚未來的果，強大自身的能力則是為了解決問題，失敗不是最可怕的，最可怕的是放棄自己，從而無法解決問題，所以問題的存在，只是為了解決問題。

理智面對問題的存在，勤於思考將使人擁有足夠的理性，

思考還將使人擁有遠見，而擁有理性和遠見的人，則都是擁有智慧的人，從而擁有智慧就是擁有能力，從而擁有能力就是擁有智慧，這便是生存的利器。

真正的遠見，則是以善為前提而佈施的前瞻，凡是以善為前提之下的修尚，皆會有好的結果，只要是有意義的方向，只要是善的佈施，人人皆要事必躬親。

以善為前提之下的佈施，皆是通達的智慧；皆是廣博的胸懷；以善為出發點，把複雜的事簡單做，把簡單的事認真做，把平凡的人生過成如詩如畫般美好。

生命蛻變後的蝶舞彩虹，將是七彩之星的榮譽；覺醒是必須的疼痛；覺悟也是必須的更新；真正以善為前提的教育方向，是要教他懂得如何學習、如何優秀、如何付出，而不是教他如何精明算計，如何索取。

前半生的業障，皆是教育的敗筆，因教育敗筆而延伸致惡性因果，從而因果循環將無休無止，所以一切貧窮教育下的靈魂，都將會受到未來因果的考驗。

正確的愛和教育，不是索取；不是指責；更不是溺愛；而是以尊重為前提之下的引導，然而，每一個人的人生都必須依靠自己，必須承受自己所犯下的因果，因為自己所造成的業障，則由自身去消滅。

逃避責任終將無法化解業障，時時面對責任才能化解業障，這也是每個人終生的革命，無論信與不信，要知道貧窮教育之下的靈魂，早已形成因果業障。

又如同《項鏈》一書中的寓意：因為虛榮心以及愛美之心，從而為寶貴青春買單，她為了償還一條項鏈，從而十年期間過著貧窮而又卑微的生活。

她就是「瑪蒂爾德」，《項鏈》一書中的女主角，她證明

了問題的存在，則是為了解決問題，從而她做到了誠信，也做到了直視問題，並解決問題。

瑪蒂爾德，她還證明了虛榮的代價，後來她用自己十年的青春終於償還了項鏈貸款，這是由虛榮心所帶來的慘痛代價，無可厚非，虛榮過度必將承受無法違抗的因果，但是生命也必將有能力去化解惡性因果。

一切惡的貪婪之心，都被懲罰過了；一切善的貪婪之心，也都被認可過了；然而，瑪蒂爾德她的故事則證明了重要的一點，「直視問題，問題將會隨之消失。」

虛榮並沒有錯，可是瑪蒂爾德她只有愛美之心，她並不是真正的愛慕虛榮，所以，她只是錯在無法控制自己的愛美之心，從而為了愛美之心而付出代價。

但是瑪蒂爾德在面對過失及問題時，則以善和責任為前提，化解了由自己的愛美之心所導致的債務，所以瑪蒂爾德用她的責任心和善意，更改了未來的善果。

所以，世上沒有永遠的燦爛煙火，有的只是愛美之心和虛榮之心，想要欣賞美麗的煙火，則需要依靠自己努力而累積實力來換取，因為美好的表象背後承載著巨大的代價，而這個代價將會是我們能力的極限。

諸如此類的故事比比皆是，只是有人選擇直視了責任，直視了錯誤，而有人選擇逃避責任和逃避錯誤，於是善惡的形成，只在一念之差之間形成天使與魔鬼。

人生就是天梯效應，成長必須是一個台階，接著一個台階往上爬，從而自我覺醒者將決定未來的高度，當生命承擔了多少虛榮，就必須要用多少代價去購買。

貧窮與富有之間的區別，只在品德的高尚和品德的卑微，有些人跟人攀比了一輩子，卻不捨為需要幫助的人伸出援手；

然而，有些人清貧了一輩子，卻總是願意為需要幫助的人而排憂解難，這便是黑白所致。

膚淺無知的人，只看表面；城府深遠的人，只看本質；沒有歷經大風大浪的人，沒有大徹大悟之人，還談不上是城府深遠，所以，遭遇磨難定會成為一種收穫。

我們再看看《圍城》一書中的寓意：城內的人想出來，城外的人想進去；圍城一書則證明了一種人性自然規律，證明了追求人生，只是一個逆向的思維空間。

窮人想變成富人，富人想成為清閒的人；人生猶如圍城，窮人羨慕富人，富人卻在不快樂，因而，窮人不窮，富人不富；所指一種思維的覺悟。

人生中所有的遭遇皆會有代價，這個代價，將成就我們思維上的無上境界，這個代價，還是可以化解的因果，從而遇見更好的自己，皆指一種成功的蛻變。

惡的因必將導致惡的果；善的因，必將導致善的果；想要化解來生的因果，則必須要佈施眼前的善，以愛的和諧教育為前瞻，以愛的責任為擔當。

那麼，試著化解惡因，成就善果；皆來自於以善為前提的責任和擔當；皆來自於以善為前提的提醒和指引，這些都將是化解惡因的長遠佈施。

所以，不懼風雨，自省自愛;只有自我覺醒，自我審視的人，才能夠化解惡的因，才能夠成就善的果。

生命所承受的代價，皆是代價中的代價；生命所覺悟的境界，皆是境界中的境界；然而不歷經風雨，又何以見彩虹，這蝶舞彩虹將會是人生最美的相遇。

苦的盡頭是甜；甜的盡頭是苦；喜的盡頭是悲；悲的盡頭是喜；得的盡頭是舍；舍的盡頭是得；名的盡頭是利；利的盡

頭是名;我們深以為然。

失去便是擁有,擁有便是失去;無中是有,有中是無;誰能通透達觀成敗,思維與靈魂將享受無上的境界。

成長的代價,將會是一場智慧的蛻變,若是珍惜命運的款待,命運也將會珍惜我們的存在,倘若無視命運的款待,命運則將會無視我們的存在。

去除虛榮心,才有平常心;有了平常心,便沒有傲慢心;去除傲慢心,才有謙卑心;有了謙卑心,便沒有膚淺心;生命如此簡單,簡單的減法便能順心如意。

命運在虛與實中顛覆,在黑與白中迷茫。

靈魂在善與惡中抉擇,在得與失中悲歡。

追求在名與利中權衡,在成與敗中卑微。

要知道,每一個人都是獨立的個體,都有權力去追求,然而,追求人生只是成長路上必經的考驗,相信所有的考驗,只是為了成就我們而來,從而生命因痛苦而成長,生命因成長而快樂,所以,時刻逆向思維將會收穫進階邏輯,收穫正向人生理念。

那麼,思維因蛻變而通透,人生因風雨而珍貴;所以,一切都是最好的安排,一切發生都將是無法改寫的歷史,一切故事都將會沉入歷史,且無人能改寫歷史。

第六大章：善待信仰

第一節：不念世俗煙火處

　　要相信自己，做最優秀的自己；這是我們要仿佛提醒自己的正確人生理念，所有人的生命價值皆由自己去創造，而創作自己才是一條廣闊之路，創作猶如陽光照耀著前方的風景，一切美好將任由我們去珍藏。

　　歲月無情也有情，因為歲月贈給所有生命學無止境的權力，除非我們不想進階思維格局而只為當下而活，然而，只為當下而活，只是一種現實面的選擇。

　　我們可以試想，若是人人只為當下而活，那麼這個世界將不再有更多的人去創作這般豐富的物資呈現，以及精神享受，而為當下而活，只是一個現實面藉口。

　　思維模式的存在，本身就是自然的常態及生存的資本，然而思考未來則是一種自然現象，要知道人的思維系統無時不在更新，且會創作豐富的精神財富，所以真正的富裕，皆來自於精神內在的富足。

　　不要執著追逐於他人，而卻忘了富足自己，忘了善待自己；欣賞他人的同時，也要完整演繹自己，生命僅此一次機會，每一個人都能綻放出屬於自己獨特的價值樣貌，獨特的生命本應充滿完整自信，充滿陽光。

　　進階思維人生，若是思維不能繼續健康成長前進，未來將會是怎樣一個結局，然而跟不上節奏的人比比皆是，有人落敗到四面楚歌，有人落敗到自暴自棄。

　　那麼，貧窮和痛苦，又是如何產生的呢，然而事實的真相

則是人的內心並不缺少金錢，而是缺少內在健康精神，所以窮怕了的人，以求得溫飽；不缺溫飽的人，以求得中產；從而高階層的人，奢望求得名譽地位；

那麼，依循自然規律而自成自全，通過逆向思維而透徹人性規律，並在萬變的人為環境中做到寵辱不驚，而人之所以有骨氣，貴在自愛，貴在有自知之名，貴在能堅守自己的本分，貴在不吝嗇可貴的善良。

那麼，善良才是通往幸福的唯一法則，而懂得適可而止，且知足常樂，則是贏得靈魂安寧的唯一素養。

人生的成敗，皆不如閒暇之時與身旁良人細品清茶一盞，因而，得之我幸，失之我命；人兒何以抱怨，又何以悲傷，皆因不知足，皆因放不下。

既知紅塵皆過客，既知飄渺如雲煙，不如在這善變的人性環境中保持一顆善良的本心，自知且自愛，以一顆知足且感恩之心自立於紅塵，不狂不傲，不爭不辯，也能落得一個百合暗香悠長的本分。

追求沒有錯，錯在過度的貪婪；無知沒有錯，錯在不精進修為；虛榮沒有錯，錯在攀比和傷害。

所以，凡事過猶不及，力求在這凡塵俗世，修得一顆知足心，修得一顆謙卑心；修得一顆捨得心，修得一顆無我心；方能立於無上的境界之上，思維才能自由自在遨遊在虛實之中，且不沾染這世俗的膚淺。

靈魂與大自然將會有一個約會，靈魂將用最溫柔的方式去觸摸這個世界，觸摸時間與空間此時的無聲勝有聲，這便是靈魂與大自然之間的默契。

心與靈魂說好靜下來，才會有我的出現，那麼，只有把心靜下來，才能夠觸摸到時間和空間的無形勝有形，然而，此時

無聲勝有聲。

遙遠的銀河中心有一種愛的神秘力量，足以平衡運轉整個星體，它是以和諧為平衡點而指引整體運轉，而我們人的思維不可一秒無平衡，思維也不可一日無更新，所以仁愛的思維，才是平衡大我環境的能量。

然而，無愛的靈魂和自私的血液，以及不前的思維，終將會被自然淘汰在歷史的沙河裡，因為不被環境需要的因子都將被人心驅動所遺棄，那麼，我們為什麼學習，為什麼工作，為什麼努力，所有因迷離心所產生的迷茫，便會有了一個切實的答案。

我們尊重這個世界，世界才會尊重我們；我們尊重自然規律，自然規律才會協助於我們；我們尊重獨特靈魂，靈魂才會成就我們；而我們思考進階思維，思維才會進階成長；因為宇宙中心有一個點，這個點是屬於我們共同的方向，這個點，便是共同的平衡點。

從而這個平衡點將會解救一切災難，因為任何偏激一方的自然現象，包括人、事、物，及思想都將不會持久和諧這個空間，然而我們更無須自我吹噓，因為你我的那一點成績和做法，在宇宙中連一秒都算不上。

為了尋求共同的平衡點，人們耗盡了情感也耗盡了生命；越來越孤獨地活著，從而人與人的差距也越來越遙遠，所以，認清大環境，認清環境中的自己；思考人與自然之間的和諧，借以提升進階思維格局，進階思考逆向規律，才得以平衡，才得以和諧未來發展。

這紅塵世間，皆是自然因果所演繹的神話，既已入局，便要刻苦向上，書山有路，學海無邊；古往今來則萬變不離其心；經綸天下則萬卷不離其宗；參悟是一種境界，尋一份和諧的自

然，品一盞清雅的茶香。

生活中的小使命

人的這一生都在演繹一個或者多個名字，為了這些名字，我們學會了真誠，我們傾盡了一生的心血來維護她，從而在不斷告別過去的模糊中，因為有了這些美好的名字，還能保持一份清醒，保持一份頑強生命韌性；因為，我們還要毅然決然得走下去。

我的第一個名字：「彭安珍」，這個名字是父母送給我的第一個名字，於是我將一生中的赤誠和天真都演繹在了「安珍」這個名字身上，這個不曾見過世界的名字，滿滿都是愛的包圍，滿滿都是美好的期待。

我的第二個名字：「彭其珍」，這個名字是父母為了學習所送給我的名字，我那懵懵懂懂，且又無畏的青春都演練在「其珍」這個名字身上，這個名字見過世界的五彩繽紛，也見識過了人心的爾虞我詐。

我的第三個名字：「蝶芯」，這個名字是我為自己的寫作生涯所親自準備，且付費的名字，因為獨愛蝴蝶的美好使命，且獨愛蝴蝶與自然之間的和諧與共鳴，這個名字曾讓我遇見最美麗的自己，也讓我感受到了生命的價值及意義。

我的第四個名字：「彭品心」，這個名字是我為自己未來的人生所收藏，且付費名字；品味人生，品味人心；獨善其身，獨善其心；人生如茶道，只有遇見對的人，才能品嚐這生活中的甘甜，這甘甜，且是逆向的甘甜。

是的，人生只是一個品味的過程，品心，品茶，品味人生的酸甜苦辣，品味這其中的味道是濃，還是淡了。

生命在酸甜苦辣中蛻變，在蛻變中遇見蝶舞彩虹的故事，這故事，將譜寫人生的精華，所以，試著打開智慧的大門，去迎接智慧的寶藏，這寶藏將會是你我生命的價值，這寶藏還是

你我活著的意義。

這一場宿命，既是為了演繹蝶舞彩虹的神話，當命運未經風雨，當成長還未有蛻變，遠方則不會遇見美麗的蝴蝶；當人生未經磨難，當路上還未披荊斬棘，天空則不會出現美麗的彩虹，這便是蝶舞彩虹的神話。

所以，風雨皆是為了成就美麗的彩虹而來。

所以，磨難皆是為了成就蝴蝶的蛻變而來。

所以，成長皆是為了成就命運的神話而來。

當彩虹出現則是一種愛情；當蝴蝶起飛便是一種成就；蝴蝶總是承載著美好的使命，所以，蝴蝶更不會平白無故的起飛，遇見風雨之後的蝶舞彩虹，也定會是一種蛻變的寓意，這寓意已是穿越風雨的考驗，成功蛻變成起飛的蝴蝶。

人生如詩如畫，生命如泣如訴；生命自一落地便在哭泣，生命在哭聲中脫胎換骨，生命在哭聲中煥然一新，生命在披星戴月中成就蝶舞彩虹的神話。

既知蛻變定會有其道理，苦難也不會平白無故的來臨，不設防的遭遇也定會有其寓意，這寓意，皆是為了參悟人與環境的因果，於是你我將學會更正前生的因，借以化解今生的劫，從而遇見最美麗的自己。

人生最美的相遇，既是遇見蝶舞彩虹的驚奇，遇見非凡的價值觀和人生觀，遇見路上最優秀的自己。

因而沿途的風景，時而風和日麗，時而狂風巨浪；時而秋風蕭瑟；時而寒心徹骨。

不念世俗煙火處，天涯無處不是家：下一程，生命將如歌如夢，且如詩如畫，願以詩和遠方一生相伴，人生的天籟將會一路歌唱到底。

只要你願意，未來的人生將如詩如畫，如行雲流水，如四季風貌，生命的遭遇在變幻莫測中起伏上下，又如切如磨，且如泣如訴，又猶如一隻孤獨的狼歷經千山萬水，正等待風雨之

後遇見蝶舞彩虹的剎那神話。

漂泊的路上遇見一隻孤獨的狼

　　有一隻孤獨的狼，一路穿越萬水千山，漂泊 21 年的風雨兼程無限豐富而多彩，於是孤獨者並不寂寞。

　　我天生就是一個有主見的女子，從不會勉強自己去做任何不喜歡的事情，而只做自己所感興趣的事情。

　　而我以為，刻意的選擇不會得到真正的快樂，無論是親情、友情、愛情之間的所有選擇皆是自然而然，且隨緣而隨心，倘若只求利益之人，我定會棄之遙遠。

　　漂泊的意義不是為了漂泊而去漂泊，而是為了歷練自己而去漂泊，順應自己的內心，去做正確而值得的事，從而才不負自己的靈魂、才不負這僅此一次的到來。

　　我許是一隻孤獨的狼，一路的同伴只能住在我心裡，人與人之間最好的尊重是不去輕易打擾，然而，一個認真生活的人，我明白前生的因，也明白後生的果。

　　這一路的遭遇和相伴，皆因彩虹所刻畫出的美好，好在內心深處還有幾處暖心之地，這已是人間值得。

　　一個一直都在努力向前進的人，一個歷經大風大浪之人，早已不知道什麼是恐懼，早已無力回頭，也無力再去計較與現在的自己不相匹配的人事物了，當人們正用金錢衡量人的時候，我還在學習；當人們百般加之罪於我的時候，我卻在成長。

　　因而，人生所有的歷練，皆是生存的資本，也是伴隨我們終身的精神財富，所以順應自然而成長，一步一個腳印，相信熬過寒冷的冬天，便將是溫暖的春天。

　　學會自我扶平內心波瀾，保持心平氣和，既知人生的得到是一種失去，既知人生的意義是一種信仰；那麼將信仰堅持到底，哪怕最後你只是一隻孤獨的狼。

　　每一個行業都有能幹的人士，只要用心去學習、更新、創

作、相信所有的歷練，在經過總結之後都將會通透呆滯的大腦，也相信時間會給我們一個滿意的答案。

由於天性使然，成長必是依循自然的規律，只要我們一直都在努力的路上，便是很好，烏龜能活千百年左右，所以，烏龜成長的週期和頻率稍微慢了一些。

當他人以財力衡量人的時候，我們要看人的德行；當他人都在驕傲自滿的時候，我們要學會謙卑和低調；這樣一個善變的人性環境中，不隨波逐流，也能遊刃有餘；不妄自菲薄，也能一言九鼎；然而百孝不如行善；萬變不離其宗；人人皆可修善；事事皆可共榮。

學習的目的終究是為了探索未知的領域，所以維持更新，想要站得更穩。想要走得更久；並非憑借運氣而支撐，從而成就能力的意義，終究還是為了解決問題。

是的，只是為了解決問題，因而只考慮小我利益的人並非是真善美，因為，立身只是本分，救贖才是德行；所以，不要目空一切，然而風水互補輪迴，保持淡定且寵辱不驚，以一顆慈悲之心去看待世人的成與敗。

要知道，成也在人，敗也在人；成也慾望，敗也慾望；既然生命是為了追求自己的信仰和領域，那麼，不如淨心，不如沉澱；不如觀望，不如祝福。

人人皆可成為善者；人人皆可成為仁者；人人皆可追求自己想要的生活，但是不要去攀比，更不要去傷害他人，因為好人自會有好報，好人自會得天助。

心胸寬廣乃真善；大愛無疆乃真美；而海納百川，且心胸寬廣之人必會有福報，所以無須等有能力才去播撒陽光，這個世界四處都是黑暗的影子，且四處佈滿了貧窮教育，然而，所有生命都需要和諧陽光來照耀。

那麼，試著用溫暖的言辭，善意的表達去譜寫正向的陽光和遠方，將會發現我們的四周洋溢著無窮無盡的希望光芒，且

洋溢著無邊無界的智慧能量。

無關貧富，蝶谷裡的蝴蝶，總是會圍繞美麗的花朵而翩翩起舞，蝴蝶始終如一，千古不變的傳播花蜜和傳播美好，正是這種天賦，才得以完成她美好的使命。

在逆境中尋覓希望之光，在考驗中找尋生命的真諦；我們將竭盡全力，且全力以赴，以善來完成使命。

人生如茶，觀心賞德；生命如詩，獨善其心；試著調養生息，和諧身心；試著在鬧中取靜，以靜致動；要知道跌倒了並不可怕，可怕的是放棄站起來的機會。

紅塵修心皆是命運的款待，人生路，謙虛謹慎行得穩；清淺半意孤人飲；品格高尚皆富足；修籬種菊菩提心。

因而紅塵修心，既是在心中耕田種地，既是在這菩提樹下獨飲清茶一盞，從而此時得也亦然，失也亦然。

想要蛻變重生，不曾歷經萬箭穿心，又怎會蛻變成美麗的蝴蝶；不曾經歷狂風暴雨，又怎會出現七彩的彩虹；這雨後的蝶舞彩虹，將會是生命中最美麗的盛典。

有一隻孤獨的狼，心裡只能留下曾經一起努力過的兄弟姐妹們，2010 年 5 月 10 日，我正式創立了自己的社團，記得那些年我們一起寫論文，一起奪下聯賽冠軍，並創下中游歷屆前所未有的「蟬聯三連冠」的神話。

打江山難，守江山更難；我們清楚個人優秀的重要性；我們明白團隊凝聚力的可靠性；我們更知道認真對待的可貴性；我們為了榮譽而戰，而不是為金錢而戰。

於是有一隻孤獨的狼，心中只留下曾經雪中送炭的兄弟姐妹們，因為肝膽相照的可貴性，因為堅定信仰的重要性，我們相信自己，並成就最優秀的自己。

那些年，面對那些不可違抗原則的抉擇裡，我放下了現實的干戈，我熬過了生活的考驗，我珍惜了一切學習的機會，我擔當起那原本不屬於我的責任。

我在虛實中折騰自己，歷練自己；我在進退中充實自己；完善自己；我曾將平淡寫成了詩和遠方，我曾將平凡寫成了人生的天籟。

我曾用尊嚴換來了孩子的健康；我曾用包容換來了家庭的和諧；我不知道我還擁有這麼大的勇氣，我只知道什麼才是人間冷暖；什麼才是忍辱負重；什麼才是在蛻變中覺悟的美好。

第二節：成就正確的信仰 🦋

生命的到來一定有它的意義，既然來到這個世上，就應該將生命之光發亮，那麼，只有點亮了自己才能照亮他人，才能保護需要我們的人。

那麼，生命之光的意義，既是被人們需要的意義，當我們知悉生命的意義，便不再輕易說放下，因而真正的修行，只有階段性的成長，沒有階段性的放下。

適當在某個成長階段，及時提醒自己，我不是無用的人，我是一個被需要的人我的生命是有價值的生命，然而有價值的生命，皆是勇敢擔當責任的人。

認清環境、認清人性、認清自己、也就是見天地、見眾生、見自己、這便是生命成長蛻變的過程，這個過程將會是修行路上的覺悟，覺悟心如明鏡的意境。

那麼，在思考中安然自處，得也安然自處，失也安然自處；可謂讀書寫字種花草，聽風觀雨品酒茶；可謂窮則獨善其身，達則兼濟天下；這便是千古留香。

在思考中收穫明智而豁達的心，試著思考人生與財富的意義，世界上最有錢的人是猶太人，猶太人認為沒有金子就種花草；沒有金子就學習知識累積智慧。

所以，無論貧富都要保持良好的心態，任何時候都要懂得沉澱自己，充實自己；看似無所作為，但不代表不作為，要知道，生命只是在無聲中成長。

　　生命的意義不僅僅如此，生命存在的意義，還是讓有限的生命意義值價最大化，要如何才能讓生命的意義價值最大化，這才是人生的最有意義的終極境界。

　　人與人之間的區別只在於，有些人為自己而活，活得怨天尤人，而有些人為別人而活，卻活得萬眾敬仰，這便是索取與付出，兩種不同思維模式顯示結果。

　　因為，這世上最寶貴的愛，則是不求回報的愛和付出，這也是為什麼富人們總是樂於把金錢捐出去的原因，因此，人生的最高境界，不是得到，而是奉獻，那麼，成就高尚的靈魂信仰，才是人生終極的意義。

　　那麼，如果我們誠心想要幫助他人，隨時隨地都可以傳遞溫暖，無需等到富有之後才想幫助他人，只要是真心實意的付出，任何角落都可以傳遞溫暖。

　　因為，人的生命，皆是來自自然環境的產物，既然環境造就了條件的優越性，那麼，就應該盡其可能的將這份優越性發揮到極致，難道不是嗎。

　　環境使然，相信每一個人都有屬於自己的獨特優勢，只是有人選擇安於現狀過一生，而有人選擇竭盡全力，力爭上游去尋找生命的真諦，去解鎖生命的意義。

　　用感恩的心，去發現宇宙母親饋贈給我們最好的禮物，從而去傳遞這生命的禮物，才不會辜負這生命的意義，所以生命被需要的意義，既是交換禮物，還是交換價值，因此來到這個世上，皆是為了付出，而不是為了索取，要知道，我們付出的越多，將會得到的越多。

一個高尚的人，從不認為付出是一件吃虧的事情；一個優秀的人，從不認為貧窮是一件丟人的事情；一個強大的人，從不認為孤獨是一件寂寞的事情；一個有能力的人，從不認為問題是一件複雜的事情。

在自然中試著逆向思維，將成就睿智而通透的人生觀，享受得失之間的虛與實，享受虛實之間的得與失；在黑白中覺悟善與惡，在善惡中覺悟黑與白；在成長中慢慢變老，在變老中慢慢成長；這便是進階人生。

百年樹根在地底下，到底扎根有多深，且無人知曉，思維與靈魂的境界，到底有多高遠，且無人知曉。

思考高遠的人生境界，所以，窮人不窮；富人不富；所以，孤獨者；並不孤獨；而所有表象的得到，並非是真正得到；所有表象的失去，也並非是真正失去。

年齡的增長，便是時間在減少；年齡的減少，便是時間在增長；付出就是得到，索取便是失去，因而施比受更有福，因為施者皆是強者，然而受者皆是弱者。

生命如夢如醒，要知道，活著就是一場修行，一路的自然成長皆是修行，所以成就自己，照耀他人；因為照亮了他人，從而感受生命至高無上的珍貴價值。

要知道付出的越多，得到的就會越多；而索取的越多，失去的就會越多；所有的付出皆不是為了回報，而是為了修行，只為在修行路上收穫些許的逆向甘甜。

在思考中覺悟人生的過程，既是見天地，見眾生，見自己的過程；見了自己的苦，也就見了眾生的苦，見了眾生的苦，也就是見了天地之間的生死無常。

當我們看透了人間煙火，一切便會是一種隨緣，因為聚散離合，皆來自因果，不如隨緣來去，無須刻意強求不屬於自己

的東西，應該放開手的不必留，應該留下來的決不會走；所有提早的道別都不必挽留，就讓相遇來去自然而然，這便是一種坦然中的豁達。

宇宙世界中的自然規律，既是永無休止的循環形態，因為，生命是環境的產物，生命自帶無窮力量和能量，所以，生命擁有偉大的能量，這種能量應該如同天地般包容萬物，且滋養著萬物從而付出，且不求回報。

如果，人人付出只是為了回報，那麼，靈魂將會變得矮小而卑微，要知道，這世上最珍貴的愛，所指的是那些無私的愛，最珍貴的愛，還是充滿祝福的愛。

於是，美好的世界，皆因為付出而不求回報；然而和諧的世界，皆因為關愛如同天地般寬廣；所以學會在順境中感恩，所以學會在逆境中覺醒，在覺醒中收穫。

要知道，我們都是宇宙自然環境的孩子，所以，少一點傷害；多一點理解；少一點貪婪；多一點慈愛；如此才是人間值得，如此才能收穫這片刻歲月靜好。

那麼，要知道生命的到來，不是為了攀比和索取，生命的到來是為了成全他人，因為成全他人，也是成就自己，要相信關愛無處不在，要相信感動無處不在，感動自己是修身，感動他人，則是一種強大的能力。

所以，生命存在的意義，既是一種責任，對家庭的責任，對自己的責任，以及對社會的責任。

於是，在逆境中成長，在逆境中蛻變；在逆境中覺悟，在逆境中成就；在逆境中遇見最美麗的自己，然而最美麗的自己，皆與責任同在，皆與信仰同在。

從而處世修心，除了做人的寬度，還要有做人的高度，無寬度而不生長，無高度而不發展；無寬度和高度則不會有做人

的厚度，然而沒有厚度，則不會照耀下土。

所以，競爭不是為了比較而是為了進取；行走不是為了名利而是為了求知；努力不是為了金錢而是為了責任；付出不是為了回報而是為了修行。

於是，便有了方向，成就正確的信仰，成就正確的人生觀，價值觀，以及世界觀，捨棄矮小而卑微的選擇，成就偉大而高尚的靈魂；因為自愛的人，才有資格被愛；因為自審的人，才有資格審視他人。

在他人身上尋找錯誤的因素，在錯誤中尋找改進的方法，正確認知，且正向陽光地活著，這才是最好的自愛，如此，這一路上所有的付出，才會有所回應。

所有成長之路皆是在修行，只有懂得付出和包容的人，才能擁有大智慧；只有歷練苦難的人，才能參悟境界人生；然而紅塵修心，將會邁向更高一層的思維境界。

為靈魂和使命感而活

遠山，近水，閣樓處；似情，似意，似遠方；深入，淺出，行家人；悟此，悟彼，悟茶道。

覺悟 21 年，蝴蝶注定飛不過滄海，蝴蝶定是停留在菩提樹下，敢問菩提樹下的佛陀，你可曾遇見雨後的天空，是否飛過一隻美麗的蝴蝶。

人生的童話故事無處不在，你看那風吹散了雲朵，陽光撒滿了大地，微微涼爽的風，大大咧咧的光；要知道，風兒吹不回曾經走散的少年，要知道，陽光也留不住伴著花香的午後，這一次，蝴蝶徹底飛走了。

因為，蝴蝶只為它夢想中的天堂而來；因為，蝴蝶只為她

夢想中的天堂而去；因為，蝴蝶的宿命是傳遞生命的使命，蝴蝶的宿命還是和諧環境的宿命。

蝴蝶的使命是傳承，因而傳承則是一種美德，蝴蝶只為她偉大的使命而來，然而，人的使命，也是為了傳承高尚的美德而來，於是，一顆想要善待世界的靈魂，才是值得我們追隨和敬仰的靈魂。

因而生命的到來，如是一隻自帶使命的蝴蝶，誰也無法阻擋蝴蝶的宿命，這蛻變則是必經的過程，這蛻變也是宿命的安排，且無人能夠代替，所以，既然來到這個世界，無論貧富高低，生命都值得認真對待。

生命基因使得人的感情，皆是不可迎合的逆性，所以珍惜那些珍惜我們的人，尊重那些尊重我們的人；要知道，這個世界很小很小，小到只能住下幾顆心；這個世界很大很大，大到我們忘了來時的路。

然而，人生只剩歸途，生命因自然而生，生命因自然而去；所以無須刻意強求，只需竭盡全力，全力以赴。

那麼，無論環境如何捉弄都不要輕易妥協命運，因為嚴冬裡的寒風再怎麼徹骨，也終將抵擋不過春天的到來，這便是自然定律，所以，勇往直前不回頭。

經過 21 年，原來愛情是風雨之後的柴米油鹽，愛情還是不離不捨地風雨守候；愛情是不懼怕貧窮地相濡以沫，愛情還是百分百信任地肝膽相照。

所有相遇都是美麗的安排，而人與人之間的緣分，只有億萬分之一的機率，因為愛，學會感恩；學會包容；學會付出；學會珍惜；學會篤定堅強的未來人生。

如果愛情是有條件的，那麼將永遠也得不到愛情；如果婚姻是有條件的，那麼將永遠也得不到真心；要知道，以條件框

架而選擇的婚姻愛情，皆與愛情無關聯。

愛情不是利用的工具，愛情是建立在靈魂之上的信仰，因而再多的物資，也無法取代靈魂對於愛情的渴望。

成全他人，就是成就自己；一個懂得付出的人，才有資格被愛；一個敢於承擔責任的人，才有資格談愛；而一個以人為本的人，才值得人們去敬仰和尊重。

如果想要忠貞的愛情，那麼，就要累積許多的真誠和包容，用真心才能換取真心，用真誠才能換取真誠；既擇之，則惜之；要知道，一個約定，便是一種承諾。

上善若水，無我其中；愛情不是風花雪月般的偶遇，愛情是柴米油鹽中的平淡；愛情不是剎那煙火般的燦爛，愛情是熬過風雨過後的蝶舞彩虹。

當你嘗過柴米油鹽中的平淡，便知愛情原來是在平淡中孕育而滋生；當你見過風雨之後的彩虹，便知愛情原來是在感動中而獲得重生。

愛情曾是被現實與貧窮所熄滅的火焰，為了重燃這一把火焰，我們花了半生的真誠和考驗去重新點燃它，所以愛情不是剎那瞬間的煙火，愛情是苦難無法熄滅之火，愛情是彼此共同去征服的苦難回甘。

持子之手，與子攜老；熬得過，便是愛情；熬不過，皆是過客；然而，能否擔當責任，才能驗證愛情。

那麼，信仰金錢，還是信仰愛情，要知道，只有信仰自己的靈魂，才值得被他人尊重，因為一個連自己都不信仰自己的人，也同樣不會懂得尊重他人的價值。

生命如何蛻變，將無可替代，人生的信仰，也將無可取代，因此一個擁有正確信仰的人，既是一個有靈魂的人；一個擁有正確信仰的人，還是一個有尊嚴的人。

只有堅定信仰自己的人，才有靈魂去愛護整個世界，因為能成就小我的人而後才有大我，從而真正的窮人只是追求金錢，而真正的富人，則是追求心中的信仰。

　　信仰是建立在靈魂之上的追求，信仰是建立在仁愛之上的追求，信仰是建立在理想之上的追求，只有正確信仰自己的靈魂，才能收穫無上的尊嚴，因而錯誤的信仰金錢，將使得生命無法健康而陽光成長。

　　仁愛的人以他人之憂而憂；慈悲的人以他人之樂為樂；正確的信仰將成就無上的精神領域，那麼心如明鏡之時，得失又何妨？那麼意如菩提之時，成敗又何妨？

不做金錢的傀儡

　　一個女人應該信仰自己，而不是信仰金錢和地位；一個女人應該追球信仰，而不是嫁給金錢和地位。

　　真正的愛情無法用金錢來衡量，當愛情屈服於金錢，愛情將會離你而去，隨之而來便是失去尊嚴，所以女人不要選擇嫁給金錢和房子財產，女人要依靠自己，才能漂亮得像自己，因為，金錢可以再去賺取，然而尊嚴則是花一輩子時間，也無法找回。

　　要知道，給你金錢的人，並不一定會愛你；愛你的人，並不一定有能力給你金錢，許多女人錯誤認為，有人給她金錢就有了安全感，要知道真正的安全感來自於自己的能力，真正的安全感不是來自於他人的能力。

　　這是一個錯誤的信仰觀念，且是一個讓人們走入萬丈深淵的錯誤思維，只有弱者才需要依靠他人的保護，然而眼前的保護，也只是暫時的，而不是永遠的。

　　2003 年 12 月 25 日，我選擇嫁給了相處兩年的男友，在那個物資貧窮的年代，沒有見過世界的人一度認為大美女嫁給了

一個有錢的台灣人，然而事實恰恰相反，嫁給他是因為他心胸寬廣、相處和諧，且尊重於我。

不經世俗的我，由於個性使然，對於不同世界裡膚淺的認知，我並不會做過多的解釋，因為善良無須解釋，我尊重自己靈魂的選擇，靈魂自然也不會愧對我。

2001 年至 2003 年，我不食人間煙火陪他度過他人生中最落敗的日子，許是運氣，又許是天意，我幫助他解決了當下所有問題。

於是，我們之間便產生了絕對互信，因而便從零開始，我們建立了屬於自己的小家庭，考驗人生也從此開始，如果說愛情是什麼，愛情最初只是一種互信。

是的，最初的男女愛情只是一種互信，因為沒有經歷貧窮生活考驗的感情，皆屬於短暫的激情，只有經得住貧窮生活的考驗，才算得上擁有尊嚴之上的愛情。

然而，人生不是只有愛情，人生更多的是責任與信仰，當我們從一個熟悉的環境，再換到另一個陌生的一半之後，這個時候的婚姻將會給人格帶來最嚴峻的考驗，從而熬得過便是愛情，熬不過便是過客。

要知道，愛情裡面包含了無盡的哲學，愛情不僅僅是愛情，愛情還是責任，還是教育，還是朋友，還是親人，還是事業，還是知己，還是對手，還是知遇之恩。

第三節：練就一顆超然的心 🦋

生活是一首詩，是唯美的天籟，我們要如何譜寫，要如何歌唱；一切皆由我們自己去決定，人生是一門哲學，也是神聖的經書，我們要如何修行完整，我們要如何撰寫精美；全然只在自身的取捨。

因而，生命的到來，只是為了參悟人生的真諦，看得懂是

資本，看不懂是年輕；此時難得這清醒之後的難得糊塗，此番情境，皆是遭遇彩蝶之後的無價之寶。

人的心態決定善惡，而善惡決定因果，所以，以真誠換真誠，以忠義換忠義；因為，這世上沒人會拒絕一顆真誠又忠義的心，也沒人會拒絕一個善良的人。

人生路漫漫，且慢慢走，慢慢悟；要知道，山高海深，不可欺，不可負，不可不重視；這歲月如光，抓不住這如夢的青春，也留不住這如詩的年華。

不去在意這風月是圓還是缺，只想相伴這陽光與和諧，用最真誠而和諧的陽光，去溫暖世間失落的靈魂，試著化干戈為玉帛，萬事以和為貴，凡事以人為本。

以此心溫暖他心，以此德照耀他德；能用寬厚的心胸去包容他人，已是難得的修為；能用高尚的仁愛去幫助他人，已是無上的境界。

因這菩提心溫暖人心，因這明鏡心睿智通達，只為這紅塵而靜靜守候，只為練就一顆頑強而超然的心，如此才算不辜負這大好青春，才算沒有虛度年華。

正確的信仰，皆是為了救贖一切無知的靈魂一起朝向陽光大道而前進，相信苦盡甘來指日可待，相信大道自然因果，這生命的使命是被需要的使命，而大愛的胸懷，則是先從小我做起，而後才會成就大我。

相信愛的力量無窮無盡，相信誠的力量驚天動地；以同理之心待人，以尊重為前提，用誠意的筆尖在這春天裡畫一道溫暖的陽光，於是世界將瞬間豁然開朗。

相信努力向上，將會點亮生命之光，那麼，時時保持本真的善良，相信青春扶著，扶著，便會越來越成熟了；相信腳步走著，走著，便會越來越穩當了；我們既知宿命不可違抗，那麼，

何不竭盡全力，全力以赴。

　　自然大道，凡果必有因，凡因必有果；然而，包容者乃大胸懷，看那和諧的陽光正溫暖著前方的路途，前方是懂得，前方是包容，前方是美麗而更好的自己。

　　於是學會善待，便是修福修心，善待他人也是善待自己，善待是以正確觀念和正確理念，去真誠指引他人；是以正心和正德，去撫慰這紅塵中失落的靈魂。

　　那麼，努力成為自己的貴人，努力成為他人的貴人；所謂貴人皆是照耀前路的天使，皆是指引迷途的導師，只要我們足夠真誠和仁愛，貴人將會不請自來，因此能夠成就自己的人，才是永遠的貴人。

　　而吃得苦中苦，方為人上人；命運在苦難中覺悟人生，穿越境界才能得以重生，才能真正悟道人生，才能救贖世間的靈魂，才能找到生命的真諦，然而，生命的真諦是大愛的遠方，生命的真諦還是責任的方向。

　　要知道，天下無不散的宴席，天下無不犯錯的人；一切過錯和災難，皆是世間的無常，然而，這世間的無常，也正是屬於這世間的正常，我們且嗤之以鼻。

　　哪裡的天空不下雨，留下來的人便要珍惜，明知這紅塵已沒有淨土，因而真正的淨土生於我們的心田，既然坐落這紅塵中，萬物皆可為我師，萬物皆為我所用。

　　悟道只在一盞茶香，覺悟只在一場聚散；所謂淨土必須是最乾淨的地方，要知道，這紅塵中最乾淨的地方皆在那遠方，然而遠方是詩，遠方還是擔當與責任。

　　堅持努力不懈才會有一方乾淨的淨土，堅持修心修德才會有一份乾淨的心情；所以把愛捨出去，把利捨出去，靈魂才得以真正的乾淨，因為凡有所求，必有所苦，正如這句「人到無

求品自高，心到無爭便是淨。」

悟道既是空無，然而無既是有，有既是無；何不將愛散播在前行的路上，因同行者才是心與心的互動，同理心才是人與人之間的和諧，而人生得一知己足矣。

凡是特定的相遇，必會有所典故，真正的善者力求和善處世，而人情世故，盡到自己的責任本分已是足夠。

要知道，春夏秋冬永遠不變，睿智的人用智慧去打開生命的寶藏，美好未來將一覽無餘；仁愛的人用真誠去譜寫人間的和諧，未來的詩和遠方將觸手可及。

因為，環境是共通的，陽光是無邊的；空氣是大愛的，水源是萬物的；然而，人類皆是屬於自然的；所以，無人能夠改寫歷史，歷史皆是因果而所致，從而因果不可改，從而天命不可違，此生覺悟乃萬福。

覺悟是一種認知，認知也是一種智慧，高度認知決定人生格局與境界，高度認知能夠福音人群，還能使人身心健康且陽光，我們是在虛與實之間成己，成己便是遇見自己，遇見自己從而完整地蛻變。

成就小我才會有大我，擁有小愛才會有大愛；攀比再多，不如以正氣而獨處；虛榮再多，不如以虔誠而自居；然而，不去傷害他人，便是積德和積善。

以一顆赤誠之心而自居，在心中修籬種菊，靈魂才能得以真正的寧靜，而寧靜則是一種能力之上的享受。

心中若有菩提詩，何處不是桃花島；那麼，做人無愧於天地，無愧於天地則是無愧於父母；那麼，做事無愧於自己，愧於自己則是無愧於自己的良心。

自然大道始終呈現春夏秋冬美景，除了靜態的，動態的；有機的，無機的；金屬的，礦物的；已無太多花樣，然而花樣

皆在思維裡，花樣皆在人心的貪婪裡。

　　然而，人類想要的物資並不是地球想要的，人類需要的物資也並不是地球所需要的；因為地球永遠是地球，然而宇宙永遠是宇宙，那麼，人類又在計較什麼呢？

　　而人類永遠是人類，人類始終呈現有增、有減、有喜、有悲、有苦、有甜的表象；這些皆與地球宇宙無關，既知如此，人們何不少一點傷害，何不多一點關愛。

　　那麼，天性始終如一，勝過千軍萬馬；為人表裡如一，則是一種高尚的品格，無論走到哪裡，都將是被人所需要的溫暖和陽光。

　　成為自己的主人，成為環境中的陽光；天下沒有平白無故的考驗；天下也沒有坐享其成的幸福；習慣依賴是一種災難，那麼，解脫依賴，靈魂才能得以重生。

　　悟的盡頭是開明，菩提正心是智慧；所以，覺悟是親力親為的汗水，覺悟還是忍辱負重的淚水；覺悟是如履薄冰的懸崖，覺悟還是四大皆空的空無。

　　紅塵修心，皆是為了修得一顆菩提心，擁有菩提正心，則會收穫明心見性，然而，來去空無，皆要取捨，不如，成也亦然，敗也亦然；追求亦然，放下也亦然。

　　熬過人生的階段，收穫智慧的寶藏，感受菩提的正心；感受慈愛的搖籃；此時擁有明鏡之心，既是回歸赤子之心及無染之心，既是回歸正德之心及正氣之心。

　　要知道，菩提心不是不求，而是自然而求，但絕不會強求，求而不得無所謂，然而，空無之心不是指放空，也不是指放棄追求，而是懂得在進退中取捨，懂得在善惡中周旋，才得以享受這思維境界的頂峰。

　　生命的可貴之處，在於學習奉獻；靈魂的芳香之處，在於

不染俗氣;相信一個認真生活的人,總是會深受幸運女神的眷顧,因為,機會只留給有所準備的人。

真正的大氣,體現在魄力與格局,能夠歷經大風大浪的人,同時也能夠忍辱負重,天生就有承受磨難的骨氣,天生就能破解萬難,且有自我重生的能力。

因此,尊重自己的人才能得到他人的尊重,珍惜生活,生活才會珍惜我們,一個足夠認真的人才能得到認真的對待,然而,我們要求自己越高,品味就會越高。

人的思維決定未來,人的信仰呈現格局;相信所作、所為、所思、所想,皆會有所回應;生命將會在不設防之中與美好不期而遇,久違那不可預知的未來。

我們人的思維總在幾度空間裡輪迴,且是輪迴了無數次,又回到了現實這裡,不可言喻的力量跟隨思維的引領而前進,目標將篤定未來和遠方。

思考善,善會回到身邊;思考惡,惡會回到身邊;思考前進,成功將會到來;思考正義,和諧將會到來。

於心,於情,於福志之間穿越世俗的平庸;有形,無形,於無我之間修一份淡雅清心;不必委曲求全,不要故步自封;生命應該綻放出屬於自己的本色;因為,不失本色,方能成為真正的自己。

成長的路上,有多少迎合,就有多少委屈,不要讓自己丟失了靈魂,然而,一個弄丟了靈魂的人,無法感受生命的尊貴,所以尊重自己,才能擁有獨特的自我,才能擁有不折不扣且堅硬的骨氣和格局。

天生謙虛,不是迎合;懂得包容,不是屈服;天生善良,不是軟弱;懂得忍讓,不是從容;這便是明心見性,高度認知;格局彰顯,不折不扣。

事實務，而不隨波逐流；知進退，而不盲目隨從；君子有所為，而有所不為，堅持努力學習將決定未來的位置，然而思維中的細節將決定人格品質。

知尺度，明事理；知己過，容他過；知天高，明地厚；知己難，助他難；這便是知己知彼，方能百戰不殆。

所以，快樂屬於捨得的靈魂，那麼，敢捨敢得才是真性情，所以，人的心胸有多少仁愛，他所承受的尊榮就會有多大，因為心有多寬，天地就會有多寬廣。

人有禮儀廉恥，事有輕重緩急；真正的仁者不畏前路驚險，而只知腳下路；所以，認真去做心無悔，無關風月與得失；漫漫人生路，我們且行且思索。

得失只在談笑間，成敗只在一盞茶；學會逆向思維，才能收穫正向人生，收穫進階思維，得以成己成人。

蛻變是成長必經之路，成長皆是為了學會保護自己和認清環境；而成長，還是為了學習付出及奉獻的精神。

教育是成人的根基，胸懷是成己的基礎；然而境界則是苦難的昇華，要知道，千年智慧，皆是以德取人。

那麼，以敬畏之心處世，以求學之心自居；尊重知識，知識也會尊重我們；尊重他人，他人也會尊重我們；所以，所作所為，皆會有所回應。

虔誠心得以和諧小我，而和諧小我，才能成就大我，可見生命皆為成就而來，生命皆為奉獻而來；而人生路上的修行，皆是建立在仁愛之上的責任與擔當，

因此，以愛和包容為指引，才能深入人心，才能持之以恆；而以利和名為教育方向，只會增加惡性因果，且會無休無止，四處漫延精神病毒。

紅塵修心，必是此生的志業，所以，放開格局，放開眼界；

找到本真的自我，而以個人小我為中心的人皆不能修得正果，因為自私之人，皆無法成就大我格局，然而無大我之心，便是心無天下。

要知道，生活是一本哲學，隨時隨地的閱讀精修；生活不是為了金錢本身而努力，生活是為了在健康成長中遇見本真的自我，從而實現自我的無限價值。

那麼，生命的意義和價值，不在於得到多少，生命的意義和價值，在於奉獻多少，還在於成長了多少。

愛是奉獻和付出，愛是責任和包容；金錢只是基礎需求，名利只是虛幻浮萍；這些皆非人生真正的目標，只有健康而陽光的信仰自己，才是人生的久遠責任。

那麼，拋開平庸思維，才能豁然開朗，若要成己，必先擁有智慧；若要成人，必先成就小我；所以，智慧是覺悟的盡頭，所以，成己是盡頭的重生。

正所謂，天人合一，萬物歸本，本性純樸才得以混沌境界，思維才能融入萬物，才能蛻變成功，然而，覺悟的盡頭是無畏，智慧的盡頭則是混沌；因而，這生命來去本就無一物，又何處惹塵埃？

於是，生來無有，死去無有；生而不缺，死而不缺；無中似有，有中似無；無便是有，有便是無。

一花獨放不是春

中國新聞網 2023 年 3 月 15 日，「習進平」總書記面向全世界政黨高層對話中發表公開言論，提出全球文明倡導提議，引發國內外廣泛關注和支持。

1. 我們要共同倡導，尊重世界文明多樣性。
2. 我們要共同倡導，宏揚全人類共同價值。

3. 我們要共同倡導，重視文明傳承和創新。

4. 我們要共同倡導，加強國際人文交流合作。

國事，家事，天下事皆是同理，容得下天下人，天下人也將容得下我們；人人若祝福天下，天下必會安詳。

歷史的沙河裡皆是被自然而淘汰的流沙，且無人能抵擋歷史文明蛻變，所有不合情理的理念和思想，將會自然而然被歷史重新改寫，且自然消磁在歲月中。

問題的存在是為了解決問題，仇恨的存在是為了化解仇恨；專注於聆聽多方位的聲音，尊重世界多樣化文明聲音，然而多樣化的聲音所表達的只是一種思維。

信仰有多樣化的選擇，文明有多樣化的國度，因而抽象的虛擬思維與現實空間一直都存在，所以，尊重多樣化的存在和價值，力求取之所長，從而補之所短。

中國 2023 年的三月，又是一個春暖花開的季節，萬物更新各顯特色，正可謂是一花獨放不是春，百花齊放春滿園，這寓意，將會是碩果天下而美不勝收。

我們所研究的人生觀和價值觀，獨善其身，獨善其心；只是人生處世修為基礎，而更為長遠的宏觀策略既是擁有深遠的遠見，試著去欣賞自然世界的多樣化，文明化，自主化，試著去思考進階思維模式系統。

要知道，能夠溫暖人心的永遠都是廣博的胸懷，還有大愛的付出，因此，能夠毀滅人性的不是自然環境多樣化，而是人心內在的憎恨，以及原始思維盲點。

原始思維盲點導致人類長期內耗以至身心受損，所以，試著敞開胸懷欣賞自然世界，讓靈魂和諧綻放，且在宇宙自然界中得以身、心、靈的完整互補平衡。

要知道，接納這個世界的不同與接納自己的不足，皆是相同等有意義，欣賞這個世界的多樣化與欣賞自我的優越性，也是相同等有意義。

因為，宇宙界無邊界，所以，人無完人，而世界之大無奇不有，因此，一個懂得真誠欣賞他人的人，同樣也會得到他人真誠的欣賞。

百花齊放春滿園

台北市士林區官邸，今年 2023 年的三月也特別與眾不同，二千餘株玫瑰在官邸公園玫瑰園艷麗綻放，這裡是「蔣夫人、宋美齡」女士曾經最喜歡的私人花園。

官邸公園目前已擁有超過 60 年悠久歷史，就在 2023 年玫瑰園培植將近百種不同世界品種的玫瑰花，一共 2000 多餘株，這也是歷年前所未有的新構思。

入境花園其中，瞬間倍感恰似人間天堂，因為，這是我生平所遇見最驚奇，而又豐盛的一次玫瑰花展，無論男女老少皆有益於身心健康。

皆因了這所有美好的嚮往，皆因了這所有美麗的傳承，才得以在此年間欣賞世界玫瑰齊放的曠世盛景，又如是和諧人間之寓意，總之是美哉，又善哉。

真是三生有幸，這瞬間的美好，讓我鑑賞了匆匆時光裡片刻的安穩，然而也三生難求，這匆匆歲月裡片刻的寧靜與和諧，原來百花和諧綻放竟然是如此美哉，我第一次看到世界各地遊客臉上的喜悅霞光，這喜悅如此友好，此時是否有人正在思考停止濃烈硝煙呢。

難得一遇的美好，今年士林官邸公園的玫瑰花綻放得特別豐盛而莊嚴，勤勞的官邸管理員，在世界各地收集 100 多株玫瑰種類聚集於此，才得以觀賞這上古今朝所絕無僅有，且曠世奇觀的豪華盛宴與安詳和平。

幾乎每一年春季和冬季我都會過來官邸公園觀賞花展，這一次的到來也只是一次偶遇巧合，沒有事前準備的刻意，一切都顯得那麼地自然而然，便與之相遇了。

是的，許多美好的邂逅，皆只是生命時光裡偶然的相遇，也正是這不期而遇的美好，才能夠深深打動這疲憊不堪的心，且久久不舍離去。

　　世界玫瑰，百花齊放，何等的不可思議，自踏進玫瑰園，我便意會到了人們臉上不甚歡喜地和諧氣息，這一次相遇世界玫瑰，則是史無前例的天上人間相遇。

　　這不也正是應了唐代詩人杜甫所作《絕句二首》第一首：「遲日江山麗，春風花草香。」中的寓意嗎。

　　果不其然，所有見過玫瑰之後的遊客們人人面帶善意，且春光滿面，這樣一個艷陽高照的下午，世界各地的遊客，也是否如我這般沉迷於其中的寓意呢，又是否如我這般渴望世界的和平與安詳呢，我相信心中有夢最是美，我更相信心中有祝福，才會有希望。

第四節：在思考中孕育美德 🦋

　　這樣一個繁花似錦的時代，適當給靈魂以妥善安置，生命才得以更健康而陽光的成長，適應新時代就猶如「老子」所言：「五色令人目盲，五音令人耳聾。」

　　喜歡獨處的時光，讓人身心自在，獨處時可以靠近靈魂好好相處，只有此時，才能享受心與靈魂之間的默契，喜歡在寧靜中獨處，這也是好好善待自己的方式。

　　一個勤勞的人，無時無刻都在反思自己，哪怕是在獨處時也在學習進步，真正善待自己則是懂得適當遠離喧囂，因為人的思維無寧靜而無以致遠，所以讓大腦得到修復，適當休息則是為了走更長遠的路。

　　善用獨處。則是一種高級的身心療養，然而，我們內心最真實的樣子，皆是在獨處時的樣子，從而人性的弱點，也是在

沒有外界的審視下，才會一覽無餘。

那麼，在寧靜的中思考人性，正所謂，知己知彼，百戰不殆；一個真誠的人，人前人後則表裡如一；然而一個虛偽的人，人前人後則會判若兩人。

靈魂在思考中將寧靜而致遠，然而，獨處還是一種自覺監督，因為，一個時刻思考人生目標和方向的人，才不會懈怠生命成長速度，才不會輕易迷失自己。

從而寧靜，便是靈魂的棲息之地，那麼，試著把心靜下來才能聽到靈魂的真實聲音，那麼，試著與心對話，試著讓心與靈魂相遇，靜靜聆聽內心最真實的自己。

感受生命的力量；感受思想的力量；感受平靜的心湖；感受寂靜無波瀾；這些細節的美好，便是宇宙自然所賜於所有生命的禮物，所以，自然大道是公平的。

智慧將無窮無盡，在思考中將遇見未來，思考遠見卓識，彰顯大我格局，擁有遠見卓識，則能創造無限未知的美好，創作長遠的精神財富，也包括物資財富。

在思考中遇見自己，在寧靜中遇見山水；因此，一個耐得住寂寞的人，才能守得住江山，因此，一個能夠忍受孤獨的人，也會是一個內心強大的人。

生命在寧靜中成長，驚濤駭浪之後的平靜既是一種安穩，狂風暴雨之後的彩虹既是一種從容；然而，只有這一種安穩和從容，才是寧靜中的唯美邂逅。

從而好好善用獨處，好好寧靜思考，思維得以寧靜致遠，在獨處中學會獨立思考，則是善待生命最自然，且最和諧的方式，因而，一個能夠善待靈魂的人，也一定能夠善待這個環境中的每一個人。

強大的能力，是在經年困苦的泥沙裡艱難跋涉出來的；孤

獨的靈魂，則是在狂風暴雨的凌辱裡艱難折磨出來的；擁有一顆強大而獨立的靈魂，便是擁有強大能力。

這人間時而似天堂，時而是地獄；如果來無波瀾，去無憂傷；又怎會蛻變成這美麗的蝴蝶呢；如果風浪不狂，人心不傷；又怎會遇見這風雨之後的彩虹呢。

要知道，獨特的個性將造就獨特的命運，從而苦中有甜，甜中有苦；這生命才會無限精彩，試著拒絕貧窮思維，拒絕無愛教育，相信人人皆會擁有高尚的靈魂。

尊重生命的獨特，靈魂將充滿足夠自信，學會清空才讓思維得以完好的更新，無論成敗皆要笑對逆境，且淡然處之，能夠做到淡然的人，也是一種練就的能力。

於是，一個習慣孤獨的人，必會是一個內心強大的人；然而，一個喜歡獨立自處的人，也將會是一個自律的人，因為孤獨者的靈魂，早已習慣嚴以律己。

孤獨時的靈魂擁有著雄獅般沉穩的莊嚴，獨處時瞭望他那雙深遠的眼，那是思維的遠方，遠方有夢想，遠方有信仰，遠方有祝福，遠方還有期盼我們的人。

獨處時，泡一杯熱茶，看一本書；獨處時，冥思靜坐，閉目養神；獨處時，深度反思，及時修正自己。

記得要看得起自己，明知無奈必要顛覆一番，明知不可違抗，也要試圖改變未來，因為，生命只有飽受了折騰，才得以健康茁壯成長，才能夠完善心智成熟。

成長不經磨難，又怎知天高和地厚；命運不經風雨，又怎知彩虹的美麗；所以不要悲傷，一切都是天意最好的安排，一切都是為了成就我們頑強的意志而來。

在虛實中收穫智慧，習慣獨處是一種成熟，喜歡獨處是一種能力；既然生命的韌性如此有魄力，那麼，我們何不善用每

一次獨處來好好善待自己的靈魂呢。

然而，這歲月無意，卻時時紛擾凡心，於是在心中耕種一片屬於自己的夢想田園，等待我們無暇又安靜時，還能欣賞這田園中，那一片綠色的無限生機。

所以，能夠優秀地活著，就不要狼狽地活著；改變未來則從改變心態開始，堅定相信自己，要看得起自己；懂得培養自己，在屬於自己的領域裡，自在遨遊天際。

要充滿自信地活著，有了足夠的自信，就會擁有足夠的能力；有了足夠的能力，才會擁有尊嚴；然而尊嚴的承載者，大多是大愛與仁慈的承載者。

要知道，為了心中的信仰而活，才能更有尊嚴地活著，然而為了金錢而活，將會活得矮小而卑微，也將會活得失去靈魂及尊嚴，這也只是需要些許時間罷了。

那麼，便有了一個答案，生命最終的意義，只是為了追尋一個正確的信仰，當磨難來到了盡頭，當生命有所覺悟，相信一切都將會有所逆轉，有所寓意。

我們要堅定的相信這個正確的信仰，從而為這個正確的信仰而去努力，然而，只有如此才能陽光而健康的成長，否則生命將只是一具沒有靈魂的機器。

從而人們都有不同的信仰，所以人們將會變得越來越獨特，這種獨特將會成為每個人的特色，因為這個特色代表著生命的與眾不同、代表著生命的獨一無二。

所以，這世上沒有兩個完全相近的靈魂，既知沒有完全相同的靈魂，那麼，又何必庸人自擾，因為我們從未擁有過，那麼，又何來失去呢？

人生如夢，夢如人生；心如明鏡，意如菩提；大喜也好，大悲也罷；百年之後的生命，不過只是一把黃土，然而，這一

把黃土將會落在何方，終將是一場空無來去，然而一個看淡生死的人，已經不再被環境所牽制。

比如慈善家，大善者是他本身的德行，大善者愛天下，可天下並未擁有過大善者，大善者也並未擁有過天下，所以，愛不是擁有，愛是簡單的、寬廣的、無求的、奉獻的、大愛的，從而愛既是徹底表現自己。

又好比我們熱愛一個東西，只能代表我們喜歡它，並不代表我們真正擁有過它，即便我們非常愛這個東西，這個東西也從未真正擁有過我們。

要知道，愛和喜歡只是一種感知，並不代表擁有了它，我們喜歡的人、事、物，始終屬於它們自己本身，它們不會因為我們的喜歡從而成為屬於我們的東西，然而我們也不會因為喜歡他們從而屬於他們的東西，因為世界與靈魂之間只有陪伴，而陪伴並非屬於擁有。

愛和喜歡則不需要擁有，我們能夠擁有的只是當下的一種靈魂感知，然而這種精神感知，只是虛擬存在。

所以，當我們思考貧窮，感知變得很貧窮；而當我們思考富有，感知就會變得很富足；但是我們從未擁有過貧窮或富有，我們所能擁有的，只是當下的感知。

大道至簡、繁在人心

一日一卷香，片刻一盞茶，達觀得與失，放下恩與怨，既為漂泊人，何處惹塵埃？

大道至簡繁在人心；行事磊落，處世謙和；把複雜的事情簡單做，把簡單的事情精緻做；所以，處世心態無須過於複雜，真正的複雜來自人們內心在複雜。

一個心思簡單的人，無論走到哪裡，也會受人親昵；一個心思複雜的人，無論圈子好壞，也會遭人提防。

要知道，無關圈子大小，煩惱皆因自擾；然而簡，所指的是凡心要簡單，而並非所指圈子無人，那麼，試著簡化思想，簡化貪婪，靈魂才得以安寧，然而靜，所指的是心靜，而並非所指耳邊無聲，那麼，試著淨化心靈，淨化思維格局，人的智慧才得以昇華。

人群的存在，皆是為了互利互惠，為了互相勉勵；人群的擁擠，也是為了和諧共處，為了散播溫暖。

沒有人群便不會有資源，也不會有流通價值；那麼何為靜，何為簡；真正的靜與簡，皆是出自於內心的簡潔乾淨，若是人心過於複雜，身處何處也不得清靜。

想要簡單生活則需要氣度和雅量，能與這個世界和諧相處，才是一種智慧，然而，一個有智慧的人卻來自於度量和寬廣，因此，才會擁有一份簡單和安靜。

環境皆是自然而生，所以人無完人，容不下天下人則是沒有度量的彰顯，既然參與環境，成就人群則出自所有人的功勞，因為人群的存在是為了互補而存在。

一個內心無染的人，也是一個值得欣賞的人，容得下天下人，天下人便會容得下你；容不下天下人，天下人也會容不下你，所以，不要用有色眼光去傷害世界。

內心過於複雜，將會改變人的德行及良好風水，既然宇宙自然起著互補平衡的作用，從而大眾群體，也起著互補前進的作用，那麼，大可無須刻意框架自己。

處處與人對立，日日十面埋伏；行事處心積慮，自命高人一等，且終日處在與人敵對的氛圍當中，皆無益於身心健康，因為美麗和醜陋，折射內在靈魂的樣子。

要深刻認知，問題的存在，只是為了解決問題，而不是為了惡性循環下去，然而，仇恨的存在也是為了化解仇恨，試著放開眼界，敞開心胸，靈魂才得以釋放。

得失亦然，然而，修行是正心、正德、正氣的一個過程，如若偏離了正心、正德、正氣、那麼，身處何處也不得安心，因為，想要索取得越多，則失去得越多。

因此，靜來自於心，簡來自於心；忠義謝天，厚德載地，從而一個厚愛，且高尚的人，總是以敬畏之心處世，總是以大德大量來包容天下之人、事、以及物。

所求之，應自然；所處之，應和諧；明知生命的到來必有所求，那麼，要求也要求得自然而然，要給也要給得心安其所，這才是正向而陽光的追求。

那麼，學會善待靈魂，清心寡欲，悠然自在，所謂修心，既是修善自己的德行，然而，即便我們處在鬧市之中，也能做到鬧中取靜，也能讓靈魂歸隱一片淨土。

生命簡樸歸真也好，要知福、惜福、接納人群，才能得以成就自己，要知道，自愛才有資格被愛，要知道，人活著是一種責任和付出，陽光燦爛地活著，充滿善意地活著，才能福祉人群，才能處處和諧人心。

那麼，簡單心情，簡單愛；簡單生活，簡單說；簡單思維，簡單求；因而追求無極限，關愛也無極限，因而和諧人群，福祉代代，代代將會出現秀才及武將。

以一顆渾然之心，去化解恩怨；以一顆學者之心，去探索世界；所以，無是非之心，天下便沒有是非，所以有是非之心，天下皆是非，因而善惡皆在虛實之間。

來去皆空無，天下之大，四海皆為家，一個擁有志氣的人，總是能感動天地，然而，人各有志，志在四方，因而，一個懂

得祝福天下的人，才是修為高尚的人。

用虔誠之心去做事，虔誠心足以感動天地；用忠義之心去待人，忠義心足以無愧良心；那麼，做一個勇敢的人，要勇於直視問題並解決問題，這便是處世基礎。

靜是一種成熟，簡是一種格局；道是一種自然，儒是一種素養，而佛是一種境界，然而大智若愚，且更好。

要知道，心若是簡單，則處處桃花島；心若是複雜，則處處是機關；然而，善良的人通常比較簡單，簡單的想法，簡單的追求；簡單的付出而不求回報，簡單的生活，且不求榮華富貴，從而只求一份心安便可。

心若是寧靜，則日日品書香；心若是不淨，則人人皆是魔；真正的靜與簡，則是懂得在逆境中無聲地成長。

在鬧中取靜，在繁中取簡；鬧中取靜是一種能力，繁中取簡則是一種通透；然而幸福與名利無關，成長與苦難有關；回歸自然而寧靜，靈魂才得以超然而乾淨。

生活中的小傷感

中國湖北，潛江江漢平原四月的午後知性而又溫柔，陽光伴著柔軟的和風，散落在我童年十歲簡單而又薄弱的身上，我時常身穿棉布衣，喜歡獨自坐在長滿青草的田埂上安靜地眺望那一望無際的遠方。

我瞧見，近處田地裡滿是尚未成熟的青綠麥子，還有那遠處一望無際的田地，也都開滿了金黃色的油菜花，這樣一個安穩的下午，這猶如人間邂逅的寧靜與空曠，也只有在這江漢平原的潛江，才會有如此情景了。

後來，也記不清從哪時候開始，我便喜歡獨處的美好，又也許是父親發現我的手腳無名指斷掉之後，也或許因為這件事，

使得我們嚇到了好人吧。

僅僅十歲以前的記憶，著實讓人百思不得其解的一次意外事故，這是一場意外發生，又也許是命運之神故意要留給我的特殊記號，除了雙手和雙腳大拇指長得特別像如來佛祖雕像之外，我的雙手和雙腳右手無名指，也莫名其妙斷了筋脈，且不再生長。

父親責問：「安珍，你的無名指怎會斷掉呢？」

我回答：「與同學一起跳繩時，被同學踩到了。」然而，十歲前的記憶裡，只記得與同學「何國秀」一起跳繩的時候被踩到右腳背上，記得當時痛到無法忍受，這也只能是一個迷，也許正是因了這件事之後，我才開始喜歡獨處，雖然無名指斷了之後真的很醜，我也不得已違抗這安排，就當是命運之神送給我的記號。

我如今，還記得這位女同學何國秀她家生有四個女兒，兩位姐姐因為家境貧窮而沒能上學讀書，反而她卻非常喜歡讀書，同我一樣 1977 年出生的女孩，記得小時候不曾見過她的笑容，但是我能夠感受到她的善良。

踩到腳時，她也有清晰記憶，當她得知我的無名指斷掉之後心情也特別難過，直到畢業之後，她還一直書信向我道歉：「彭其珍，對不起，我不是故意的。」

「沒有關係的，我不怪你。」我們是好朋友，我也生怕她太在意過錯而導致不開心。

再後來，我進入初級中學讀書，因她家境不富裕而沒能上中學，但我知道她特別想讀書，開學第一天我便四處張望她來學校沒有，很遺憾，我沒能等到她到來，但是在開學之前她還送給我一個精緻的小禮物，這個小禮物是一個精緻的小盒子，裡裝著兩隻金色烏龜，有一隻金色的大烏龜，旁邊還有一隻金色的小烏龜，它們有四隻腳一直在不停得動啊，不停得動著。

新中國在 70~80 年代間物資極其缺乏，我知道她是放不下

無名指，這才送我可愛的金烏龜希望我能開心，可是她們家裡並不富裕啊，我只希望她能同我一起讀書成長，遺憾她後來一直都沒有出現在我的校園裡。

再後來，我喜歡獨自一人眺望那寧靜的遠方，那不被打擾的每一份安詳都是那麼自在又和諧，因為只有在那片刻的安穩裡，才沒有感覺到壓力，當心與自然和諧相處的瞬間，才是生命中最美好的旋律，哪怕大腦此時不思不想，也能感受這大自然的安之若素所給我帶來些許神秘感，因而我美好的童年，就是被這般美好的神秘而點綴，所以關於童年的回憶，記憶裡佈滿了神秘的詩意，也或許還賦有些許的遺憾和傷感。

我經常問自己一個問題，為何在我們生活中發生太多不可違抗的事情，可結果還是硬生生已經發生了，且成為無法更改的歷史，我突然發現無法更改的歷史，還有無法放下的眼前，還有尚未開拓的未來，皆是早已經寫好的劇本，我們只是按照這個故事的劇本和角色，從而盡情演繹著本就屬於自己的故事。

後來，時而聽到那遙遠的地方，還有人會記得我，我也只是淡然一笑而置之，這21年的漂泊路上，只留下一顆淡泊的心，還有肩上必須的責任，還有這半盞殘留的燈，仿佛等待著將生命的火焰燃燒的有所章法。

不可否認，人的心裡只會記得對他們有恩的人，不會刻意去記憶不關心自己的人，這是人的天性，所以不要為難不在意自己的人，因為每一個人都有自己所在意的事情，然而，一個始終在學習成長中的人則不會去責怪他人，因為一個一直在學習中的人，沒有更多的時間去思考與學習無關的事情。

歲月悠悠心，這紅塵皆是一路的風雨兼程，當風雨結束之後只想安靜思考問題，到底是怎樣的因果，使人心變得如此複雜，又到底是如何的自然規律，使得歷史的故事皆不可更改，生命隱約帶有不可違抗的宿命，這些皆沒有科學依據，又是一種無法違抗的使命。

是的，生命只是為了自己的使命而來，無論我們是否願意接受，自從來到世上那一刻開始，便是一場沒有回頭路的歸期，我們在途中觸摸了酸甜苦辣的滋味，於是，這感覺不是覺得濃了，便是覺得淡了。

這生命的光輝是一點一滴的認知，匯集成海洋般的藍色波瀾湧進心靈，點亮星辰，以溫暖孤寂而悲傷的靈魂，那麼，試著將失去轉化為前進的動力，試著將愛與和諧傳遞給路上孤獨的靈魂，使之更加堅強偉大。

第五節：生命的菩提 🦋

懷柔攻略，鬧中享靜；半說半唱，悠遠深長；高瞻遠矚，意灑自如；猶見山清水秀，直白頓挫起伏，生命的天籟，皆因人性自然而生。

口述非口語，指引非指責；高調而不驕，豐富而不亂；重情而不膩，追求而不貪。

貪學莫貪名，貪才莫貪利；信仰不信邪，自愛不自戀；求知，知進退；開悟，悟空無。

哲理有意境，渡化世間迷；萬物皆基本，言辭簡而透；窮人不窮，富人不富大通透。

求而不貪，舍而不俗；勝之不驕，敗之無愧；華而有實，強而有力；大慈大悲，大才大德。

心如明鏡，意如菩提；無甜無苦，無聚無散；緣來是劫，緣去是數；苦盡得智，痛盡得慧。

一生清淺，任由南北；無關風月，來去東西；且觀且想，且思且靜；人生百味，百味人生。

樂善好施，修心養德；菩提心詩，明鏡亦然；得意時，莫

忘本；失意時，勿忘恥。

茶不醉人，人自醉；詩不解人，人自解；一頁書香，一盞茶；無盡境界，界無邊；千年智慧，千年史；所求皆空，空如也。

茶香片刻，知己足矣；清香怡情，伴讀人歡；萬里江山，誰主風雲；靜觀其變，孤芳自處。

路平平，心依然；情淺淺，意亦然；無心插柳柳成陰；渾然天成頓覺悟；敢問前生何許人，不忘本心真性情。

自然而然之，自愛而愛之；要知道，來度你的人，必會傷害你；而傷害你的人，必會成就你。

既不忍，也不受；既不爭，也不辯；既不屈，也不服；既不愛，也不恨；既不棄，也不留。

茶香繚繞，繚繞禪意；痛便成長，苦便成智；所到之處，皆修行；所思之處，皆智慧。

頓知有定數，渾然已開悟；苦盡甘自來，參悟必得志；身且由己，己且由身；心且由人，人且由心；明心見性是過程，衣錦還鄉無所求；千金難買好情懷，億萬財寶不起心；唯我獨行，清雅自在；自品自愛，敢捨敢得。

滄海桑田皆因果，前世今生皆業障；舍而不俗皆大道；富而不舍皆平庸。

文韜武略見英雄，所作高遠必隨志；萬物歸本禪意境，天人合一透明心；智慧與情感的歸宿是重生，重生便是蛻變，所想，自然而生，所思，由心而起。

渾然天開，歸本合一；本我、純正、蛻變、昇華、得以不求而自獲，得以不念而生；人人可得菩提心，人人可得大覺悟。

包容乃大器，慈悲乃大量；縱橫四海，海納百川；人各有志，志在四方；英雄之資，天必助之。

開悟定性，明心見性；勤心修善，尊師重道；願為福德發志，

願為文昌發願；定心而定性，謹言而慎行。

渾然已天開，生命如菩提；開明之德光，伴我佛禪心；真正的美，是自然美；真正的善，是真善美。

天生萬物，各顯其理；若是真金，何須在意是否發光；若是勵志，何須在意是否結果；大浪淘沙，淘不盡人間悲喜；沙裡淘金，淘不盡人間聚散。

明心開悟，禪心自在；智慧源泉，無窮無盡；取之不盡，用之不竭；只能意會，不可言盡。

心不定，則無以遨遊天際；心不淨，則無以妙筆生花；唯有定性，唯有淨心；才得以靈魂思想暢遊無界。

淨心境界，無須走進山水，便入山水之間；明心定性，無須過多財富，便得一切富足。

寧靜之間，皆是山水；定心之間，皆是智慧；所求為善則皆有，所思為尚則皆益；知足知止，富足千秋。

佛自我心，遠山近水；我心只在山水間，我佛只在福慧田；開悟皆歡喜，仁愛皆慈悲。

遠山飛鳥且自在，近處茶香撲鼻來；我心已知性，人間已值得；篤志而定心，未來則必成。

初開混沌，見山是山，見水是水；初開智慧，造句是句，造詞是詞；文思不離，原創性、藝術性、文學性、知識性、教育性、以及傳承性。

文學可敬可畏，尊重文學，文學便也尊重我們；尊重道法，道法也尊重我們；所敬畏之處，皆會有所回應；所佈施之處，皆會有所收穫。

所思，若有益於他，皆成為自然而然；所想，若無益於他，皆成為自私貪婪；這便是人性的本色。

此生漂泊，無關貧富；莫忘本性，勿忘本真；事佛如親，事

親如佛；佛住心中，親住心中；前生因不可改，來生果不可欺。

　　不問結果，只問過程；以柔克剛，以靜制動；當下己責，不可推脫；既擇之，則惜之；既生之，則育之；既為之，則慎之。

　　淨土無需再求，修善佈施良心；內心乾淨無染，皆是方寸淨土；人生在世，人人皆染；勤修福田，福田於心；心若有高樓，又何須大廈。

　　心懷祝福，不是山水，甚是山水；心懷慈悲，不是寺院，甚是寺院；既在福田修善，何須榮華富貴；而真正的富足，皆是精神內在的富足。

　　成長切忌華而不實，生命切忌過於務實；然而，真正的佈施，是扛起肩上的責任；真正的慈悲，是以天下之憂而憂；而這人心既是天下。

生活中的小典故

　　湖北潛江秋季，有一種特殊甘蔗，根部平淡無味，頭頂甘甜如蜜，父親在有一年秋日傍晚帶回一根很特殊的甘蔗，父親則將甘蔗分為三節，再喚來三人分享。

　　父親讓哥哥長子「安平」先做選擇，於是哥哥「安平」，先選擇了最底部一段，可是他卻不知道，這種特殊甘蔗底部一端食起來口感平淡無味。

　　而後，父親又叫小妹幼女「小珍」做選擇，於是「小珍」則選擇了中間一段，中間一端食起來稍有甜味。

　　我只是傻呆地看著，因為我沒有機會做選擇，於是父親，將哥哥和妹妹所不要的那一端，也就是甘蔗最頂部那一端遞到我手中，這看起來，許是不好吃了。

　　然而，童年的我對食物興趣不大，經常聽母親說：「這也不吃，那也不吃，真是難照顧。」因為，我天生挑剔食物，特

別不喜歡吃油膩食物，包括零食和肉類。

　　真是讓人意外，這頂端一段甘蔗味道怎會如此水嫩又好吃呢，吃起來感覺甘甜如蜜，這是我記憶中所吃到最特別，且最甜蜜的甘蔗，所以，特別記憶猶新。

　　這一段甘蔗的故事，便成為我一生中的典故，雖然而今童年已不再復返，而逆向甘甜典故及逆向思維邏輯所寓意的人生哲理，卻一直深根在我的腦海記憶裡。

　　然而，人生也是如此，越是選擇，越會發生錯誤；越是隨心，越是不求而自得；因為期望越高，失望就會越大；無爭反得其善，無求反得天助；從而人生中許多迷惑也將不解自破，這便是逆向邏輯，正向人生。

　　典故及哲理也皆是如此，痛得盡頭是喜，苦得盡頭是甜，從而痛與苦的盡頭，皆是甘甜的逆轉，且是無上的人生境界，因而，這種收穫則是不請而自來。

　　越是索取，越是不幸；越是無爭，越是幸運；因此，得到並不一定是好事，失去並不一定是壞事，要知道，一切自有定數，一切天意自有安排。

　　那麼，達觀得失，看淡生死；自然而為，自有天成；不是不求，而是自然而求，湖北這種特殊的甘蔗，也猶如人生成長規律，無須刻意去選擇，自然而然之，凡事依循天意自然所為，才會收穫逆向甘甜人生。

　　因而，越是貪婪，越是失去；越是知足，越是富足；於是，人生的寓意，也正如這湖北逆甜的甘蔗，將會越吃越回甘，只要我們擁有足夠的善良。

提筆是清歡，擱筆是凡塵

　　致力於寫作，文墨於興趣；然而，只有篤志遠方，進階思維；方可走得更長遠，這樣一個商業時代，還能擁抱一份濃厚的創

作興趣，已是不慎歡喜。

歲月交替，時光無息；大事如山，小事如丘；這是一個沉重的商業時代，活著不只是沉重，活著更多是一種責任，還是一份真誠的信仰。

心中若有菩提詩，必定就會有遠方；然而，文學的意義，除了探討專業，更多是解救靈魂，綠化心靈。

因為一身責任，從而在風雨中同行的我們，相互憐惜，相互勉勵；既然致力於創作遠方，那麼猶豫不如行動，猜測不如攝入，興許還能尋一片乾淨地，得一份寧靜。

成長在因與果之間弄筆，追求在詩和遠方之間相遇，得失在一盞茶香之間取捨，覺悟在一頁書香之間收穫；人生最難得的得到，便是當靈魂觸摸了時間和世界。

然而，今生無歸期，來生不相欠;離別凡塵夢，心處山水間;敢問上古今朝何許人，來去空無灑脫似神仙。

好一個，三人同行七時夕；好一個，五子登科二十一；好一個，七子團圓正月半；此時歲月如我心，此刻我心已無覺；所以，有知有覺皆無知，無知無覺皆明白。

從此，提筆是清歡，擱筆是凡塵；莫道如今已是年邁，此時恰似春光正好；萬水千山，放下干戈，此心在，山水便在；心若不在，山水便不在。

許是還放不下什麼，許是在默言中呢喃；難得情有獨鐘，難得有此雅興；進階思維人生，無關得失名利；所思，因渾然天成；所作，因自然而然。

許是天降之福，指引我去向，指向那遠方；遠方是希望，遠方是能量；遠方還是千金難買好情懷，紛擾凡塵，文墨書香；有幸結緣，不勝歡喜。

心已歸本，意如菩提；得也亦然，失也亦然，因為失去也

是得到，得到也是失去，然而，危機既是轉機，然而處處危機，處處轉機。

　　若問路在何方，只在筆下前方；菩提樹下，皆是我心；逆向思考邏輯，進階思維人生；傳承陽光，解救靈魂。

　　和諧陽光，光亮四溢；溢而不滿，滿而不溢；度化心靈，傳承藥方；以柔克剛，以靜制動；則無以攻克。

　　雖為文攻，猶如武略；江山萬里，盡在筆尖；感恩天地，賜我靈心；興趣所致，靈魂所依；無以言表，無以違抗；翻越山河萬里路，此生誰人伴經綸。

　　此心如明鏡，此意如菩提；進階思維，不染世俗；廣結善緣，遠離世故；天地助我，一臂之力；日月許我，千古書香；淨心已得，此心已無意。

　　致力興趣，仁者無懼；一心專一，腳踏實地；莫貪莫痴，勇往直前；只求境界，無有高低；然而，生命的真諦，有喜歡的事；人生的知足，有喜歡的人；然而，思維的高度，則是有喜歡的靈魂。

　　生命的價值在於震撼與回響，人生的天籟迴響在山谷；只要明心見性，思想將遨遊天際，智慧將無窮無盡。

　　讓生命盡可能綻放極致，不負天地，不負歲月；不負此生，不負此心；因而，青春無悔，紅塵無淚。

　　既致力於喜愛，那麼，尊重靈魂才得以揚帆自信，才得以揚帆起航，於是生命與靈魂有個約會，那便是有朝相遇閣樓處，品味這書香淡雅心，無關風月圓或缺，此時空無也甚歡，這生也安然，去也安樂。

　　自然天成；和諧自在；萬事皆不可刻意作為，渾然天成皆天意，因為，真正的美麗在於自然與和諧。

　　若得無求心，處處皆山水；若得無染心，處處是蓮池；靜

出於心，喜得無求心；簡出於意，喜得無染心；簡單存在，純樸而自然；以真心換真心，以虔誠換虔誠。

生命之歌，華麗中自有莊嚴，閃耀中自有低調；純樸中自有厚實，簡約中自有高尚；若是失去純真的靈魂，便再也找不到生命之歌的美妙。

生命的曲，生命的詩；生命的山水，如夢且如幻；然而凡塵修心，皆是靜中求簡，皆是簡中求靜。

生命有曾來過，已是甚好；生命有曾愛過，便是擁有；真正的愛是無求、奉獻、以及祝福。若無傾心，必有誠摯；虛懷若谷，海納百川。

不隨意，不妥協；不做作，不強求；亦然甚好；心中若有愛，無畏失與得；心中若無愛，得失又何妨；三千繁華夢，知足且富貴。

若愛，並非一定要擁有，擁有是一種索取，是一種佔有，是一種貪婪，因為自私心，所以皆不會自然，不自然的愛，皆是種惡因，皆是積業障。

愛恨婆娑，且釋然愛恨，且釋然得失；生命才得以超然脫俗，得以自然和諧。

人生，活得是一種境界，幸福定義在虛實思維空間，幸福隨人感知，感知皆有所不同；因而幸福無一定定義，所以，幸福只在知足與否之間取捨。

生命是一首詩，歲月是一首歌；得失是一盞茶，追求是一頁香；所能慶幸還擁有一份坦然，那麼，篤志我心，致力於前方，那麼，專注喜愛，便是人間值得。

茶香伴我，青燈一盞；幾頁書香，此時甚好；明心見性，獨自歡喜；無以悲傷，無以奢望；

三人同行，必有我師；得之我幸，失之我命；謙虛謹慎行

得穩，大智若愚皆良人。

　　何為無欲則剛，生命只要活著便是欲；追求境界也是欲，努力上進也是欲；自然而欲，自然而求，皆無罪。

　　越是明白越是累，越是入夜越是黑；人生難得糊塗，此時清醒也好，糊塗也罷；一切皆因信仰而堅持，然而，未來無人能夠左右方向，所以，所作所為，皆是因果，自因自果，自圓自滿。

生活中的如詩如畫

　　一席秋雨，半涼、半歡、半意。
　　一眼紅塵，淺樣、淺笑、淺思。
　　秋水纏綿，似碧波。
　　翠綠成行，伴禪心。
　　茶香、如我。
　　清歡、如你。
　　知遇、難求。
　　去留、無意。
　　片刻、從容。
　　從容、片刻。
　　半盞茶、伴滿心。
　　幾行詞、幾分道。
　　若似有、若似無。
　　心微微、意淺淺。
　　心如明鏡，無惡便是善。
　　意如菩提，無求便是德。

國家圖書館出版品預行編目資料

進階思維的後裔 / 彭品心著. -- 初版. -- 臺北市：
博客思出版事業網, 2023.11
面；　公分
ISBN 978-986-0762-64-8(平裝)
1.CST: 修身 2.CST: 生活指導
192.1　　112013942

現代文學80

進階思維的後裔

作　　者：彭品心
主　　編：盧瑞容
編　　輯：陳勁宏、楊容容
美　　編：陳勁宏
校　　對：楊容容、古佳雯
出　　版：博客思出版事業網
地　　址：臺北市中正區重慶南路1段121號8樓之14
電　　話：（02）2331-1675 或 （02）2331-1691
傳　　真：（02）2382-6225
E - MAIL ：books5w@gmail.com或books5w@yahoo.com.tw
網路書店：http://bookstv.com.tw
　　　　　https://www.pcstore.com.tw/yesbooks/
　　　　　https://shopee.tw/books5w
　　　　　博客來網路書店、博客思網路書店
　　　　　三民書局、金石堂書店
經　　銷：聯合發行股份有限公司
電　　話：（02）2917-8022　　傳真：（02）2915-7212
劃撥戶名：蘭臺出版社　　　　帳號：18995335
香港代理：香港聯合零售有限公司
電　　話：（852）2150-2100　　傳真：（852）2356-0735
出版日期：2023年11月 初版
定　　價：新臺幣280元整（平裝）
ISBN：978-986-0762-64-8

版權所有‧翻印必究